OXFORD LATIN COURSE
PART II

MAURICE BALME AND JAMES MORWOOD

Oxford University Press 1987

Oxford University Press, Walton Street, Oxford OX2 6DP

Oxford New York Toronto
Delhi Bombay Calcutta Madras Karachi
Petaling Jaya Singapore Hong Kong Tokyo
Nairobi Dar es Salaam Cape Town
Melbourne Auckland

and associated companies in
Berlin Ibadan

Oxford is a trade mark of Oxford University Press

© *Oxford University Press 1987*
First published 1987
Reprinted 1988
ISBN 0 19 9120846

Acknowledgements

The illustrations are by **Cathy Balme**.

The cover lettering is by Tony Forster.

The publishers would like to thank the following for permission to reproduce photographs:

Professor Manolis Andronikos p.20; Ashmolean Museum p.170; The Barber Institute of
Fine Arts, The University of Birmingham p.132; Bildarchiv Foto Marburg pp.29(top
left),46,115; British Museum pp.79,105,107,138,183; J. Allan Cash pp.12,32(bottom),50;
D. Coles/Ashmolean Museum © The Egypt Exploration Society p.139; R.L. Dalladay
pp.1,93,97,149,183(left); Eric de Maré p.11; Fitzwilliam Museum p.38; Werner Forman
Archive p.169; Fototeca Unione for the American Academy, Rome p.124; John Freeman
p.189; German Archeological Institute, Athens p.49(inset); German Archeological
Institute, Istanbul p.205; German Archeological Institute, Rome p.178; Giraudon p.192;
Grosvenor Museum, Chester pp.89,90; Robert Harding p.72; Michael Holford pp.
19,31(top),32(top),66; A.F. Kersting pp.52,85; Kunsthistorisches Museum, Vienna pp.
41,211; Macmillan Publishers p.167; Mansell Collection pp.31(bottom),40,59,69,80,90,
95,126,157,159,162,180,199,202,207; Metropolitan Museum of Art, New York p.42; Musée
Lapidaire d'Art Paien, Arles p.57; Museum of Fine Arts, Boston pp.47,187; Oriental
Institute, University of Chicago p.18; Princeton University Press p.16; Royal Ontario
Museum p.29(top right); Scala pp.21,173; Raymond Schoder S.J. pp.29 (bottom),70,209;
Edwin Smith p.25; Dr. Brian Sparkes © Alison Frantz p.49 (bottom), Wim Swaan p.84;
Leonard von Matt p.122; Dr R.J.A. Wilson, University of Dublin p.163.

Cover photo: Scala

Phototypeset by Tradespools Ltd., Frome, Somerset
Printed in Great Britain by Butler and Tanner Ltd., Frome

CONTENTS

PUPILS' INTRODUCTION

The first two parts of the **Oxford Latin Course** tell the story of the life of the Roman poet, Quintus Horatius Flaccus, usually known as Horace. Part 1 tells of his childhood in Venusia, a town in the south-east of Italy, and his schooling in Rome. His father took him to Rome to receive the best possible education at the school of Orbilius. When he left Orbilius's school, he went on to a rhetorical school. Rhetoric, the art of public speaking, was the usual form of further education in the Roman world.

In our story, he became friends at Orbilius's school with Marcus Cicero, the son of the great statesman and orator. Near the end of Part 1 Quintus witnessed the murder of Julius Caesar on the Ides (15th) of March 44 BC. The conspiracy was led by Brutus and Cassius. In the disturbed conditions which followed this event, Quintus's father decided that he must return to Venusia to look after his family and that Quintus should go to university in Athens. Part 1 ends with Quintus's departure for Greece.

In Part 2 we see Quintus as a student at the Academy in Athens. He meets Marcus Cicero again, who is studying at the other great philosophical school, the Lyceum. He had been in Athens for a few months when Brutus arrived, recruiting amongst the students. Many of them joined his army to carry on the fight for liberty against Antony and Octavian, who was Caesar's adopted son and heir. First Marcus Cicero and then Quintus himself joined Brutus's army and fought at Philippi (42 BC), where Brutus and Cassius were defeated.

Quintus returns to Italy to find that his family have disappeared without trace in the turmoil which followed the civil war. He goes to Rome and finds employment at the Treasury and in his spare time begins to write poetry. He meets Virgil, who has already made a name as a poet. Virgil introduces him to Maecenas, one of Octavian's chief ministers and the patron of numerous poets. Maecenas invites him to join his circle of friends and from then on he is happy and successful, as he becomes increasingly famous as a poet.

From Chapter 12 onwards we introduce some of Horace's poetry, so that he tells his story in his own words. Although we have made up many details, the outline of the story is historically true. We try to build up a picture of what it was like to live through the terrible civil wars which followed the murder of Julius Caesar and the establishment of peace by Augustus (as Octavian was later called), the first Roman emperor. The story ends with the death of Horace in 8 BC.

The following date chart will be useful for reference as you read the story:

BC

65	Quintus Horatius Flaccus born at Venusia, 8 December.
51?	His father takes Horace to Rome to the school of Orbilius.
47?	Horace goes on to rhetorical school.
44	Ides of March. Julius Caesar murdered. Horace leaves for Athens. Horace at Academy. Brutus comes to Athens: in September.
43	Cicero killed, 7 December.

CIVIL WAR

42	October/November, double battle of Philippi; Antony and Octavian defeat Brutus and Cassius.
40?	Horace returns to Italy.
39	General amnesty; Horace secures post as Secretary at the Treasury in Rome; he becomes friends with Virgil.
38	Virgil introduces Horace to Maecenas.
37	Horace and Virgil accompany Maecenas on journey to Brundisium.
35	Horace, *Satires* I published. Maecenas gives Horace the Sabine farm.

CIVIL WAR

31	Battle of Actium; Octavian defeats Antony and Cleopatra.
30	Horace, *Epodes* published. *Satires* II published.
29	Gates of the Temple of Janus closed. Virgil completes *Georgics*.
28/27	Octavian 'restores the Republic'. He takes the name Augustus.
23	Horace, *Odes* I–III published.
20	Horace, *Epistle* I published.
19	Virgil dies; *Aeneid* still uncompleted.
17	Augustus celebrates the Secular Games; Horace, *Carmen Saeculāre*.
13	Horace, *Odes* IV and *Epistles* II published.
9	Dedication of the Altar of Peace.
8	Maecenas dies. 27 November, Horace dies.
AD 14	Augustus dies.

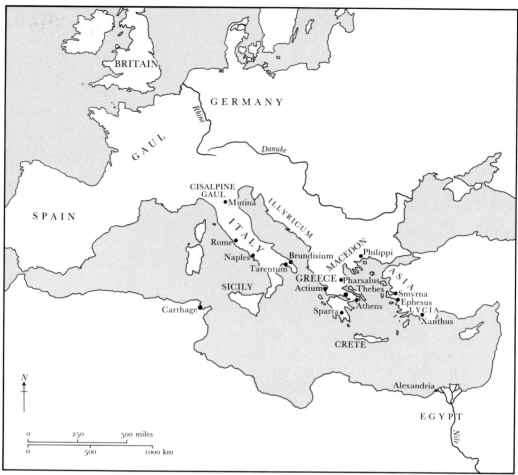

The Roman World

haec nāvis est longior quam illa; haec nāvis longissima est.

hic canis māior est quam ille; hic canis maximus est.

numquam puellam pulchriōrem vīdī quam Horātiam; Horātia pulcherrima est.

numquam puerum cognōvī pēiōrem quam Decimum; Decimus pessimus est.

G The comparison of adjectives

		comparative	*superlative*
English:	long	longer	longest, very long
Latin:	**longus**	**longior**	**longissimus**

So: **trīstis** sad; **trīstior** sadder, more sad; **trīstissimus** saddest, very sad.
The *comparative* is often used when two things or people are compared, e.g.

Quīntus fortior est quam Marcus Quintus is braver than Marcus.
numquam longiōrem nāvem vīdī quam illam I have never seen a longer ship than that.

NB **quam** = than; the two things compared both go into the same case. So **Quīntus** and **Marcus**, in the first example, are both in the nominative; **nāvem** and **illam**, in the second example, are both in the accusative.

The comparative of **trīstis** declines as follows:

	singular		*plural*	
	masc. & fem.	*neuter*	*masc. & fem.*	*neuter*
nom.	trīstior	trīstius	trīstiōrēs	trīstiōra
acc.	trīstiōrem	trīstius	trīstiōrēs	trīstiōra
gen.	trīstiōris	trīstiōris	trīstiōrum	trīstiōrum
dat.	trīstiōrī	trīstiōrī	trīstiōribus	trīstiōribus
abl.	trīstiōre	trīstiōre	trīstiōribus	trīstiōribus

The superlative declines like **bonus, bona, bonum**.

Learn carefully the following irregular comparisons

bonus	good	**melior** better	**optimus**	best, very good
parvus	small	**minor** smaller	**minimus**	smallest, very small
magnus	big	**māior** bigger	**maximus**	biggest, very big
multus	much, many	**plūs** more	**plūrimus**	most, very many
malus	bad	**pēior** worse	**pessimus**	worst, very bad

Exercise 1.1

Form the comparative and superlative of the following and say what each means

laetus, fortis, altus, ingēns (stem: ingent-) audāx (stem: audāc-)

Exercise 1.2

Translate

1 domum ībimus breviōre viā.   **brevis** short
2 Graecī-ne fortiōrēs erant quam Trōiānī?
3 Achillēs erat fortissimus Graecōrum.
4 plūrimī cīvēs ad forum festīnābant, quod optimum
  ōrātōrem audīre cupiēbant.
5 numquam nāvem māiōrem nec celeriōrem vīdī
  quam hanc.
6 ego longius iter faciō quam tū.
7 Hēliodōrus optimus erat omnium rhētorum quī
  Rōmae docēbant.   **Rōmae** at Rome
8 nūllum virum cognōvī meliōrem quam tē.
9 numquam pēiōrem cēnam habuī; minimum cibum
  nōbīs dedistī vīnumque pessimum.
10 nōlī nūgās nārrāre; plūrimum cibum vōbīs dedī   **nūgās nārrāre** talk nonsense
  vīnumque optimum.

8

Exercise 1.3

Translate into Latin

1 Have you ever seen a higher mountain?   ever **unquam**
2 The master will give prizes to the best pupil.   prizes **praemia**
3 Your prize is bigger than mine; my prize is very small.
4 I am making a very long journey; and so I am looking for a better ship than this.
5 Very many dogs are-afraid-of (= fear) wolves, but Argus is always very brave.   wolf **lupus, lupī**, *m.*

Note: many towns are plural in form and take a plural verb if they are the subject of a clause, e.g.

Athēnae, Athēnārum, *f.pl.* Athens
Puteolī, Puteolōrum, *m.pl.* **Ostia, Ostiōrum**, *n.pl.*

IN GRAECIAM

nāvis lentē per mare currēbat. sōl caelō lūcēbat; ventus secundus erat. Ostia nōn diūtius in cōnspectū erant; secundum lītus nāvigābant et Quīntus parvōs vīcōs vidēre poterat in lītore sitōs et collēs montēsque pōne surgentēs; montēs altissimī nive tēctī erant.

lūcēbat shone
secundus favourable
nōn diūtius no longer; **secundum** along
vīcōs villages
sitōs situated
pōne behind
nive in snow
tēctī covered

iam piscātōriās nāvēs praeterībant.

iam piscātōriās nāvēs praeterībant, iam delphīnī prope prōram saliēbant. omnia tranquilla erant; nautae

piscātōriās fishing
praeterībant they were going past
delphīnī dolphins
prōram prow
saliēbant were leaping
tranquilla calm

9

quiēscēbant. Quīntus aliōs viātōrēs spectābat.

ūnus in ponte sōlus sedēbat, iuvenis quīnque et vīgintī ferē annōs nātus; corpus gracile habēbat vultumque trīstissimum. Quīntus ad eum accessit et 'salvē, amīce,' inquit, 'quō iter facis?' ille respondit: 'ego Puteolōs nāvigō; nōn longē absunt. sī ventum secundum habuerimus, crās adveniēmus. et tū, quō tū īs?'

Quīntus 'ego iter longissimum ineō,' inquit; 'Athēnās enim nāvigō.' ille 'et ubi Athēnās advēneris, quid facere in animō habēs? monumenta vetera spectāre cupis?' Quīntus respondit: 'philosophiae studēbō in Acadēmiā. rhētoricae nūper studēbam in scholā Hēliodōrī, sed, ex quō mortuus est Caesar, Rōma perīculīs plēna est; nēmō tūtus est. ego autem fēlīx sum; pater enim mē Athēnās mittit, ubi studēbō apud Theomnēstum.'

ille 'vēra dīcis,' inquit; 'tempora turbida sunt; ira animōs cīvium vincit. minimam spem habeō dē rēpūblicā. bellum cīvīle iterum vidēbimus. sed tū fēlīcissimus es, sī apud Theomnēstum studēbis; nam optimus est omnium quī scholās Athēnīs habent. ego Neāpolim eō, quod in scholā Sīrōnis studeō.' sic longum inter sē colloquium habent.

iam nox aderat; lūna surgēbat stellaeque innumerābilēs in caelō lūcēbant. Quīntus Pūbliusque (nam hoc nōmen erat iuvenī) in ponte cubuērunt et mox altē dormiēbant.

prīmā lūce Pūblius Quīntum excitāvit. sōl super mare surgēbat. nāvis Cūmās praeterībat, ubi plurimōs abhinc annōs Aenēās Sibyllam vīserat et ad īnferōs dēscenderat. Misēnum promuntūrium in cōnspectū erat, quō Aenēās classem Trōiānam dūxerat, postquam Libyam Dīdōnemque relīquerat.

brevī tempore Puteolōs advēnērunt. ubi ad portum accēdunt, nautae vēla dēdūcunt nāvemque lentē ad mōlem rēmīs prōpellunt. ubi nāvis erat religāta, viātōrēs in terram exiērunt.

Quīntus cum Pūbliō in oppidum ambulāvit; caupōnam invēnērunt in quā cibum sūmpsērunt vīnumque bibērunt. deinde Pūblius 'tempus est mihi viam inīre,' inquit, 'sī ante noctem Neāpolim adventūrus sum. tibi autem necesse est nāvem quaerere quae Athēnās nāvigātūra est. valē, amīce; dī tē servābunt, ut spērō, et tē incolumem ad patriam redūcent. quis scīt? fortasse ōlim iterum conveniēmus.'

caupōnam invēnērunt.

Quīntus eum valēre iussit; diū spectābat eum dōnec ē cōnspectū exiit. tum sē vertit rediitque ad portum.

dōnec until

maximus erat portus; plūrimae nāvēs ibi stābant, quae ad omnēs partēs orbis nāvigāre parātae erant; aliae Massiliam, aliae ad Libyam, aliae ad Aegyptum, plūrēs autem ad Graeciam et Asiam. portus prope maximus erat omnis Italiae; Brundisium sōlum māius erat.

orbis of the world
parātae ready
Massiliam Marseilles
Aegyptum Egypt

Quīntus diū portum spectābat attonitus; numquam tot et tantās nāvēs vīderat. tum ad mōlem dēscendit et nāvem idōneam quaesīvit. mox nāvem invēnit, quae illō ipsō diē ad Graeciam profectūra erat. maxima erat nāvis; plūrimī viātōrēs in eam ascendēbant.

attonitus astonished
tot so many
mōlem jetty
idōneam suitable
profectūra going to set out

Quīntus ad forum accessit et viāticum nautae trādidit. tum in ponte stābat, nautās spectāns quī

forum gangway
viāticum fare
ponte deck

nautae plūrimās amphorās vīnī in nāvem portābant.

plūrimās amphorās vīnī in nāvem portābant. tandem omnia parāta erant. magister signum nautīs dedit; illī fūnēs solvērunt nāvemque ē portū rēmīs lentē prōpulērunt. mox in apertō marī nāvigābant.

iter longissimum erat. prīmum nāvigābant secundum lītus Italiae, dōnec ad Siciliam advenērunt et fretum Siciliēnse; ibi ā dexterā habitāverat Scylla,

amphorās jars
fūnēs cables
solvērunt untied
rēmīs with oars
secundum along
dōnec until
fretum Siciliēnse the Straits of Messana

The Straits of Messana

mōnstrum horrendum, quae comitēs Ulixis rapuerat vīvōsque ēderat; ā sinistrā Charybdis fuerat, vortex terribilis. sed Quīntus nec Scyllam nec Charybdim vīdit; nāvis per mare tranquillum ad orientem currēbat. illā nocte montem Aetnam procul ā tergō cōnspexērunt, flammās in caelum ēructantem.

vortex terribilis terrible whirlpool
tranquillum calm
orientem East
ā tergō behind
ēructantem belching

V

spērō (1)	I hope	vīvus-a-um	alive
edō, ēsse, ēdī	I eat	dexter, dextera, dexterum	right
crēscō, crēscere, crēvī	I grow		
cōnficiō, cōnficere, cōnfēcī	I finish off, accomplish	sinister, sinistra, sinistrum	left
cōnspiciō, cōnspicere, cōnspexī	I catch sight of	dexterā (manū)	on the right
		sinistrā (manū)	on the left
cōnspectus, cōnspectūs, *m.*	sight	fēlīx, fēlīcis	happy, lucky
incipiō, incipere, incēpī	I begin		
ineō, inīre, iniī	I enter, I begin	super + accusative	above, over
bibō, bibere, bibī	I drink	quī, quae, quod	who, which
pellō, pellere, pepulī	I drive	quam	than
prōpellō, prōpellere, prōpulī	I drive forward	autem	however, moreover (second word in sentence)
relinquō, relinquere, relīquī	I leave		
surgō, surgere, surrēxī	I rise, get up		
vertō, vertere, vertī	I turn		
cibus, cibī, *m.*	food		
classis, classis, *f.*	fleet		
mōns, montis, *m.*	mountain		

G The relative pronoun: who, which

	masc.	*fem.*	*neuter*		*masc.*	*fem.*	*neuter*
nom.				*nom.*			
sing.	quī	quae	quod	*plural*	quī	quae	quae

You have often met sentences in which this word has
occurred; at present it will be used only in the nominative
case.

NB The relative pronoun agrees with the word it refers to
(the *antecedent*) in gender and number; in analysis the
relative clause is bracketed off and analysed separately, e.g.

s   *s*   *v*   *o*   *v*

puerī, (quī in viā lūdēbant,) magistrum exspectābant.

quī is masculine plural, because it refers to 'boys'; it is in the
nominative because it is the subject of **sedēbant**.

$$\text{o} \qquad \text{s} + \text{v} \qquad \text{s} \qquad\qquad \text{v}$$

nōnne templa vīdistī, (quae in-forō stant)?

quae is neuter plural, because it refers to **templa**, nominative because it is the subject of **stant**.

Exercise 1.4

Analyse and translate

1 Flaccus, quī minimam spem dē rēpūblicā habēbat, Quīntum Athēnās mīsit.
2 nāvēs, quae in portū erant, ad omnēs partēs orbis   **orbis** of the world
   nāvigābant.
3 Quīntus nautās spectābat, quī nāvem ē portū
   rēmigābant.   **rēmigābant** were rowing
4 eī quī in ponte stābant tempestātem valdē timēbant.   **ponte** deck
5 nōnne vidēs perīculum quod nōbīs imminet?   **imminet** threatens
6 undae, quae māiōrēs surgunt, nāvem oppriment.   **oppriment** will overwhelm
7 Quīntus caelum, quod nūbibus tēctum erat, vidēre   **tēctum** covered
   nōn poterat.
8 nōlī nāvem impellere in saxa quae ā dexterā iacent.
9 nōlīte timēre; tempestās quae vōs terret mox
   cōnfecta erit.
10 nāvis in portum, quī nōn longē aberat, incolumis
   advēnit.

Exercise 1.5

Fill in the blank with the correct form of the relative pronoun and translate. The relative must agree with the word it refers to (the *antecedent*) in gender and number, e.g.

Quīntus nāvem invēnit (—) vīnum ad Graeciam
ferēbat. **quae** refers to **nāvem** (feminine singular).

1 nōnne vīdistī puellam (—) prope nāvem stābat?
2 audīvistī-ne parentēs (—) tē vocābant?
3 nautae omnia perīcula, (—) in itinere accidērunt,   **accidērunt** happened
   superāvērunt.
4 plūrimās nāvēs, (—) ad Italiam redībant, in itinere vīdimus.
   vīdimus.
5 Quīntus nautās spectābat (—) vīnum in nāvem
   ferēbant.

Exercise 1.6

Translate into Latin

1 The boys, who were waiting for the master, did not
  want to work.

wait for **exspectō** + accusative

2 Marcus was watching a girl, who was walking in the
  road.

3 Quintus, who was coming late, was running to the
  school.

4 He had taken (= led) the dog Argus to the river
  which was near the house.

house **casa**

5 But the master, who was drinking wine in the
  taberna, arrived last.

last **ultimus**

Exercise 1.7

*Translate the first two paragraphs and, without translating, answer the
questions below on the rest*

ubi Italiam relīquērunt, per apertum mare ad Graeciam
nāvigābant; iam nūlla terra erat in cōnspectū; ubīque
caelum, ubīque mare. subitō ventī crēscunt; undae
māiōrēs fīunt; nūbēs caelum obscūrant imbremque in
mare profundunt. viātōrēs maximē timēbant;
clāmābant deōsque ōrābant.

ubīque everywhere

fīunt become
imbrem rain
profundunt pour down

    Quīntus, quī fortior erat quam plūrimī viātōrum,
mālum manibus tenuit, dum undae pontem
summergunt. nautae autem officia fortissimē faciunt;
vēla contrahunt; prōramque in tempestātem vertunt;
sīc nāvem servāvērunt.

mālum mast
summergunt swamp
officia their duties
vēla sails
contrahunt they furl
prōram prow

    nōn diū saeviēbat tempestās; ventī cadunt,
diffugiunt nūbēs; undae minōrēs fīunt; mox sōl iterum
lūcēbat et omnia tranquilla erant. duōs viātōrēs undae
in mare rapuerant; nautae eōs servāre nōn poterant,
sed cēterī incolumēs erant.

saeviēbat raged

incolumēs safe

    relīquum iter sine perīculō cōnfēcērunt decimōque
diē Pīraeum, portum Athēnārum, advēnērunt.

relīquum the rest of the

1 How did the storm end?
2 What casualties were there?
3 How did the rest of the voyage go? How long did the whole voyage
  take?
4 From what Latin words occurring in these two paragraphs are the
  following English words derived: tempestuous, solar, tranquil,
  nautical. Explain the meaning of the English words.

5 Give one example each from these two paragraphs of: a comparative adjective; a verb in the pluperfect tense; a sentence in which the verb comes before the subject.

6 Give the first person singular of the present of the following: **poterant**, **cōnfēcērunt**, **advēnērunt**.

7 Translate into Latin:
(a) We were sailing to Greece through the open sea.
(b) Suddenly there was a storm; the winds increased and the waves were bigger.
(c) Will the sailors be able to lead the ship to port?

FROM AGAMEMNON TO ALEXANDER

1 The Bronze Age, *c.*2,000 to 1,200 BC

Greek-speaking peoples entered Greece about 2,000 BC and within 400 years flourishing kingdoms had developed. They were centred round great palaces, of which the most important was Mycenae, Agamemnon's fortress. Archaeologists have shown that in the late Bronze Age, often called the Mycenaean Age, there were palaces on sites stretching from Thessaly in the north (Achilles's kingdom) to Pylos in the south (Nestor's kingdom). These all shared a flourishing

A reconstruction of Nestor's palace at Pylos

and rich culture with far-flung trade and colonization. The last great exploit of the Mycenaean Greeks was the Trojan expedition, led by Agamemnon, king of Mycenae. Troy was destroyed, according to the archaeologists, in about 1,230 BC.

2 The Dark Age, *c.*1,200 to 900 BC

The fall of Troy was followed by a general collapse of the Bronze Age culture throughout the Eastern Mediterranean. Invaders from the North swept in and destroyed the cities and palaces everywhere except in Egypt. In Greece, barbarian Greeks from the north destroyed all the great palaces in about 1,200 BC. Trade dried up; writing disappeared; life was simple and hard; there were no great buildings in this period and we know little about what happened. According to legend, it was at the beginning of this time of general chaos and upheaval that Aeneas was able to lead the survivors of Troy to Italy and establish a settlement there.

3 Renaissance of Greece, from *c.*850 BC

Gradually the Greeks recovered. Villages were united to form cities (**poleis**). Trade with the East and West revived. Writing was reintroduced from the East. As the populations of the Greek cities increased, they sent out colonies which occupied all the vacant coasts of the Mediterranean shore, notably Sicily and South Italy in the West, and the Black Sea area in the East.

During this period the nobles took over control of most cities from the kings. Only Sparta kept its kings throughout its history. Discontent amongst the people in some cities ended with a champion of the people, called a tyrant, seizing power. Later these tyrants got a bad name and thus the word comes to have its modern meaning of a cruel and despotic ruler.

When the tyrants were driven out, they were followed by the rule of a few wealthy citizens (oligarchy) or, in some states, notably Athens, by the rule of the people (democracy). In Athens we can trace the steps which led to a democracy. First the oppressive rule of the nobles led to a demand for a written law code, even though this was so harsh that it was said to have been written in blood. Then the danger of civil war between the nobles and the oppressed peasants led to the appointment of Solon as arbitrator (594). His reforms, in which he tried to be fair to all classes, satisfied none, though they paved the way for the later democracy. Civil war broke out, and this ended when one of the leaders seized power as tyrant (Pisistratus in 546). His son was driven out in 511 and, after a short period of renewed civil war, the reforms of Cleisthenes established the democracy (507).

17

4 The Persian Wars, 490 to 479 BC

Darius, king of the great Persian empire, determined to conquer Greece near the outset of the fifth century BC. In 490, his large forces landed at Marathon in Attica, the state of which Athens is the capital. The Athenians marched to meet them. They beat off the superior numbers of the enemy, who fled in disorder to their ships, with only 192 deaths on their side, but with the deaths of 6,000 Persians.

The Greeks were only too well aware that the Persians would take revenge for their humiliating defeat. The Athenians used the money from their rich silver mines to build up a great navy. Sure enough, in 480 the new Persian king Xerxes sent a huge army and navy to conquer Greece. Many Greek states banded together to resist

Xerxes stands behind King Darius.

the invasion. An attempt to halt the Persian advance at the northern pass of Thermopylae failed. But 300 Spartans under the leadership of their king Leonidas held up the vast Persian army in a suicidal defence which provided an inspiration to Greek courage. A poet wrote a famous epitaph for the Spartan dead:

> Go tell the Spartans, thou who passest by,
> That here, obedient to their laws, we lie.

Later in the same year, the Athenian general Themistocles tempted the vast Persian fleet into the narrow channel between the island of Salamis and the mainland. The Persian fleet did not have enough room to manoeuvre and was crushed. Xerxes watched this terrible defeat as he sat on a throne on a mountain overlooking what he thought would be the scene of his navy's glorious victory.

The Persian land force stayed in Greece. It was an impressive army but the Athenians declared, 'So long as the sun keeps his present

course in the sky, we Athenians will never make peace with Xerxes.'
The next year (479) the Greeks under Spartan leadership inflicted a
great defeat on the Persians at Plataea. The war had been won.

5 Imperial Athens

However, there were fears that the Persians
might come back again. Many Greek states
banded together in 478/7 on the island
of Delos to form the Delian League, in order
to deal with this threat. The Athenians were
the leaders and each member state had to
contribute money or ships. Within ten years, the
League had succeeded in breaking Persian
strength in the Aegean, but the Athenians had
come to look upon the League as their empire.
   The outstanding Athenian leader of the time
was the founder of the extreme democracy in Athens.
His name was Pericles. As we shall see in the next
chapter, he was responsible for the great
Athenian building programme which
was financed from the tribute paid by the
cities of the empire.

Pericles

6 War between Sparta and Athens

The growth of Athenian domination led to increasing hostility from
Sparta, and her allies. War broke out in 431. Each year the Spartans
invaded and devastated Attica, forcing the whole population to crowd
into Athens. In 430 a plague broke out killing huge numbers,
including Pericles himself in 429. Yet the spirit of the Athenians and
the strength of their fleet was such that even political troubles at home
and a terrible defeat on the island of Sicily failed to break their
courage and determination. The war dragged on until the Spartans
eventually won in 404 after almost thirty years of fighting.

7 Spartan and Theban dominance

Sparta became the leading state of Greece after the surrender of
Athens, but her dictatorial and selfish behaviour made her unpopular.
Athens was soon able to restore her influence, and then Thebes
became the dominant power after defeating the Spartans in a decisive
battle at Leuctra (371).

8 Macedon takes the lead – Alexander the Great

Eventually the Greek states achieved a delicate balance. None was supreme and there was no unity. It was a situation that enabled Philip II, king of the northerly state of Macedon, to gain power over the rest of Greece. The great Athenian orator Demosthenes tried to urge his

King Philip of Macedon

fellow countrymen to resist in his speeches against Philip. However, Athens and her allies were defeated by the Macedonians at Chaeroneia in 338.

Philip united the Greek states under his leadership and planned to invade Persia. However, he was assassinated in 336 on the eve of his departure. He was succeeded by his twenty-year-old son, Alexander. The latter's vast eastern conquests justly gave him the title 'the Great'. He conquered the huge Persian empire as well as Egypt, where he founded the important city of Alexandria. He marched into India, but here his troops cried 'enough'. In 323 he died of a fever at the age of thirty-two.

Alexander on horseback

9 The Hellenistic world

After the death of Alexander, his three leading generals carved up his empire between them. Antigonus took the old kingdom of Macedon, Seleucus took Syria and all Alexander's conquests as far as Afghanistan and India, and Ptolemy took Egypt. The cultural centre of the Greek world shifted from Athens to Alexandria in Egypt, Ptolemy's capital.

10 Rome takes over

In the second war which Rome waged with Carthage (the war against Hannibal: see Chapter 14 in Part I), Macedonia came in on the side of Carthage. Rome defeated Macedonia and thus became involved in the politics of the Eastern Mediterranean. She soon found herself fighting a war with Macedonia and Syria from which she emerged victorious. Afterwards Rome was the centre of the Mediterranean world and the Hellenistic kingdoms one after another became part of the Roman empire. First Macedon (146) and then Syria (63) became provinces of the empire, ruled by Roman governors. This was the situation in Greece when Quintus arrived at Athens. The city's days of political independence were long past.

Construct a date chart to illustrate the history of Greece.

CHAPTER II

Quīntus in ponte stāns nautās spectābat nāvem parentēs.

Quīntō rogantī 'quandō portū discēdēmus?' nauta respondet, 'statim discēdēmus.'

G The present participle

You have often met the present participle in Part 1 in sentences such as

magister puerōs vīdit pugnantēs The master saw the boys <u>fighting</u>.
puer in lūdō sedēbat, magistrum exspectāns The boy sat in the school <u>waiting</u> for the master.

The present participles from the four conjugations are

	1	*2*	*3*	*4*
	amō	**moneō**	**regō**	**audiō**
nom.	**amāns** loving	**monēns** warning	**regēns** ruling	**audiēns** hearing
gen.	**amantis**	**monentis**	**regentis**	**audientis**

Participles are adjectives; the present participle is third declension and declines like **ingēns**.

As adjectives they agree with a noun or pronoun in case, gender and number, e.g.

puer in lūdō sedēbat magistrum <u>exspectāns</u>.
The participle, **exspectāns**, agrees with **puer** (nominative masculine singular).

magister puerōs vīdit <u>pugnantēs</u>.

The participle, **pugnantēs**, agrees with **puerōs** (accusative masculine plural).

Participles may govern an object; study the following analysis:

s v o (s)

puer in-lūdō sedēbat magistrum exspectāns.

(s) shows that the participle agrees with the subject.

s o v o (o)

Quīntus mātrem spectāvit cēnam parantem.

mātrem is the object of **spectāvit**; **cēnam** is the object of **parantem**; to make the analysis clear, join **parantem** to **mātrem** by a line.

Exercise 2.1

Analyse and translate

1 Quīntus in lītore stāns nāvēs spectābat.
2 hominēs per viam festīnābant magnā vōce clāmantes.
3 hominēs per viam festīnantēs magnā vōcē clāmābant.
4 Quīntus nautās vīdit vīnum in nāvem ferentēs.
5 puerī iuvenēs spectābant in campō sē exercentēs.
6 puerī in lūdō sedēbant magistrum audientēs.
7 Cicerō in tablīnō sedēbat, librum legēns.
   tablīnō study
8 Quīntus Cicerōnem spectābat epistolam dictantem.

Exercise 2.2

Put the verbs in brackets into the correct form of the present participle and then translate, e.g.
Horātia mātrem spectābat cēnam (parāre):
parantem; Horatia watched her mother preparing supper.
To get the right answer, first ask yourself what does the present participle mean; **parāns** preparing. Then ask 'Who was preparing supper?' Answer: **mātrem**; so **parāns** must agree with **mātrem**, accusative, feminine, singular.

1 puellae ad fontem festīnāvērunt urnās (ferre).
2 Horātia Argum invēnit prope iānuam (iacēre).
3 vīdistī-ne iuvenēs in campō (lūdere)?
4 magnam classem cōnspeximus ad Graeciam (nāvigāre).
5 pater fīliō haec (rogāre) nihil respondit.

Exercise 2.3

Translate into Latin

1 Quintus stood on the shore watching the ships.
2 The sailors sat in the tavern drinking the wine.

   tavern **taberna**

3 We saw the boys hurrying to the town.
4 The son heard the father calling the slaves.
5 The girls watched their mother preparing supper.

More comparatives

1 Adjectives

Adjectives ending -**er** in nominative (e.g. **pulcher**, **celer**) compare as follows

	comparative	*superlative*
pulcher, pulchra, pulchrum	pulchrior	pulcherrimus
celer, celeris, celere	celerior	celerrimus

2 Adverbs

Formation of adverbs (revision)

Adjectives like **bonus-a-um** mostly form adverbs by changing their ending to -**e**, e.g.

malus bad; **male** badly. (NB **bonus** good; **bene** well.)

Third declension adjectives form adverbs by adding -**ter** to stem, e.g.

fortis brave; **fortiter** bravely; **celer** quick; **celeriter** quickly

Comparison of adverbs

adjective	*adverb*	*comparative adverb*	*superlative adverb*
laetus	**laetē**	**laetius**	**laetissimē**
happy	happily	more happily	most/very happily
fortis	**fortiter**	**fortius**	**fortissimē**
brave	bravely	more bravely	most/very bravely

NB The comparative adverb is the same as the neuter singular of the comparative adjective, e.g. **fortior** braver; **fortius** more bravely. The superlative adverb is formed like other adverbs from adjectives in -**us**, e.g. **malus**; **male**; **optimus** very good; **optimē** very well.

Exercise 2.4

1 Form adverbs from the following adjectives and give their meaning: saevus, vērus, brevis, gravis, longus, tacitus.

2 Form adverbs and give comparative and superlative adverbs from the following adjectives: audāx, celer, bonus, malus.

3 Give the meaning of: optimē, maximē, facilius, gravissimē, melius.

ATHENIS

Quīntus, ubi nāvis ad mōlem religāta est, in terram exiit prōcessitque in oppidum, caupōnam quaerēns. mox caupōnam invēnit portuī vīcīnam ubi vīnum bibit cibumque sūmpsit, nāvēs spectāns quae portum intrābant.

    deinde viam iniit quae ad urbem ferēbat. multī hominēs ad urbem festīnantēs viam frequentābant; multī mūlī, frūmentum aliaque onera ferentēs, lentē prōcēdēbant. Quīntus eōs praeterībat, cupiēns ad urbem advenīre ante noctem.

    vesper iam aderat cum ad portās urbis advēnit. nōlēbat diem exspectāre sed ad mediam urbem festīnāvit, cupiēns Acropolim vidēre Parthenōnaque et alia monumenta veterum Graecōrum. ubi ad agoram advēnit, sōl occiderat; sed lūna in caelum surgēbat, omnia lūmine argenteō illūmināns. diū monumenta nōbilia aspiciēbat, admīrātiōne plēnus. deinde in vīcōs urbis rediit caupōnamque invēnit ubi noctem manēbat.

mōlem jetty
religāta tied
caupōnam inn
vīcīnam close
sūmpsit ate

frequentābant crowded
mūlī mules
praeterībat overtook
vesper evening
cum when
nōlēbat he didn't want to
Parthenōna (acc.) the Parthenon
monumenta monuments
agoram market place
occiderat had set
argenteō silver
illūmināns illuminating
vīcōs streets

The Acropolis seen from the Temple of Hephaestus

illā nocte, quamquam valdē fessus erat, epistolam
scrīpsit, sīcut patrī prōmīserat:

sīcut as

Quīntus patrī mātrīque cārissimīs Horātiaeque
sorōrī salūtem dat plūrimam.

hodiē Athēnās incolumis advēnī. iter
longissimum erat nec sine perīculō; nam in apertō
marī maximam tempestātem subiimus nāvisque
paene summersa erat. sed nautae officia fortissimē
fēcērunt nāvemque salvam ad portum dūxērunt.

subiimus we went through
summersa sunk
officia duties
salvam safe
secundum along
usque ad all the way to

quīndecim diēs iter faciēbamus, prīmum
nāvigantēs secundum lītus Italiae usque ad
Siciliam; deinde, postquam ā Scyllā et Charybdī
incolumēs ēvāsimus (nōlīte timēre; nec Scylla nec
Charybdis ūllum perīculum nōbīs praebuit), per
apertum mare decem diēs nāvigābāmus. tandem
Pīraeum, portum Athēnārum, advēnimus.

ego statim ad mediam urbem festīnāvī
monumentaque ad lūmen lūnae spectāvī;
pulcherrima sunt. crās ad Acadēmiam ībō
Theomnēstumque quaeram. posteā ad agoram
redībō monumentaque dīligentius spectābō.

ad lūmen by the light
crās tomorrow

et vōs, cārissimī, quid agitis? omnia cupiō
audīre quae domī fīunt. Argus-ne salvus est?
multōs-ne leporēs capit? date eī salūtem et
epistolam mox ad mē scrībite; mittite eam ad mē
ad Acadēmiam.

quid agitis? how are you
getting on?
fīunt are happening
leporēs hares

nōn plūra iam scrībam, quod valdē fessus
sum. cūrāte ut valeātis, cārissimī parentēs.

data Athēnīs Kalendīs Aprīlibus.

posterō diē Quīntus māne surrēxit et festīnāvit ad
Acadēmiam, epistolam ferēns quam Hēliodōrus ad
Theomnēstum scrīpserat. Acadēmia erat in locō
amoenō extrā mūrōs urbis; illūc cotīdiē multī iuvenēs
conveniēbant et sē exercēbant in campō.

cūrāte ut valeātis look after
yourselves
data given (to the postman)
Athēnīs in Athens
Kalendīs Aprīlibus the 1st of
April
māne early
amoenō pleasant
cotīdiē every day
schola school
prīnceps head

prope campum erat ea schola nōbilis quam Platō
trecentīs ante annīs condiderat. nunc Theomnēstus
prīnceps scholae erat, philosophus nōtissimus. ille
amīcus erat Hēliodōrī, quī epistolam scrīpserat, in quā
Quīntum eī commendāvit.

commendāvit recommended
ātriō hall
colloquentēs talking
nūper recently
fierī to become
vīs-ne are you willing? will
you?

Quīntus scholam ānxius intrāvit. multī iuvenēs in
ātriō erant inter sē colloquentēs. Quīntus ad ūnum
eōrum accessit et eī dīxit: 'ego Athēnās Rōmā nūper
advēnī Theomnēstumque quaerō. cupiō enim
discipulus ēius fierī; epistolam ferō quam Hēliodōrus ad
eum scrīpsit. vīs-ne mē ad eum dūcere?' ille respondit:

'Theomnēstus sine dubiō occupātus est. sed dā mihi epistolam; sī tū hīc manēbis, ego eum quaeram epistolamque eī trādam.'

occupātus busy

Quīntus diū in ātriō manēbat, iuvenēs spectāns et audiēns. aliī Graecī erant, aliī Rōmānī, omnēs valdē lautī et plānē ingeniōsī. subitō manus iuvenum intrāvit rīdentium magnāque vōce loquentium. inter eōs erat quīdam Quīntō nōtus; oculīs suīs vix crēdere poterat. Marcus Cicerō hanc manum dūcēbat et iam aliōs amīcōs salūtābat.

lautī elegant
plānē obviously
ingeniōsī clever
manus a band
loquentium talking
quīdam one

Quīntus eum magnā vōce vocāvit. ille sē vertit et Quīntum aspiciēns 'dī immortālēs!' inquit, 'Quīntus est. quandō tū hūc advēnistī? quid agis?' accessit ad Quīntum et eum salūtāvit.

dī immortālēs immortal gods!

eō ipsō tempore revēnit ille iuvenis quī Theomnēstum quaerēbat et 'venī mēcum,' inquit; 'epistolam tuam Theomnēstus lēgit et iam tē accipiet.' Quīntum per porticum dūxit ad Theomnēstī tablīnum; iānuam pulsāvit Quīntumque iussit intrāre.

eō ipsō tempore at that very moment
porticum colonnade
tablīnum study
pulsāvit knocked at

Theomnēstus ad mēnsam sedēbat, librum legēns. vir gravis erat et venerābilis; longissimam habēbat barbam vultumque sevērum sed benignum. ubi Quīntum vīdit, surrēxit; vultum in rīsum relaxāvit benignēque eum salūtāvit.

ad mēnsam at a table
venerābilis dignified
barbam beard
benignum kindly
rīsum smile
relaxāvit relaxed

'venī hūc, Quīnte,' inquit. 'epistolam Hēliodōrī lēgī, veteris meī amīcī. ergō tū cupis philosophiae studēre apud mē? euge! valdē doctus es, ut dīcit Hēliodōrus. itaque libenter tē accipiam. sine dubiō optimus eris discipulus.

ergō and so
apud with
euge! excellent
ut as
libenter gladly

'ī nunc. crās ad scholam meam redī.'

Quīntus eī grātiās ēgit rediitque ad ātrium ubi Marcum quaesīvit.

V

praebeō, praebēre, praebuī	I provide, offer, show
aspiciō, aspicere, aspexī	I look at
volō, velle, voluī	I am willing, I wish
mēnsa, mēnsae, *f.*	table
sapientia, sapientiae, *f.*	wisdom
grātia, grātiae, *f.*	gratitude, favour
grātiās agō	I thank
campus, campī, *m.*	plain
aurum, aurī, *n.*	gold
lūmen, lūminis, *n.*	light
onus, oneris, *n.*	burden

V

salūs, salūtis, *f.*	safety, greeting
ars, artis, *f.*	art, skill
dubius-a-um	doubtful
sine dubiō	without doubt
nōtus-a-um	known, well-known
nōbilis, nōbile	famous, noble
incolumis, incolume	safe
ūllus-a-um	any
vix	scarcely
paene	almost

quamquam	although	*Learn the present tense of* **volō**
		volō
extrā + accusative		vīs
(adverb and preposition)	outside	vult
post + accusative (preposition)	after	volumus
posteā (adverb)	afterwards	vultis
postquam (conjunction)	after	volunt

Exercise 2.5

Translate the first two paragraphs and answer the questions on the last two

NB **Athēnae, Athēnārum** Athens (the city); **Athēna, Athēnae,** *f.*
Athene (the goddess); **Athēniēnsis** Athenian (plural: **Athēniēnsēs**).

Quīntus nōn poterat Marcum in ātriō invenīre;
cōnstituit igitur ad mediam urbem redīre, quod
monumenta dīligentius spectāre volēbat.

    ad Acropolim prōcessit, collem ascendēns ad
portās magnificās. ubi ē portīs exiit, Parthenōna vīdit,
templum nōbilissimum Athēnae; nē Rōmae quidem
Quīntus tantum templum et tam pulchrum vīderat;
aspiciēbat attonitus. deinde accessit; gradūs ascendit
templumque intrāvit.

    interiōra templī obscūra erant; prīmum Quīntus
vix quicquam vidēre poterat; deinde statuam ingentem
Athēnae cōnspexit ā fronte stantem; haec statua, ex
aurō et ebore facta, per umbrās fulgēbat; dexterā manū
dea imāginem Victōriae portat, sinistrā hastam et
clipeum. vultum ēius intuēns Quīntus deam et timēbat
et colēbat.

ātriō hall
magnificās magnificent
nē Rōmae quidem not even at Rome
attonitus astonished

interiōra the inside
vix quicquam scarcely anything
ā fronte facing him
ex aurō et ebore facta made of gold and ivory
fulgēbat was shining
Victōriae of Victory
clipeum shield
intuēns looking at

The Parthenon

Inside the temple, a reconstruction

diū in templō manēbat, sculptūrās magnificās spectāns quās Pheidiās fēcerat. tandem templō exiit, cētera spectāre cupiēns. stetit in extrēmō colle ad mare prōspiciēns. per lūmen clārum Pīraeum vidēre poterat nāvēsque portum intrantēs multāsque īnsulās; in theātrum Dionȳsī dēspexit ubi poētae Athēniēnsēs tot fābulās clārās in scaenam indūxerant.

extrēmō colle the edge of the hill
theātrum Dionȳsī the theatre of Dionysus
dēspexit looked down
fābulās plays; **scaenam** stage

The Acropolis. The Theatre of Dionysus is to the right.

ubīque monumenta vidēbat veterum Graecōrum, quī artēs generī hūmānō invēnerant.

ubīque everywhere
artēs arts
generī hūmānō for the human race

1 Describe the statue of Athene in the Parthenon.
2 How did Quintus feel as he looked at it?
3 What else did he look at in the temple?
4 What could he see from the edge of the Acropolis?
5 Judging from this passage as a whole, what seems to have impressed
   Quintus most about the Greeks of old?
6 In what case is each of the following nouns, and why: **manū** l. 13);
   templō (l. 17; **nāvēs** (l. 21); **poētae** (l. 22).
7 Give one example each from this passage of: an infinitive; a present
   participle; a preposition with the ablative case.
8 Give one example each from the first two paragraphs of: a
   comparative adverb; a superlative adjective.
9 Translate into Latin:
   (a) Can you see the ship entering the harbour?
   (b) We have never seen a more beautiful temple.
   (c) We stood a long time looking at the statue of Athena.

ATHENS

Quintus landed at Piraeus, the port of Athens, four miles to the South
West of the city. Here in the fifth century BC, the period of Athens'
greatness, its three harbours had been joined to the city by the famous
Long Walls. These were under 200 yards apart, and between them ran
a road. The walls were destroyed when the Spartans defeated Athens
in 404 BC. They were rebuilt ten years later but were pulled down
again in 86 BC by the Roman dictator Sulla who was besieging Athens.
(In the same year Sulla cut down the trees of the Academy where
Theomnestus had his school. He used them to make siege engines.)
Quintus went past these ruins as he walked along the main road to the
North of them. He could see the towering rock of the Acropolis, the
citadel of Athens, even before he landed.

As Quintus neared the impressive walls of the city, he passed by
its most important graveyard (in Kerameikos = the Potters' Quarter)
with its many fine monuments.

Quintus walked along the river Eridanus and, passing through a
gate, followed the Panathenaic Way towards the Agora, the busy
centre of Athens. The imposing Temple of Hephaestus, the god of
blacksmiths, stood to his right amid the metal-workers' shops. This
was the first of the many great temples to be built after the Persians
sacked the city in 480, and is still in fine condition today.

Now Quintus came to the grand colonnades of the Agora where
the citizens conducted their business, went to law (and to prison!),
took exercise in the gymnasium, shopped, or simply chatted. Quintus,
however, is looking above this bustling scene. He is gazing in wonder
up at the Acropolis, the ancient citadel of Athens.

The Temple of Hephaestus

The Parthenon is the most famous of the buildings on this precipitous hill. It is the temple of the virgin goddess Athene, built under the inspiration of Pericles. Pheidias's great statue of Athene stood inside, thirty-nine feet high and made from gold and ivory. This has long since disappeared.

The Parthenon stayed more or less as it was when Quintus saw it until 1687 AD. At that time the Turks, who then ruled Greece, were using it as a gunpowder magazine. A German lieutenant fired a mortar at it and blew up the building with disastrous results. Subsequent centuries saw a succession of foreigners plundering the superb sculptures from the ruins. Those removed by Lord Elgin are now in the British Museum. They are known as the Elgin Marbles and the Greek government is trying to get them back!

The Parthenon frieze

The other buildings on the Acropolis were scarcely less impressive. The massive gateway to the hill-top is called the Propylaea. The little Temple of Athene Nike (= Victory) is a delightful contrast in style, projecting from the south east side of the hill on a platform of rock. A slightly later temple, the Erechtheion, is near the northern edge. It has three porches, the roof of one of which is supported by six statues of maidens.

The Temple of Athene Nike

The Erechtheion

Enough of these buildings survives for us to be able to imagine ourselves viewing them through Quintus's eyes as he looks up from the Agora in the moonlight. One great monument, however, has been destroyed. This was the huge statue of Athene, made of bronze and thirty feet high, created by Pheidias to stand on a platform in front of the gateway. It was a proud emblem of the greatness of Athens, like the Acropolis as a whole.

❷ Find out some more about the Parthenon, and write a description of it with illustrations.

tabellārius epistolam quam Quīntus mīserat Flaccō trādidit.

Flaccus Scintillae omnia recitāvit quae Quīntus scrīpserat.

Horātia, cui Flaccus epistolam trādidit, eam laeta lēgit.

Horātia amīculīs, quibus in viā occurrit, omnia dīxit.

G Revision

Revise the pronouns
hic, ille, is (Summary of Grammar, p.216)

G Relative pronoun

Learn the whole of the relative pronoun

	singular			*plural*		
	masc.	*fem.*	*neuter*	*masc.*	*fem.*	*neuter*
nom.	quī	quae	quod	quī	quae	quae
acc.	quem	quam	quod	quōs	quās	quae
gen.	cūius	cūius	cūius	quōrum	quārum	quōrum
dat.	cui	cui	cui	quibus	quibus	quibus
abl.	quō	quā	quō	quibus	quibus	quibus

Note 1 The English relative pronoun is one of the few English words which declines

nom. who
acc. whom
gen. whose

s v o

e.g. This is the man (who led us here)   <u>who</u> subject

o s v

This is the man (whom we followed)   <u>whom</u> object

s v o

This is the man (whose-son led us here) <u>whose</u> = of whom

Note 2 The interrogative **quis? quis? quid?** (who? what?) declines exactly like the relative, except for the nominative (and neuter accusative) singular.

You must now learn how to deal with the relative pronoun in cases other than the nominative; you will have to bracket off and analyse the relative clause, e.g.

s   o   o   s io v   v

Marcus epistolam, (quam pater eī mīsit) lēgit
Marcus read the letter which his father sent to him.

s   io s   o   v   v

puer (cui magister praemium dederat) gaudēbat
The boy to whom the master gave a reward was happy.

s   o   v   o   v + s

Quīntus templum intrāvit, (in-quō statuam-ingentem vīdit)
Quintus entered the temple, in which he saw a huge statue.

Exercise 3.1

Analyse and translate
1 Quīntus, quī in lītore stābat, nāvēs spectābat.
2 Quīntus nāvēs, quae portum intrābant, vīdit.
3 puerī iuvenēs quī in campō sē exercēbant spectābant.
4 Flaccus epistolam quam Quīntus Athēnīs mīserat laetus accēpit.
5 puer cui magister praemium dederat attonitus erat.
6 puerī puellās quae in viā ambulābant salūtāvērunt.
7 iuvenis cūius librum Quīntus lēgit īrātus est.
8 pater, cui fīlius omnem rem nārrāvit, eum laudāvit.
9 Quīntus mox caupōnam invēnit, in quā tōtam noctem manēbat.
10 fēminae, quibus vēra dīxī, nōn mihi crēdunt.

Exercise 3.2

Put the relative pronoun into the correct gender, number and case, and translate

First analyse the relative clause to decide in what case the relative pronoun should be. Then make the relative agree with the word it refers to in gender and number, e.g.

o   s   v

Quīntus epistolam ferēbat (quī) Hēliodōrus scrīpserat

The relative pronoun will be in the accusative because it is the object of **scrīpserat**; it will be feminine singular, because it refers to **epistolam** – answer: **quam**

1 iuvenēs, (quī) Quīntus in ātriō vīdit, omnēs eum salūtāvērunt.
2 iuvenis, (quī) Quīntus epistolam trādidit, ad Theomnēstum festīnāvit.
3 Theomnēstus, (quī) Quīntum intrāre iusserat, surrēxit et eum salūtāvit.
4 Hēliodōrus, (quī) epistolam iam lēgerat, vetus amīcus erat.
5 puellae, (quī) in forō vīdistī mātrem quaerēbant.

Exercise 3.3

Translate into Latin
1 The ship which you saw in the harbour has sailed to Italia.
2 The girls whom (their) mother praised rejoiced.
3 Quintus wrote a letter which he sent to his father.
4 The young men whom we saw in the hall were listening to Cratippus.

listen to **audiō** + accusative
the man **is**

5 The man to whom I gave the money thanked me.

ACADEMIA

postrīdiē Quīntus māne surrēxit festīnāvitque ad Acadēmiam. ubi advēnit, multōs iuvenēs vīdit iam in ātrium intrantēs. ūnum agnōvit, quem superiōre diē in ātriō vīderat. accessit ad eum et 'dīc mihi, sī vīs,' inquit,

māne early
agnōvit he recognised
superiōre previous
sī vīs if you will

'ubi Theomnēstus scholam hodiē habēbit?' ille cōmiter respondit: 'venī mēcum, amīce. viam tibi ostendam. nam ego quoque Theomnēstum audītūrus sum. sed festīnā; nam statim incipiet, nec sērō advenīre dēbēmus.'

sīc dīxit Quīntumque celeriter dūxit per porticum ad theātrum quod iam frequentābat magna turba iuvenum. Quīntus locum invenīre vix potuit. ubi prīmum sēdit, intrāvit Theomnēstus quī tribūnal ascendit scholamque statim incēpit.

Theomnēstus scholam statim incēpit.

illō diē disserēbat 'quid est summum bonum?' duās horās continuās iuvenibus dīcēbat, quī omnēs intentissimē eum audiēbant. Quīntus ipse, quamquam intellegere nōn omnia poterat, verbīs ēius maximē commōtus erat.

ubi tandem Theomnēstus scholam cōnfēcit discipulōsque dīmīsit, Quīntus cōnstituit ad mediam urbem festīnāre, dialogum Platōnis cupiēns emere 'dē Rē Pūblicā' nōmine, quī saepissimē in ōre Theomnēstī fuerat.

ubi tamen in viam exiit, Marcō occurrit ab urbe redeuntī. Marcus enim, quī in Lycēō studēbat, scholae nōn adfuerat sed in caupōnā cum comitibus tempus trīverat. nōndum merīdiēs erat sed Marcus iam paene ēbrius erat.

Quīntum, simul ac vīdit, hilariter salūtāvit et 'Quīnte,' inquit 'gaudeō quod tibi occurrī. quandō Athēnās advēnistī? ubi fuistī? quid fēcistī? num Theomnēstum audīvistī? dī immortālēs, est vir doctissimus sed nimis sevērus. venī mēcum et aliquid vīnī bibe. ego in Lycēō studeō apud Cratippum; est vir hūmānus sed omnium sevērissimus et gravissimus.'

36

Quīntum ad caupōnam vīcīnam dūxit; mox sub
arbore sedēbant vīnum bibentēs. Quīntus Marcō omnia

vīcīnam nearby

sub arbore sedēbant, vīnum
bibentēs.

nārrāvit quae Rōmae fēcerat; nārrāvit etiam dē morte
Caesaris perīculīsque urbis. Marcus eī respondit: 'vēra
dīcis. iam Rōma est plēna perīculīs. propter eam
causam pater mē Athēnās mīsit; nam ipse in maximō
perīculō est. gaudet, ut audīvī, quod Caesar mortuus
est et iam senātōrēs contrā Antōnium excitat. quid
futūrum est? valdē timeō prō eō.

    'sed nōlī rēs gravēs disserere, dīc mihi, tū semper
ingeniōsus erās, vīs-ne mē iuvāre? dēbeō epistolam
blandam scrībere ad patris meī scrībam. rēs difficillima
est. multōs sumptūs habeō; omne argentum quod pater
mihi dedit iam cōnsūmpsī. pater līberālissimus est sed
plūs argentī mihi nōn mittet, nisi meliōrem fāmam dē
mē audīverit. Tīrōnī, scrībae suō, valdē cōnfīdit. si ille
dē mē bene dīxerit, sine dubiō pater plūrimum
argentum mihi mittet.'

    Quīntus eī respondit: 'sed quid vīs mē scrībere?
nōnne vēra dīcere dēbēs?' ille 'tacē, Quīnte,' inquit;
'nōlī nūgās nārrāre. nōlō vēra scrībere sed ea quae
pater audīre cupit; nōnne discipulus optimus sum?
nōnne Cratippī scholīs semper adsum? nōn modo
discipulus sum Cratippō sed etiam velut fīlius. age,
Quīnte, tālia dēbēs scrībere.'

    tandem Quīntus aegrē concessit et hanc epistolam
prō Marcō scrībit:

      Cicerō fīlius Tīrōnī suō dulcissimō salūtem
dat.

      tabellārium cotīdiē valdē exspectābam;
tandem vēnit quadrāgēsimō diē postquam ā vōbīs
discessit. ēius adventus mihi fuit grātissimus; nam
et maximam cēpī laetitiam ex epistolā cārissimī

Rōmae at Rome

ipse he himself
ut as
excitat is rousing
futūrum going to happen
ingeniōsus clever; **vīs-ne** are
you willing?
blandam winning; **scrībam**
secretary
sumptūs expenses
cōnsūmpsī used up
līberālissimus very generous
nisi unless
fāmam report
cōnfīdit(+ dative) he trusts

nūgās nārrāre talk nonsense
nōlō I don't want

velut like; **age** come on
tālia such things
concessit gave in to

tabellārium postman
quadrāgēsimō fortieth

et . . . et both . . . and

37

patris, et tua iūcundissima epistola summum gaudium mihi attulit. gaudeō quod sine dubiō grātōs rūmōrēs dē mē accēpistī, mī dulcissime Tīrō. hōs rūmōrēs patrī, sī vīs, aliīsque refer. errāta enim aetātis meae dolōrem mihi praebent. iam nūntium tibi grātissimum referam.

Cratippō enim nōn sōlum optimus discipulus sum sed etiam velut fīlius. nam eum libenter audiō; sum tōtōs diēs cum eō et saepissimē ille mēcum cēnat. cūrā igitur ut Athēnās celeriter veniās Cratippumque, virum tam excellentem, videās.

ergō tū fundum ēmistī. gaudeō et cupiō illam rem tibi fēlīciter ēvenīre. iam dēbēs urbānitātēs tuās dēpōnere; rūsticus Rōmānus factus es. nōlī dubitāre, mī Tīrō, cupiō tē argentō iuvāre; sed ego iam argentī valdē egeō. sī pater mihi plūs argentī mīserit, ego statim tē iuvābō. mox tē Athēnīs, ut spērō, vidēbō et tēcum philosophiae studēbō. intereā cūrā ut valeās.

haec epistola Marcō valdē placuit; statim eam ad tabellārium tulit iussitque eum quam prīmum ad Tīrōnem ferre. tum Quīntum valēre iussit et festīnāvit ad urbem, ubi comitēs eum in caupōnā exspectābant. Quīntus domum rediit et Platōnis 'dē Rē Pūblicā' legere incēpit.

iūcundissima very pleasant

rūmōrēs reports; **mī** my
refer pass on
errāta the mistakes
aetātis meae of my youth
dolōrem grief
libenter happily

cūrā take care
ut that
excellentem excellent
ergō so; **fundum** a farm
ēvenīre turn out
urbānitātēs city ways
rūsticus rustic
factus es you have become
egeō (+ gen.) need, am short of
Athēnīs at Athens; **ut** as

quam prīmum as soon as possible

Plato

38

V

dubitō (1)	I doubt, hesitate
taceō, tacēre, tacuī	I am silent
ferō, ferre, tulī	I bring, carry
afferō, afferre, attulī	I carry to
referō, referre, rettulī	I bring back, report
occurrō, occurrere, occurrī	I run to meet, meet
+ dative	
aspiciō, aspicere, aspexī	I look at
cōnspiciō, cōnspicere, cōnspexī	I catch sight of
īnspiciō, īnspicere, īnspexī	I look at, inspect
dēspiciō, dēspicere, dēspexī	I look down on, despise
respiciō, respicere, respexī	I look back at
prōspiciō, prōspicere, prōspexī	I look out (at), see

causa, causae, f.	cause, reason	plūs + genitive	more (e.g. plūs vīnī = more (of) wine)
fāma, fāmae, f.	fame, rumour, report	hodiē	today
turba, turbae, f.	crowd	cotīdiē	every day
locus, locī, m.	place	postrīdiē	next day
praemium, praemiī, n.	reward		
aetās, aetātis, f.	age, youth	modo	only, just now
ōs, ōris, n.	face, mouth	non modo ... sed etiam	not only ... but also
adventus, adventūs, m.	arrival	propter + accusative	on account of
laetus-a-um	happy	simul ac/simul atque	as soon as
laetitia, laetitiae, f.	happiness, joy		
grātus-a-um	pleasing, pleasant		
summus-a-um	highest, utmost		
dulcis, dulce	sweet		

Exercise 3.4 (Revision)

Translate

1 iuvenēs ad Acadēmiam festīnābant Theomnēstum audīre cupientēs.
2 Quīntus, ātrium intrāns, Marcō occurrit ab urbe redeuntī.
3 haec nāvis celerior est quam illa.
4 Cratippus doctissimus erat omnium quī iuvenēs Athēnīs docēbant.
5 dīc mihi. quem vidēre cupis? ego tē iuvābō.
6 iuvenis, ē summō monte prōspiciēns, nāvēs vidēre poterat portum intrantēs.
7 quid facitis, amīcī? nōlīte tantum clāmōrem facere. tacēte.
8 simul ac puer domum rediit, patrem quaesīvit, quem invēnit in hortō labōrantem.
9 puerī, quibus magister fābulam nārrābat, intentē audiēbant.
10 Marcus, cūius pater līberālissimus erat, semper argentī egēbat.
    līberālis generous **egēbat** needed (+ gen.)

Exercise 3.5

Translate the first two paragraphs and answer the questions below

cotīdiē Quīntus prīmā lūce surgēbat festīnābatque ad
Acadēmiam. multīs scholīs aderat, quās et
Theomnēstus et aliī doctōrēs habēbant. mox plūrimōs
amīcōs inter iuvenēs fēcerat, quibuscum saepe
disputābat dē bonō vērōque; saepe etiam ad urbem
ībant monumentaque veterum Graecōrum simul
īnspiciēbant.

doctōrēs teachers
quibuscum with whom
disputābat argued; **vērō** truth
simul together

The Academy

   hic cursus vītae Quīntō valdē placēbat. vēr iam
paene cōnfectum erat aestāsque aderat. diē quōdam
amīcus ad Quīntum accessit in tabernā sedentem et
'Quīnte,' inquit, 'ego aliīque amīcī cōnstituimus iter
facere ad Peloponnēsum; cupimus enim illa
monumenta spectāre, Mycēnās, quās Agamemnōn
regēbat, et Spartam et Olympiam. vīs-ne tū nōbīscum
venīre?'

vītae of life; **vēr** spring
cōnfectum finished; **aestās**
summer
quōdam a certain, one

   Quīntus, valdē dēlectātus, 'nihil' inquit 'mihi magis
placēbit. quandō iter incipiēmus?' ille rīdēns Quīntō
respondit 'festīnā lentē, Quīnte. tertiō diē parātī
erimus. tum viam inībimus; gaudeō quod tū nōbīscum
venīre potes.'

dēlectātus delighted
magis more

1 How did Quintus react to his friend's suggestion?
2 Why did his friend laugh at Quintus's reaction? What did he mean
    by 'festīnā lentē'?
3 Give one English word derived from each of the following: **iuvenēs**
    (l.4); **urbem** (l.5); **spectāre** (l.13).
4 In what tense is each of the following: **aderat** (l.2); **fēcerat** (l.4);
    accessit (l.10)? Give the first person singular of the present of each
    of the verbs.

5 From this passage give one example of: a superlative adjective; a
  preposition + accusative; a present participle; an infinitive.
6 Translate into Latin: (a) The young man will make a journey to Athens.
                          (b) We wanted to look at all the monuments.
                          (c) This is the city which Agamemnon ruled.

STOIC AND EPICUREAN

What is a philosopher? The literal meaning of the word is a 'lover of
wisdom'. Philosophers try to discover the truth about the world we
live in. They suggest ways in which we can lead our lives for the best.
They tell us about the nature of good and evil, and about what sort of
behaviour is best for us both as individuals and as members of a
society. It is not surprising that Theomnestus in our story lectures for
two hours on the subject of 'What is the greatest good?' This was the
most important question for philosophers. Their teaching was highly
valued by men of action in the ancient world. Marcus's teacher
Cratippus was made a Roman citizen by Julius Caesar.

When Theomnestus's lecture is over, Quintus rushes off into the
middle of the city to buy *The Republic*. This is the most famous work
of Plato. He was an Athenian philosopher who lived between about
429 and 347 BC and founded the Academy where Theomnestus
teaches. We call this book a 'dialogue', a conversation between two or
more people, because Plato presents his views through an imaginary
discussion led by his own teacher Socrates. *The Republic* sets forth the
view that the ideal state should be governed by philosophers since
they know best what is good and what is bad.

Plato's most famous pupil, Aristotle, who was tutor
to Alexander the Great, founded a second
philosophical school. The young Cicero is studying
here in our story. As time passed, new schools
were founded, notably the Stoic and Epicurean,
the two philosophies which dominated the Roman
world in Quintus's day. The Stoics preached that
to be virtuous was the only good and not to be
virtuous the only evil. Man must always act in
accordance with reason. He should accept whatever
happens to him with calm, giving way neither to
intense joy nor to excessive grief. Thus he will come
into harmony not only with the universal brotherhood
of man but also with God. Brutus, the assassin of Julius
Caesar, seemed to many to display the Stoic qualities
at their noblest.

Aristotle

The Stoics involved themselves in the real world of politics and war, but the followers of Epicurus (341–270 BC), who had founded the other main philosophy of the age, tried to avoid such disturbing pursuits. Epicurus's main purpose was to lead men to a happy life. This did not mean that they should always aim at the most obvious pleasures. After all, an evening of drinking is followed by a hangover. Their ideal was freedom from disturbance. The Epicureans recommended withdrawal from the turmoil and confusion of the active life into the study of philosophy. The great Epicurean poet Lucretius wrote:

> It is sweet, when the winds are lashing the waves on the high seas, to view from the land the great struggles of someone else.

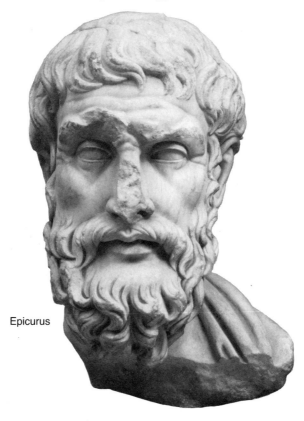

Epicurus

If you had lived in Roman times, would you have been a Stoic or an Epicurean? Explain the reasons for your choice.

canēs cēnam ā puellā parātam rapiunt.

canēs ā puellā territī in hortum fugiunt.

puella canēs in culīnam reductōs pūnit.

canēs ā puellā pūnītī in hortum trīstēs
redeunt.

G The perfect participle passive

parō	I prepare	**parātus-a-um** prepared, having been prepared
terreō	I terrify	**territus-a-um** terrified, having been terrified
dūcō	I lead	**ductus-a-um** led, having been led
pūniō	I punish	**pūnītus-a-um** punished, having been punished

The perfect participles passive of

1st conjugation (**amō, amāre**)	**amātus-a-um**
2nd conjugation (**moneō, monēre**)	**monitus-a-um**
4th conjugation (**audiō, audīre**)	**audītus-a-um**

The perfect participles of verbs of the 3rd conjugation (**regō, regere**)
have to be learnt; vocabulary lists will in future include the perfect
participle, e.g.

regō, regere, rēxī, <u>rēctus-a-um</u>

Learn the following now

present	infinitive	perfect	perfect participle	
regō	regere	rēxī	rēctus	(What does each part mean?)
dūcō	dūcere	dūxī	ductus	
vincō	vincere	vīcī	victus	
scrībō	scrībere	scrīpsī	scrīptus	
agō	agere	ēgī	āctus	
emō	emere	ēmī	ēmptus	
legō	legere	lēgī	lēctus	

NB 1 The perfect participle is an adjective, declining like **bonus, -a, -um**, and agrees with the noun (or pronoun) to which it refers. So in the examples above we have: **cēn<u>am</u> . . . parāt<u>am</u>; can<u>ēs</u> . . . territ<u>ī</u>**. Why in the third example is it **can<u>ēs</u> . . . reduct<u>ōs</u>**?

NB 2 **ā/ab** + ablative = by; it is used only with people, e.g.

mīles ab hostibus vulnerātus . . . the soldier wounded by the enemy . . . but

mīles hastā vulnerātus . . . the soldier wounded by a spear . . .

Exercise 4.1

What does each of the following words mean (say in brackets from what verb each one comes)
vocātus, vulnerātus, audītus, ductus, līberātus, apertus, ēmptus, missus, doctus, captus

Exercise 4.2

Analyse and translate. Show clearly which word the participle agrees with, e.g.

$$s \qquad\qquad (s)$$

puerī ā-magistrō territī. . . .

1 puerī ā magistrō territī ē lūdō fūgērunt.
2 iuvenis ā servō ductus ad forum advēnit.
3 fīlius cēnam ā mātre parātam celeriter ēdit.
4 Quīntus epistolam ab Hēliodōrō scrīptam Theomnēstō trādidit.
5 pater iānuam ā fīliō apertam clausit.
6 iuvenēs ā sene monitī ē perīculō ēvāsērunt.   **ēvāsērunt** escaped
7 Quīntus canem in viā inventum domum dūxit.
8 hīs verbīs commōtae fēminae domum rediērunt.
9 puerī senēs ā cane vulnerātōs iūvērunt.
10 Caesar ā coniūrātīs occīsus prope statuam Pompēiī iacēbat.
    coniūrātīs conspirators

Exercise 4.3

Put the verbs in brackets into the correct form of the perfect participle passive and translate, e.g.

hostēs ā Rōmānīs (vincere) ad castra fūgērunt:
victī (the enemy were conquered and they are the subject of the sentence, and so the participle is in the nominative masculine plural):
the enemy conquered by the Romans fled to their camp.

1 puella, ā mātre (monēre), tacēbat.
2 fīlius cēnam ā mātre (parāre) celeriter ēdit.
3 cibus in forō (emere) senī nōn placuit.
4 Rōmānī ā Rōmulō (regere) flōrēbant.
5 cōnsul mīlitēs ab hostibus (oppugnāre) iussit castra fortiter dēfendere.

Exercise 4.4

Translate into Latin

1 The soldiers led to Parthia by Crassus never returned home.
2 The girls, terrified by the shouts, fled.
3 Quintus read all the books written by the poet.
4 Have you seen the horse bought today by my father?
5 Led by the old man, the farmer soon arrived at the harbour.

QUINTUS ITER FACIT

Southern Greece

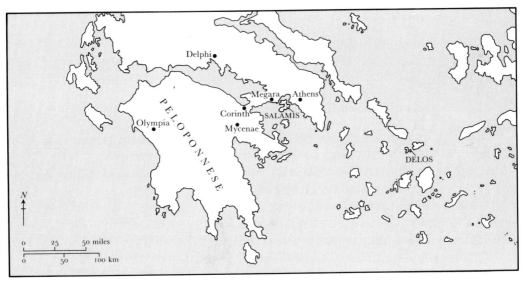

tertiō diē Quīntus comitēsque prīmā lūce ad urbis portās convēnērunt, omnēs, ad longum iter parātī, sarcīnās portābant. Athēnīs laetī discessērunt, iter inīre cupientēs.

sarcīnās packs

45

mox in viā contendēbant quae secundum lītus ferēbat versus Corinthum. diēs amoenus erat; sōl in caelō serēnō lūcēbat; avēs in arboribus canēbant.

īnsulam Salamīnem praeteriērunt, ubi abhinc annōs quīngentōs Graecī, ab Athēniēnsibus ductī, in proeliō nōtissimō Persās vīcerant lībertātemque patriae vindicāverant. locum vīdērunt marī vīcīnum ubi Xerxēs, rēx Persārum, sēderat proelium spectāns suōsque victōs vīderat.

nox aderat cum Megaram advēnērunt, ōlim urbem flōrentem, nunc parvum oppidum. eā nocte ibi manēbant, in agrō dormientēs sub caelō. posterō diē Corinthum contendērunt. urbs Corinthus in isthmō angustō sita est, quī Peloponnēsum ā cēterā Graeciā dīvidit; temporibus antīquīs urbs fuerat flōrentissima, quae maximam classem habēbat commerciumque per tōtum mare agēbat. nunc tamen oppidum parvum erat et pauper; nam centum ante annīs Corinthī rebelliōnem contrā Rōmānōs fēcerant; Rōmānī urbem captam dēlēverant.

secundum along
versus towards; **amoenus** pleasant
serēnō clear
Salamīnem Salamis
praeteriērunt went past
vindicāverant had won
vīcīnum close to
suōs his own men
cum when
flōrentem thriving
isthmō angustō a narrow isthmus

cēterā the rest of
dīvidit divides
antīquīs ancient
commercium trade
Corinthī the Corinthians
rebelliōnem a rebellion

Corinth

hanc regiōnem amīcus Cicerōnis, Servius nōmine, sīc nūper dēscrīpserat in epistolā ad Cicerōnem scrīptā: 'ex Asiā rediēns, ubi ab Aegīnā Megaram versus nāvigābam, regiōnēs circumcircā prōspicere incēpī. post mē erat Aegīna, ante mē Megara, dextrā Pīraeus, sinistrā Corinthus, oppida quae ōlim flōrentissima fuērunt sed nunc prōstrāta et dēlēta ante oculōs iacent.'

Quīntus comitēsque ruīnās Corinthī īnspicientēs trīstēs erant; nova aedificia nūper facta erant sed vetera monumenta paene omnīnō dēlēta. nōn diū in urbe manēbant sed viam iniērunt quae Mycēnās ferēbat, Agamemnonis sēdem. via difficilis erat et longa, quia per montēs ferēbat.

regiōnem region
nūper recently
Megaram versus towards Megara
circumcircā round about
post behind
prōstrāta laid flat
ruīnās the ruins
nūper recently
omnīnō completely

sēdem the home

Mycēnae, in iugō sitae inter duōs montēs, ad lātum campum dēspiciunt. Quīntus comitēsque moenia procul vidēre poterant, quae, saxīs ingentibus aedificāta, adhūc alta erant. Quīntus moenia īnspiciēns attonitus erat et 'dī immortālēs,' inquit, 'Cyclōpēs haec moenia aedificāvērunt. nūllī hominēs tanta saxa tollere potuērunt.'

ad portam accessērunt, super quam stābant duo leōnēs lapideī; mox in summum collem ascendērunt, ubi sita erat Agamemnonis rēgia. iam in locō stābant ubi Agamemnōn, Trōiā reversus, ab uxōre crūdēlissimē occīsus erat.

diēs amoenus erat, sōl lucēbat in caelō serēnō, prōspectus erat pulcherrimus; campum vidēre poterant procul iacentem et mare in sōle fulgēns. Quīntus tamen horruit; locus sacer erat. perterritus comitibus 'statim abīre dēbēmus,' inquit; 'hic locus sanguine olet. sine dubiō Mānēs Agamemnonis uxōrisque scelestae adhūc adsunt.' omnēs collem celeriter dēscendērunt et portīs exiērunt, laetī quod locum tam īnfēlīcem relīquerant.

iugō ridge

attonitus astonished
Cyclōpēs the Cyclopes (giants)
saxa rocks; tollere to raise
leōnēs lapideī stone lions
rēgia palace
reversus having returned

fulgēns shining
horruit shuddered; sacer cursed
olet smells
Mānēs the ghosts
scelestae wicked

Clytemnestra urges on her lover as he kills Agamemnon.

deinde Olympiam contendērunt, iter septem diērum per montēs Arcadiae facientēs. via nōn facilis erat; paucīs hominibus occurrērunt; sed rūra erant pulchra; magnae silvae, altī montēs, campī lātī, ubi pāstōrēs ovēs caprōsque cūrābant. ubi montēs transiērunt, ad flūmen advēnērunt, nōmine Alphēum; hoc flūmen sequentēs tandem Olympiam accessērunt.

pāstōrēs shepherds
ovēs sheep; caprōs goats
sequentēs following

47

aedificō, aedificāre, aedificāvī, aedificātus	I build	lātus-a-um	wide
aedificium, aedificiī, *n.*	building	sacer, sacra, sacrum	sacred, cursed
dēleō, dēlēre, dēlēvī, dēlētus	I destroy	crūdēlis-e	cruel
caedō, caedere, cecīdī, caesus	I kill, beat	circum + accusative	around
occīdō, occīdere, occīdī, occīsus	I kill	ā/ab + ablative	by; from
		abhinc	ago
canō, canere, cecinī	I sing	adhūc	still
īnsum, inesse, īnfuī	I am in	hic, haec, hoc	this
nōlō, nōlle, nōluī	I do not wish, I am unwilling	hīc	here
		hūc	to here, hither
		hinc	from here, hence
moenia, moenium, *n. pl.*	town walls	ille, illa, illud	that
honor, honōris, *m.*	honour	illīc	there
sanguis, sanguinis, *m.*	blood	illūc	to there, thither
rūs, rūris, *n.*	country	illinc	from there, thence
rūra, *n. pl.*	countryside		

G Uses of the dative case

1 Indirect object = <u>to</u>

    s   o   io   v

pater canem fīliō dedit Father gave a dog to his son.

2 After 'dative verbs', e.g.
fīlius patrī pāret The son obeys his father.

NB Compounds of **sum** take the dative case, e.g.

    Cicerō senātuī aderat Cicero was present at the senate.

3 The dative case can also mean <u>for</u>, e.g.

tempus est <u>tibi</u> domum redīre It is time <u>for you</u> to return home.

necesse est <u>mihi</u> ad urbem īre It is necessary <u>for me</u> to go to the city.

hoc <u>mihi</u> fēlīciter ēvēnit This turned out well <u>for me</u>.

lūdōs <u>honōrī</u> Iovis celebrant They celebrate games <u>for</u> Jupiter's <u>honour</u> , i.e. in honour of Jupiter.

Graecī artēs invēnērunt <u>generī hūmānō</u> The Greeks invented arts <u>for the human race</u>.

nōmen <u>iuvenī</u> est Marcus The name <u>for the young man</u> is Marcus, i.e. the young man's name is Marcus.

Exercise 4.5

Translate

1 Cicerō senātuī adesse dēbuit.
2 Cicerōnis fīlius turmae equitum praeerat.

   turmae praeerat was in command of a squadron

3 nōmen huic puerō est Gāius.
4 necesse erat Marcō epistolam patrī scrībere.
5 Brūtus glōriam sibi peperit, quod lībertātem patriae reciperāvit.

   peperit won
   reciperāvit recovered

Exercise 4.6

Read the following passage carefully. Translate the first paragraph and then answer the questions below the passage

per annōs plūs quam septingentōs hominēs ex omnibus partibus Graeciae convēnerant ad lūdōs Olympicōs. hic locus Iovī cōnsecrātus erat, cūius honōrī lūdōs quīntō quōque annō celebrābant. plūrima aedificia inerant, plurimae statuae eōrum quī in lūdīs vīcerant, templa ingentia, quōrum maxima erant Iovī dēdicāta Iovisque uxōrī, Iūnōnī. in hīs sculptūrae magnificae erant, inter quās ūna excellēbat, statua Iovis ā Pheidiā facta ex aurō et ebore.

plūs quam more than
Iovī to Jupiter
cōnsecrātus consecrated
quīntō quōque annō every fourth year
dēdicāta dedicated
sculptūrae sculptures
excellēbat stood out
ebore ivory

A model of the Sanctuary

Olympia

Quīntus comitēsque complūrēs diēs in Olympiā manēbant, omnia spectantēs. stadium vīdērunt, ubi athlētae optimī ex omnī Graeciā congregātī in lūdīs contendēbant.

Olympia locus valdē amoenus erat. plūrimae arborēs inter aedificia flōrēbant, quae umbram grātam praebēbant; flūmen altum lātumque lentē fluēbat, in quō nantēs sē exercēre poterant; ubīque aedificia erant pulcherrima; plūrimī hominēs, laetī cōmēsque, semper circumībant omnia spectantēs.

Quīntus comitēsque, locō dēlectātī, invītī discessērunt viamque iniērunt quae Athēnās ferēbat.

complūrēs several
stadium the stadium
athlētae athletes
congregātī gathered together

flōrēbant were blooming
umbram shade
fluēbat was flowing
nantēs swimmers
cōmēs kindly
circumībant were going about
dēlectātī delighted
invītī unwillingly

1 What did Quintus and his friends find so attractive about Olympia?
2 Give one English word derived from each of the following and explain what the English words mean: **manēbant** (1.11); **lūdīs** (1.12); **locus** (1.14); **spectantēs** (1.19).
3 Give one example each from this passage of a present participle active and a perfect participle passive. Say which noun each agrees with.
4 Give one example each from this passage of: a superlative adjective; a reflexive verb; an adverb; a relative clause; a preposition with the ablative case.
5 Translate into Latin: (a) The young men, led by the farmer, crossed the mountain.
(b) When we arrive at Olympia, we shall watch the games.
(c) Have you seen the letter written by my father?

CORINTH

The city of Corinth lay beneath a towering acropolis, visible from Athens fifty miles away. It is in a very important position since it controls the narrow isthmus, just under four miles wide, which separates central Greece from the Peloponnese. It was a key centre for trade between Europe and Asia, being the link between the Corinthian and Saronic gulfs. Ships were winched across the isthmus in ancient times on a paved slipway. The Roman emperor Nero tried to build a canal here in AD 67, but it was not until 1893 that one was completed. It is an impressive piece of engineering (the bridges are 200 feet above the water), and it shortens the journey from Athens to Italy by some 200 miles.

The Corinth canal

Corinth is said to have had a population of 300,000 citizens and 460,000 slaves at its most flourishing period. Numbers were increased by the crowds who flocked to the Isthmian Games every other year. But the story of this great city is a tempestuous one. It had a troubled history in the eras of Athenian, Spartan and Macedonian domination, and was razed to the ground by the Romans in 146 BC. One hundred years later, however, Julius Caesar founded a colony of veterans on the site and soon the new Corinth became famous for luxury and pleasure.

Cicero's friend Servius saw the ruins of Corinth before Julius Caesar rebuilt the city in 44 BC. Lord Byron, sailing through the Saronic gulf in the early nineteenth century, retraced Servius's journey and saw the ruins of Roman Corinth as well as the Turkish shanty towns added to the wreckage of the Greek city:

> Wandering in youth, I traced the path of him,
> The Roman friend of Rome's least mortal mind,
> The friend of Tully*: as my bark did skim
> The bright blue waters with a fanning wind,
> Came Megara before me, and behind
> Aegina lay, Piraeus on the right,
> And Corinth on the left; I lay reclined
> Along the prow, and saw all these unite
> In ruin, even as he had seen the desolate sight;
>
> For Time hath not rebuilt them, but uprear'd
> Barbaric dwellings on their shatter'd site,
> Which only make more mourn'd and more endear'd
> The few last rays of their far-scatter'd light,
> And the crush'd relics of their vanish'd might.
> The Roman saw these tombs in his own age,
> These sepulchres of cities, which excite
> Sad wonder, and his yet surviving page
> The moral lesson bears, drawn from such pilgrimage.
>
> That page is now before me, and on mine
> *His* country's ruin added to the mass
> Of perish'd states he mourn'd in their decline,
> And I in desolation: all that *was*
> Of then destruction *is*; and now, alas!
> Rome – Rome imperial, bows her to the storm,
> In the same dust and blackness, and we pass
> The skeleton of her Titanic form,
> Wrecks of another world, whose ashes still are warm.

*Cicero, whose full name is Marcus *Tullius* Cicero; the friend referred to is Servius, whose letter Byron had in mind.

Ancient Rome lies in ruins but, as Byron realized when he wrote of her still warm ashes, her civilization remains very much alive.

MYCENAE

The great hill fortress of Mycenae dominated central Greece from the seventeenth to the thirteenth centuries BC and gave its name to the Mycenean civilization. It combined comfort and luxury, as we can see from the fragments of colourful fresco (wall-painting) which survive, with forbidding and grim strength. It is famous for its massive lion gate, the most impressive feature of the vast walls, for its enormous

The Lion Gate

bee-hive tombs, and for the superbly wrought gold discovered there in the 1870s by the famous German archaeologist, Heinrich Schliemann. Homer described Mycenae as 'rich in gold' and Schliemann was confident that he was telling the truth. They were both proved right. Schliemann found a golden mask on the remains of a dead king, and sent a telegram to the King of Greece which read 'I have gazed upon the face of Agamemnon'.

Mycenae and the Mycenean civilization were destroyed around 1200 BC by invaders.

OLYMPIA

Quintus proceeds westwards from the bare rock citadel of Mycenae across the mountains to Olympia. This is a relaxing and luxuriant site set in the beautiful valley of the river Alpheus. Great crowds from all over Greece would assemble here every fourth summer for well over 1000 years to see the Olympic games, held in honour of Jupiter. Important visitors would be put up in a hostel, but the majority stayed on a great camp-site. The scene was a bustling one as thousands of people drifted cheerfully around the sacred precinct, looking at the great temples of Jupiter and Juno, the gymnasium, the wrestling school, and the countless statues of victorious athletes. There was a lively market, and you might well have the luck to hear a recital from a famous orator, philosopher or historian.

The Greeks had such great respect for these games that warring nations would make a truce while they took place. The prize for victory was only a crown of wild olive, but it was the honour that the winner and his city really valued.

There were two main restrictions. One was that no married woman was allowed to attend the games or even cross the river Alpheus into the sanctuary. The other was that nobody whose native language was not Greek could take part. The competitors trained for ten months, spending the final month in the gymnasium at Olympia. The oldest event was the foot-race, but later came other sports, most notably the Pentathlon (a combination of running, jumping, wrestling and throwing both spear and discus), boxing, and chariot- and horse-racing. You can still see the stadium where the grass banks could hold 40,000 people.

A Christian Roman emperor ordered the destruction of the temples at Olympia in AD 426. This decree, with the assistance of some earthquakes, led to the ruin of the site. The Olympic Games started up again in 1896 in Athens. But unfortunately there is no modern tradition of a truce in hostilities during the festivals. On the contrary, it is the games that have been cancelled, three times in two World Wars.

❓ What do the ancient and modern Olympic games have in common?

❓ Why do tens of thousands still flock every year to see the sites which Quintus visited?

CHAPTER V

Quīntus comitēsque iter faciunt ut
Mycēnās videant.

collem ascendērunt ut sēdem
Agamemnonis vidērent.

Quīntus 'venīte hūc,' inquit, 'ut
prōspectum aspiciātis.'

omnēs celeriter dēscendērunt ut locum
īnfēlīcem relinquerent.

The moods

Moods are the different ways in which the verb may be used:
1 to express <u>facts</u>: the *indicative* mood, e.g.

we fight bravely **fortiter pugnāmus**.

2 to express <u>commands</u>: the *imperative* mood, e.g.

fight bravely **fortiter pugnāte**.

3 to express various forms of <u>non-fact</u>: the *subjunctive* mood, e.g.

we may fight bravely **fortiter pugnēmus**.

You have learnt the *indicative* and *imperative* moods; you must now
learn the *subjunctive*.

1 **amō**		2 **moneō**	3 **regō**	4 **audiō**	5 **sum**	6 **possum**
am-em	= I may	mone-am	reg-am	audi-am	sim	possim
am-ēs	love,	mone-ās	reg-ās	audi-ās	sīs	possīs
am-et	etc.	mone-at	reg-at	audi-at	sit	possit
am-ēmus		mone-āmus	reg-āmus	audi-āmus	sīmus	possīmus
am-ētis		mone-ātis	reg-ātis	audi-ātis	sītis	possītis
am-ent		mone-ant	reg-ant	audi-ant	sint	possint

Note that the subjunctive endings from **amō** class verbs are **-em**, **-ēs**, **-et**, etc.
From all the other conjugations, they are **-am**, **-ās**, **-at**, etc.
But **sum** and **possum** are irregular: **sim**, **sīs**, **sit** and **possim**, **possīs**, **possit**, etc.

Imperfect subjunctive of all verbs is formed by adding **-m** to the present infinitive.

amārem	= I might	monērem	regerem	audīrem	essem	possem
amārēs	love,	monērēs	regerēs	audīrēs	essēs	possēs
amāret	etc.	monēret	regeret	audīret	esset	posset
amārēmus		monērēmus	regerēmus	audīrēmus	essēmus	possēmus
amārētis		monērētis	regerētis	audīrētis	essētis	possētis
amārent		monērent	regerent	audīrent	essent	possent

Exercise 5.1

*Form the present and imperfect subjunctives (1st person singular) from
the following verbs*
videō, parō, petō, spectō, adsum, agō, capiō

Clauses of purpose (= final clauses)

English: I am coming that I may see you = I am coming to see you.
Latin: **veniō ut tē videam**.

English: I came that I might see you = I came to see you.
Latin: **vēnī ut tē vidērem**.

To express purpose English either uses 'that' + subjunctive, or, more
often, a plain infinitive.
But Latin always uses **ut** + subjunctive, *present* subjunctive if the main
verb is *present* (or *future*), *imperfect* subjunctive if the main verb is
past.

Exercise 5.2

Analyse and translate, e.g.

s	v	i.o.	o	v + s

puer ad-urbem festīnāvit (ut patrī omnia dīceret).

NB The **ut** clause must be bracketed off and both clauses must be analysed.

1 iuvenēs ad Acadēmiam veniunt ut Theomnēstum audiant.
2 Cicerō Athēnās ībit ut fīlium videat.
3 pater epistolam ad fīlium mīsit ut eum dē perīculō monēret.
4 ad forum ambulāvimus ut cibum emerēmus.
5 hoc facimus ut vōs iuvēmus.

Exercise 5.3

Put the verb in brackets into the correct form of the subjunctive and translate
Remember that if the main verb is present or future, the verb in the **ut** clause will be present subjunctive; if the main verb is past, the verb in the **ut** clause will be imperfect subjunctive.

1 Quīntus comitēsque iter faciēbant ut Mycēnās (vidēre).
2 diū hīc manēbimus, ut omnia (spectāre).
3 invītī discessimus ut Athēnās (redīre).
4 athlētae ex omnibus partibus Graeciae hūc conveniunt ut in ludīs (contendere).
5 nōnne venītis ut Theomnēstum (audīre)?

Exercise 5.4

Translate into Latin
Remember that although English often uses the infinitive to express purpose, Latin always uses **ut** + subjunctive.

1 I went to Athens that I might study in the Academia.
2 Come with me to meet my father.
3 We stayed five days in Olympia to watch the games.
4 I shall come at once to see you.
5 The boys hurried home to greet their father, who had at last returned from Rome.

BRUTUS ATHENAS ADVENIT

Quīntus, Athēnās reversus, ad Acadēmiam festīnāvit ut amīcōs vidēret Theomnēstumque salūtāret. ibi epistolam invēnit ā patre scrīptam, quam avidē lēgit:

 Flaccus fīliō suō cārissimō salūtem plūrimam dat.

  hodiē epistolam accēpimus ā tē Athēnīs scrīptam. maximē gaudēmus quod perīcula itineris superāvistī atque Athēnās incolumis advēnistī.

  māter Horātiaque salūtem plūrimam tibi dant; valent flōrentque. Horātia Decimō spōnsāta est, fīliō veteris amīcī meī, quī ad lūdum Flāvī tēcum ībat. iuvenis cōmis est et prūdēns; gaudēmus quod Horātia virō tam bonō nūbet.

  Argus mortuus est; leporem in silvīs petēbat cum lupō occurrit, quī eum occīdit. canis fidēlis erat quī ovēs bene custōdiēbat; eum valdē dēsīderāmus.

  cotīdiē nūntiī Rōmā veniunt quī nōbīs multa dē rēpūblicā referunt. omnēs valdē ānxiī sumus. C.Octāvius, iuvenis quem Caesar testāmentō suō adoptāvit, Rōmam advēnit. nōmen Caesaris assūmpsit; iam appellātur C.Iūlius Caesar Octāviānus. plūrimum argentum mīlitibus Caesaris dat eōsque ad sē addūcit. quid in animō habet? nēmō scit, sed omnēs timent, in prīmīs Antōnius.

  quid futūrum est? tempora valdē perīculōsa sunt. illī-ne ducēs rempūblicam in bellum cīvīle iterum trahent? numquam-ne fīnis erit bellōrum?

  tū intereā, fīlī cārissime, dīligenter studē et cūrā ut valeās epistolamque aliam nōbīs mox mittās.

 data Idibus Māiīs Venusiae.

Quīntus gaudēbat quod māter paterque valēbant et quod Horātia virō bonō nūptūra erat; valdē tamen dolēbat quod Argus, canis fidēlis quem tam diū amāverat, mortuus est. dē rēpūblicā ānxius erat; ea quae pater scrīpsit iam cognōverat; amīcī enim, quī Rōmā nūper vēnerant, omnia eī dīxerant.

  mox ad studia rediit. multīs scholīs aderat; dīligenter studēbat; cum amīcīs lūdēbat; Marcō interdum occurrēbat. ōlim, dum ad agoram adit ut librōs emeret, Marcum vīdit in caupōnā sedentem; intrāvit ut Marcum salūtāret. ille Quīntum vīsum ad sē vocāvit.

Octavian

'salvē, Quīnte,' inquit. 'venī hūc. vidē; epistolam accēpī Rōmā missam. lege haec; pater Athēnās venit ut mē videat. iam Syrācūsās nāvigat; paucīs diēbus aderit. dī immortālēs! nunc dēbeō omnibus scholīs adesse, librōs gravēs legere, Cratippum ad cēnam vocāre. ō mē miserum! puer, dā mihi plūs vīnī ut malōrum oblīvīscar.'

Quīntus rīsit. 'sed cūr tū tam commōtus es, Marce?' inquit; 'nōnne Cratippō optimus discipulus es? nōnne libenter eum audīs et saepissimē ad cēnam vocās? sīc enim ad Tīrōnem scrīpsistī, quī sine dubiō eadem patrī tuō rettulit.'

Marcus eī respondit: 'nōlī mē rīdēre, Quīnte. veniam tēcum ad agoram ut librum emam. deinde ad Lycēum redībō ut Cratippum audiam. ō diem nigrum!'

paucīs post diēbus Quīntus Marcum in eādem caupōnā sedentem iterum vīdit. ille multum vīnī biberat et valdē hilaris erat. 'Quīnte,' clāmāvit, 'venī hūc celeriter. ecce, aliam epistolam ā patre scrīptam accēpī. Rōmam redit ut senātuī adsit; non potest ad Graeciam nāvigāre; rēs maximī mōmentī eum Rōmae dētinēbunt. dī mē servāvērunt. nunc est bibendum. ē summō perīculō ēvāsimus.'

Quīntus rīsit; aliquamdiū cum Marcō manēbat, vīnum bibēns; deinde ad agoram prōcessit ut negōtium cōnficeret.

posterō diē Quīntus, ubi theātrum intrāvit ut Theomnēstum audīret, iuvenum multitūdinem invēnit theātrum frequentantem; vix poterat locum invenīre. omnēs valdē commōtī erant. causam tantī tumultūs Quīntus mox cognōvit. nam vix sēderat cum theātrum intrāvit manus seniōrum Brūtō dūcente. Quīntus attonitus erat: Brūtus ipse, percussor Caesaris, ad Acadēmiam vēnerat ut Theomnēstum audīret.

sine morā Theomnēstus intrāvit tribūnalque ascendit. paulīsper audītōrēs tacitus īnspiciēbat. tum scholam incipit. dē officiīs dīcēbat. hanc quaestiōnem prōposuit: 'quid facere dēbet vir bonus sī tyrannus rempūblicam opprimit lībertātemque cīvium praecīdit?'

exemplum revocāvit Harmodiī et Aristogeitōnis, quī quīngentīs ante annīs tyrannum Athēnārum interfēcerant lībertātemque populō reddiderant; illī, ab omnibus laudātī, glōriam immortālem sibi pepererant.

salvē greetings

puer boy (waiter)
oblīvīscar (+ gen.) I may forget

libenter enthusiastically
eadem the same

ō diem nigrum o black day!
paucīs post diēbus a few days later
hilaris merry

maximī mōmentī of the greatest importance
est bibendum we must drink
aliquamdiū for some time
negōtium business

posterō the next
frequentantem packing
commōtī excited
tumultūs commotion
manus seniōrum a group of older men
percussor the assassin

tribūnal platform
paulīsper for a little
audītōrēs the listeners
officiīs duties
quaestiōnem question
tyrannus tyrant
opprimit puts down
praecīdit puts an end to
pepererant had won

Harmodius and Aristogeiton

iuvenēs eum intentē audiēbant, valdē commōtī.
ubi scholam ad fīnem perdūxit, omnēs surrēxērunt
plausumque ingentem dedērunt. Brūtum vocāvērunt ut
ipse ōrātiōnem faceret. ille autem ad iuvenēs sē vertit;
manūs sustulit eōs salūtāns; deinde nihil locūtus ē
theātrō exiit.

plausum applause
sustulit he raised
locūtus having spoken

cūrō (1)	I care for	**lībertās, lībertātis,** *f.*	freedom
cūrō ut	I take care that, see that	**multitūdō, multitūdinis,** *f.*	crowd
		senātus, senātūs, *m.*	senate
doceō, docēre, docuī, doctus	I teach	**fidēs, fideī,** *f,*	loyalty
		fidēlis, fidēle	loyal, faithful
doctus-a-um	learned	**perīculōsus-a-um**	dangerous
trahō, trahere, trāxī, tractus	I drag, I draw	**idem, eadem, idem**	same
		ipse, ipsa, ipsum	self
ēvādō, ēvādere, ēvāsī	I go out, escape	**nūper**	lately, recently
custōdiō (4)	I guard	**plūs, plūris** + genitive	more
		e.g. **plūs vīnī**	more wine
glōria, glōriae. *f.*	glory	compare: **aliquid vīnī**	some wine
exemplum, exemplī, *n.*	example	**satis vīnī**	enough wine
fīnis, fīnis, *m.*	end	**tantum vīnī**	so much wine
ōrātiō, ōrātiōnis, *f.*	speech		
senex, senis, *m.*	old man		
senior, seniōris	older		

G The perfect participle passive (continued)

    s   *o*   *v*

Marcus Quīntum-vīsum vocāvit

Marcus called Quintus-having-been-seen (literally).

But we would translate: 'Marcus saw Quintus and called him' or 'When Marcus saw Quintus, he called him.'

Exercise 5.4

Analyse and translate
1 pater fīlium in agrō vīsum vocāvit.
2 Marcus vīnum in tabernā ēmptum bibit.
3 mīlitēs urbem captam incendērunt.
4 rēx mīlitēs convocātōs laudāvit.
5 Quīntus epistolam statim scrīptam ad patrem mīsit.

Exercise 5.5 (Revision)

Put the word in brackets into the correct form and translate
1 Quīntus ad Acadēmiam rediit ut Theomnēstum (audīre).
2 venīs-ne ad tabernam ut vīnum (bibere)?
3 epistolam mīsimus ut tibi omnia (dīcere).
4 Athēnās nāvigō ut in Acadēmiā (studēre).
5 domum cucurrimus ut patrem (iuvāre).

Exercise 5.6 (Revision)

Translate
1 nōlīte tantum vīnī bibere; mox ēbriī eritis.
2 Marcus Quīntum in viā vīsum salūtāvit.
3 cūrā ut valeās epistolamque mihi mox mittās.
4 māiōrem nāvem quaerō ut ad Italiam incolumis adveniam.
5 quid facis, Quīnte? nōnne vīs mēcum venīre ut monumenta spectēs?
6 Marcus epistolam ā patre scrīptam accēpit.
7 Marcus epistolam quam pater scrīpserat legēbat.
8 Marcus epistolam ad patrem scrīptam tabellāriō trādidit.
9 eī, quī Theomnēstum audīverant dē lībertāte dīcentem, Brūtum iuvāre cupiēbant.
10 Quīntus ea, quae pater dē rēpūblicā scrīpsit, iam cognōverat.

Exercise 5.7

Translate the first two paragraphs and answer the questions below

postquam Brūtus ē theātrō exiit, omnēs iuvenēs
circumstābant inter sē colloquentēs; valdē commōtī   **colloquentēs** talking
erant. plūrimī cupiēbant ad Brūtum statim īre ut fidem
suam eī prōmitterent.

    verbīs enim Theomnēstī commōtī lībertātem
populī Rōmānī dēfendere cupiēbant contrā omnēs quī
eam oppugnābant. Brūtī abavum in animum   **abavum** ancestor
revocābant, quī Tarquinium Superbum Rōmā   **caedem** the murder
expulerat; Caesaris caedem probābant, quod tyrannus   **probābant** approved
fuerat.

    Brūtus multōs diēs Athēnīs manēbat; scholīs saepe
aderat; cum iuvenibus sedēbat doctōrēs audiēns;   **doctōrēs** professors
aliquōs ad cēnam vocāvit. tandem Athēnīs discessit ut
exercitum in Macedoniā parāret; multōs iuvenum   **mīlitāre** to serve
sēcum dūxit, quī volēbant in exercitū mīlitāre. inter   **turmae** squadron
aliōs Marcus Cicerō Brūtō sē iūnxit et mox turmae   **praefectus est** was put in
equitum praefectus est.   command of

1 How long did Brutus stay in Athens and what did he do there? Why
   do you think he did all this?
2 What was the result of his stay in Athens?
3 What happened to Marcus Cicero?
4 If you had been a Roman student in Athens at this time, would you
   have joined Brutus? If so, why? If not, why not?
5 Give one English word derived from each of the following: **iuvenēs**
   (1.1); **verbīs** (1.5); **lībertātem** (1.5).
6 In which case are the following, and why: **theātro** (1.1); **diēs** (1.11);
   iuvenum (1.14); **exercitū** (1.15)?
7 Give the 1st person singular of the present indicative of: **expulerat**
   (1.9); **aderat** (1.12); **discessit** (1.13).
8 Give an example from this paragraph of: an infinitive, an adverb, a
   participle, a compound verb, an imperfect subjunctive.

ANTONY, OCTAVIAN, AND THE SENATE

When Caesar was assassinated in 44 BC, his fellow consul was Mark
Antony. He was born in 82 BC and had been a wild young man whom
Cicero called a gambler; but he was a popular and capable soldier. He
managed affairs with great skill after Caesar's death. The killers had
been given a frosty reception by the Roman mob, but Antony
pretended to make peace with them and a tense quiet fell upon the city.

Caesar, however, in his will had left his fine gardens beyond the Tiber to the Roman people and declared that every Roman citizen was to receive 300 sesterces. When Antony delivered Caesar's funeral oration, he inflamed the emotions of the mob by talking of the generosity of his will and displaying his corpse and blood-stained toga. Shakespeare has given a memorable portrayal of this in *Julius Caesar*. Antony's speech proved so powerful that Brutus and Cassius were forced to flee from Rome. Two months after Caesar's death, Antony was in control and Cicero complained that 'at times one could wish Caesar back'. The assassins' dream of the return of the republic had been an empty one. The power would continue to be in the hands of individuals.

However, one major setback to Antony during this time was the discovery that Caesar had named as his chief heir not Antony but his great-nephew and adopted son Octavian. This eighteen-year-old was to receive three-quarters of Caesar's estate. Antony was full of bitter feelings towards the 'boy', and when Octavian arrived in Rome in April 44, the relationship between them proved difficult. But there was as yet no open quarrel.

Cicero delivered the first of his violent attacks on Antony in September, calling him among other things a drunkard who had wasted a fortune. These attacks proved futile in the long run but, under their inspiration, the Senate turned to Octavian for support. Octavian and Antony found themselves twice locked in battle with each other in a conflict described in Chapter 7. Octavian was the victor.

Antony was humiliated, and the Senate now tried to brush the young Octavian aside and to put its authority behind Caesar's murderers. Octavian would have none of this. He controlled eight legions and, in a pattern of events familiar in the history of this time, he marched on Rome, demanding the consulship. He gained it, as well as the legal right to refer to himself as Caesar.

Julius Caesar's murderers were outlawed. Octavian decided to come to terms with Antony. The Senate was powerless. The diplomacy of Cicero and the violent action of Brutus and Cassius had been in vain. The Republic was dead.

? In February 43 BC, Cicero wrote a letter to Cassius, which starts, 'I wish you had invited me to your dinner on the Ides of March. If you had, there would have been nothing left over.'

What did he mean by this? Do you think it would have made much difference to the survival of the republic if nothing *had* been left over?

CHAPTER VI

iuvenēs ad theātrum vocātī sunt ut
Theomnēstum audīrent.

Theomnēstus ā iuvenibus intentē audītus
est.

iuvenēs, quī valdē commōtī erant, ā
Brūtō salūtātī sunt.

Brūtus, cui maximus plausus datus erat,
ā comitibus ē theātrō ductus est.

G **The passive voice**

    s   *o*   *v*   *s*   *v*   *o*

Brūtus Caesarem occīdit   Brutus killed Caesar.

In this sentence the verb is *active*, i.e. the subject (Brutus) does
something to the object (Caesar).

    s   *v*   *s*   *v*

Caesar ā-Brūtō occīsus-est   Caesar was-killed by-Brutus.

In this sentence the verb is *passive*, i.e. the subject has something
done to it.

The past passive tenses are formed by using the perfect participle passive + **sum** (perfect tense) and **eram** (pluperfect):

Perfect passive

amātus sum	I was loved; I have been loved
amātus es	you were loved; you have been loved
amātus est	he was loved; he has been loved
amātī sumus	we were loved; we have been loved
amātī estis	you were loved; you have been loved
amātī sunt	they were loved; they have been loved
monitus sum, etc.	I was warned; I have been warned
rēctus sum, etc.	I was ruled; I have been ruled
audītus sum, etc.	I was heard; I have been heard

Pluperfect passive

amātus eram	I had been loved
amātus erās	you had been loved
amātus erat	he had been loved
amātī erāmus	we had been loved
amātī erātis	you had been loved
amātī erant	they had been loved
monitus eram, etc.	I had been warned
rēctus eram, etc.	I had been ruled
audītus eram, etc.	I had been heard

NB Remember that the participle agrees with the subject, e.g.
     puella amāta est.
     puerī monitī erant.
     fēminae audītae sunt.

Exercise 6.1

Translate
 1 epistola ā Quīntō scrīpta est.
 2 canis in silvam ductus erat.
 3 iuvenēs in Graeciam ā patribus missī sunt.
 4 urbs ab hostibus capta est.
 5 multum aurum in agrō inventum est.
 6 Marcus ā patre monitus est.
 7 ab hostibus victī erāmus.
 8 nōnne ā lupō territus es?
 9 ad urbem ā patre ductī sumus.
10 omnēs ā magistrō laudātī estis.

Exercise 6.2

Turn the following sentences round so that the verb is passive, and then translate, e.g.

Trōiānī Latīnōs vīcērunt = Latīnī ā Trōiānīs victī sunt The Latins were conquered by the Trojans.

 1 Quīntus patrem vocāvit.
 2 magister puerōs pūnīvit.
 3 iuvenēs Brūtum vīderant.
 4 senex puellās terruit.
 5 Graecī multa templa aedificāverant.

Exercise 6.3

Translate into Latin
1 Argus was once saved by Horatia.
2 The dog had been left in the house by Scintilla.
3 When she saw the house on fire (= burning), Horatia was terrified, but she dragged Argus into the garden.
4 Flaccus and Quintus were called by Horatia, but when they arrived, the fire had been overcome.
5 Horatia was praised by her brother, because she had saved Argus.

G Purpose clauses (continued)

puerī festīnābant nē sērō advenīrent
The boys were hurrying, lest they arrived late (= so that they might not arrive late).
Negative purpose clauses are introduced by **nē** = lest.

Exercise 6.4

Translate
1 puellae domī manēbant nē in perīculum venīrent.
2 urbe statim discēdēmus nē domum sērō adveniāmus.
3 servī dīligenter labōrābant nē dominus sibi irātus esset.
4 auxilium statim mittite, nē hostēs urbem capiant.
5 canis celeriter fūgit, nē lupī sē caperent.

Exercise 6.5

Translate into Latin
Remember that negative purpose clauses are always introduced by **nē**; English sometimes says 'lest ...', sometimes 'that ... not'.
1 The young men hurried lest they should arrive late.
2 Brutus had fled from Rome lest Antonius should kill him.
him **sē**
3 Flaccus sent Quintus to Athens so that he would not get into danger in Rome.
4 Cicero is coming to Athens so that his son may not be idle.
to be idle **cessāre**
5 Cicero is returning to Rome in case (= lest) he misses (= is absent from) the senate.

QUINTUS DELPHOS VISIT

aestās paene cōnfecta erat; autumnus aderat. ubi mēnsis September ad fīnem appropinquābat, amīcī Athēnās Rōmā advēnērunt quī nūntium gravissimum ad Quīntum attulērunt; Cicerō ōrātiōnem apud senātōrēs habuerat in quā Antōnium vehementer vituperāverat; Antōnius, valdē īrātus, Cicerōnem saevē increpābat.

    sub id tempus Quīntus Athēnīs discessit cum amīcō quōdam, Pompēiō nōmine, ut Delphōs vīseret. diū enim cupīverat Apollinis nōbilissimum fānum vidēre, quō hominēs ex omnibus partibus orbis terrārum veniēbant ut deī ōrācula peterent.

mēnsis month
appropinquābat was coming
apud before
habuerat had delivered
vehementer passionately
vituperāverat had abused
increpābat was attacking
sub id tempus about this time
fānum shrine
orbis terrārum the world
ōrācula the oracular responses

Delphī paene centum mīlia passuum Athēnīs absunt. prīmum iter facillimum erat, viae plānae rēctaeque. quārtō tamen diē collēs ascendere incipiunt, nam Delphī in montibus sitī sunt in locō remōtō, quī medius est orbis terrārum, ut Graecī dīcunt. super Apollinis fānum surgit mōns Parnassus, cūius culmen nive perennī tēctum est.

Quīntus Pompēiusque, ubi diū viam tortuōsam ascendērunt, subitō Delphōs prōspexerunt, in latere montis sitōs inter duās rūpēs ingentēs, quae in lūmine sōlis occidentis fulgēbant. paulīsper tacitī cōnstitērunt,

centum mīlia passuum 100 miles; **plānae** flat
rēctae straight

sitī located; **remōtō** remote
medius the middle; **ut** as
culmen peak
nive perennī with everlasting snow
tortuōsam twisting
latere side
rūpēs crags
occidentis setting
fulgēbant shone
paulīsper for a little

The Shining Rocks

māiestāte locī attonitī. ā sinistrā ad campum dēspexērunt procul iacentem; ā dexterā montēs abruptī ad caelum surgēbant; in mediō multa aedificia

māiestāte by the grandeur
abruptī sheer

66

pulcherrima ad latera montis adhaerēbant. in caelō sex
aquilae lentē circumvolābant.

Quīntus numquam locum tam pulchrum tamque
sānctum vīderat. tandem 'age,' inquit; 'festīnāre
dēbēmus, nē nox nōbīs incidat antequam ad oppidum
advēnerimus.'

sōl iam occiderat cum Delphōs advēnērunt.
cēnāvērunt sub caelō in caupōnā in extrēmō monte sitā
lūnamque spectābant super montēs surgentem, quae
omnia lūmine argenteō illūminābat.

posterō diē māne surrēxērunt viamque sacram
lentē ascendērunt quae ad templum Apollinis dūcēbat.
secundum viam plūrimae statuae aedēsque positae
sunt, quae Apollinī dēdicātae erant ab eīs quī grātiās
deō agere voluerant. inter alia monumenta aedem
vīdērunt quae ab Athēniēnsibus exstrūcta erat, ut
victōriās in bellīs Persicīs reportātās commemorārent.

tandem ad templum ipsum advēnērunt. iānuae
ingentēs apertae erant. prope iānuās ignis ardēbat, quī
odōrem dulcem ēdēbat pīnūs laurūsque. ā fronte
hominēs nōnnūllī sedēbant, Pythiam exspectantēs.

mox carmen audiēbant, quod chorus cēlātus
canēbat Apollinem laudāns. tum Pythia ā sacerdōte
adducta est, vestem pūram gerēns rāmumque laureum
manū tenēns. omnēs surrēxērunt tacitīque stābant dum
Pythia in adytum dēscendit. prīmum silentium fuit.
deinde murmura audīta sunt ex adytō sonantia; Pythia,
ā deō commōta, ōrāculum dīvīnum ēdēbat. mox
dēsiērunt murmura; silentium iterum fuit. deinde
Pythia ex adytō ascendit oculīsque ad terram dēmissīs
templō tacita exiit.

sacerdōs autem mānsit ōrāculumque in tabulā
scrīptum supplicī trādidit. ille tabulam summā
reverentiā acceptam perlēgit deōque maximās grātiās
ēgit.

Quīntus, hanc caerimōniam tam veterem spectāns,
penitus commōtus est. nōn valdē religiōsus erat sed ad
deum Apollinem mīrō modō attractus est. ad statuam
deī, quae in ultimā parte templī stābat, sē vertit; manūs
ad caelum tollit; deōque tacitus supplicāvit.

deus eī propitius erat. eō ipsō tempore hoc scīvit:
poēta futūrus erat vātēsque Apollinis, deī quī nōn
modo dīvīnātiōnem generī hūmānō dederat sed etiam
artēs mūsicam poēticamque invēnerat.

adhaerēbant clung to
aquilae eagles
circumvolābant were flying around
sānctum holy

caupōnā inn
extrēmō monte the edge of the mountain
argenteō silver

secundum along
aedēs shrines
dēdicātae dedicated
exstrūcta built
reportātās won

odōrem scent
pīnūs laurūsque of pine and laurel
ā fronte opposite
nōnnūllī some
Pythiam the priestess
chorus chorus
cēlātus hidden
sacerdōte priest
pūram spotless; **rāmum** branch
adytum shrine
murmura murmurs
sonantia sounding
dēsiērunt stopped
dēmissīs lowered
tabulā tablet
supplicī to the suppliant
reverentiā reverence
caerimōniam ceremony
penitus deeply
religiōsus religious
mīrō wonderful
attractus attracted
ultimā furthest
supplicāvit prayed to
propitius favourable
futūrus going to be
vātēs bard
dīvīnātiōnem prophecy

(V)

volō (1)	I fly	victōria, victōriae, *f.*	victory
ārdeō, ārdēre, ārsī	I am on fire	modus, modī, *m.*	manner, way
valeō, valēre, valuī	I am well	silentium, silentiī, *n.*	silence
valēre iubeō, iubēre, iussī	I bid farewell, say goodbye to	pēs, pedis, *m.*	foot
		aestās, aestātis, *f.*	summer
cōnsistō, cōnsistere, cōnstitī	I stop, halt	ignis, ignis, *m.*	fire
iungō, iungere, iūnxī, iūnctus	I join	vestis, vestis, *f.*	clothing
coniungō, coniungere, coniūnxī, coniūnctus	I join together	genus, generis, *n.*	race, kind
		cursus, cursūs, *m.*	course
tegō, tegere, tēxī, tēctus	I cover	dīvīnus-a-um	divine
nōlō, nōlle, nōluī	I am unwilling, I do not want	hūmānus-a-um	human
nē	lest	ultimus-a-um	last

(G) The locative case

This expresses place where. You have already met **domī** at home.

Towns which are first and second declension singular in form have a locative which is genitive singular in form, e.g.

Rōma   **Rōmae**   in/at Rome
Ephesus   **Ephesī**   in/at Ephesus
Londinium **Londiniī** in/at London

If the town names are plural in form, the locative is ablative in form, e.g.

Athēnae (feminine plural)   **Athēnīs**   in/at Athens
Philippī (masculine plural) **Philippīs** in/at Philippi

Towns which are third declension in form use ablative forms for the locative whether they are singular or plural, e.g.

Carthāgō   **Carthāgine** in/at Carthage
Gadēs (Cadiz) **Gadibus**   in/at Cadiz

So also: **nocte** at night; **vespere** in the evening; **rūre** in the country.

Exercise 6.6

Translate

1 pater meus trēs annōs Rōmae manēbat.
2 iuvenēs, ubi novem diēs domī mānsērunt, decimō diē Rōmam rediērunt.
3 Quīntus Rōmā discessit ut philosophiae Athēnīs studēret.
4 Brūtus Cassiusque ab Antōniī cōpiīs Philippīs victī sunt.
5 Quīntī māter rūre habitābat; numquam ā patre Rōmam ducta erat.

6 tōtum diem puerī agricolās rūre iuvābant; vespere ad urbem reductī sunt.

7 Aenēās, Dīdōnis amōre captus, diū Carthāgine mānsit.

8 Londiniī-ne tōtam aestātem manēbis? quandō domum redībis?

9 Quīntus aestāte iter Delphōs facere volēbat ut Apollinis templum vidēret.

10 ubi omnia Delphīs spectāvit, Corinthum nāvigāvit.

Exercise 6.7

Translate the first two paragraphs and answer the questions below

Quīntus templō tacitus exiit collemque cum amīcō dēscendit. prope viam erat fōns Castalius, Apollinī Mūsīsque sacer. Quīntus cōnstitit aquamque altē bibit.

fōns Castalius the Castalian spring

The Castalian Spring

deinde turbae hominum sē iūnxit quī collem ad campum dēscendēbant. via facilis trāns campum dūxit ad portum, quō advēnērunt sōle occidente. eā nocte in caupōnā mānsērunt prope portum; postrīdiē nāvem cōnscendērunt ut Corinthum nāvigārent; nam longō itinere dēfessī, pedibus Athēnās redīre nōlēbant.

sōle occidente as the sun set

dēfessī exhausted

cursus facilis erat et iūcundus. ventus secundus leniter spīrābat. prīmā lūce māne Corinthum advēnērunt. sine morā viam iniērunt Athēnās ferentem. illā nocte Megarae manēbant posterōque diē iter facile cōnfēcērunt.

iūcundus pleasant
secundus favourable
spīrābat was blowing
Megarae at Megara

Quīntus Pompēium valēre iussit domumque lentē ambulāvit, omnia in animō volvēns quae vīderat

valēre goodbye
volvēns turning over

69

cognōveratque; in prīmīs ex hōc itinere sē ipsum
cognōverat; nam deus Apollō eī futūra aperuerat; iam
summā vī contendere dēbēbat ut poēta fieret.

in prīmīs above all
sē ipsum himself
futūra the future
summā vī with all his might
fieret he might become

1 Why did Quintus drink from the Castalian spring?
2 How long did it take them to return from Delphi to Athens?
3 What was the most important thing he learnt on his journey to
  Delphi and what was his ambition from now on?
4 From the last two paragraphs give one example each of: an
  imperfect tense; a perfect tense; a pluperfect tense.
5 Give the first person singular present indicative (e.g. **amō**) of the
  following verbs: **iniērunt** (l.13); **cōnfēcērunt** (l.15); **aperuerat** (l.19).
6 In what case is each of the following words, and why: **morā** (l.13);
  omnia (l.17); **poēta** (l.20)?
7 Give one example each from the passage of: an adverb; a present
  participle; a purpose clause.
8 Translate into Latin: (a) We decided to return home on foot.
                        (b) We shall say goodbye to our friends and leave at dawn.
                        (c) The journey was easy because we walked slowly.

DELPHI

The Greek god Apollo was powerful in many ways. He was god of the
sun, and was associated with harmony and calm. He was the god of
music and poetry, of archery, and of medicine and disease. Above all,
he was the god of prophecy.

   His most famous shrine was at Delphi, a sanctuary set in a
spectacular location on the southern slopes of the snow-capped Mount
Parnassus, 2,000 feet above the Gulf of Corinth, a 'beautiful place

Delphi

where he was destined to live honoured by many men'. Two great cliffs 1,000 feet high, which Quintus sees gleaming in the sunset, tower behind the site. They are called the Shining Rocks.

The myth says that when Apollo first came to Delphi, he killed Python, the monstrous dragon who kept guard there. Hence he was called 'Pythian' Apollo, and his Delphic prophetess was called the Pythia. According to a poem of the sixth century BC, Apollo declared about Delphi:

Here I intend to build a very beautiful temple to give oracles to men who will always bring sacrifices to this place; and all who dwell in the fertile Peloponnese and all who dwell in Europe and throughout the sea-girt islands will consult it. I wish to give to all of them unerring advice, making prophecies inside the rich temple.

According to legend, Zeus had sent two eagles from opposite ends of the sky and they had met at Delphi. Thus the ancient Greeks regarded it as the centre of the world. Apollo's wish was fulfilled. This holy spot was held in special reverence throughout the Mediterranean countries and the oracle was questioned on many religious matters, both important and unimportant.

Apollo's priestess would give replies, apparently inspired by the god. It is true that some of her responses were ambiguous and even misleading. There is the famous story of how Croesus, the King of Lydia, consulted the oracle about whether he should invade Persia. 'If Croesus crosses the river Halys,' came the reply, 'he will destroy a mighty empire.' Croesus did indeed cross the Halys, only to suffer a calamitous defeat. It was his own empire that was destroyed.

More often, however, the oracle gave matter-of-fact answers to matter-of-fact questions. One old man who wanted children received the response:

You are late looking for your family:
but fit a new hook to an old plough-tree.

The old man was encouraged by this down-to-earth piece of advice, and married a young wife who later bore him two sons. Even oracles which were apparently riddles could make perfect sense. When the Persian hordes were descending on Athens in 480 BC, the Athenian general Themistocles interpreted the oracle's promise 'that the wooden wall only shall not fail' as meaning that her wooden ships would save Athens. Sure enough, she won a great naval victory at Salamis.

Apollo told his original priests that they would know the will of the immortals. The oracle could not alter the future, but it did reveal what the gods were going to bring about.

The site of ancient Delphi remains one of the most impressive and atmospheric in Greece. The sanctuary was a kind of Greek United Nations and the various states competed with each other in putting up splendid buildings to add to their own prestige. The Treasury of the Athenians, which Quintus sees in our story, has been considerably restored and is a superb architectural miniature. The site

The Treasury of the Athenians

is dominated, however, by the massive temple of Apollo, by the fine stadium where the Pythian games were held every year, and by the theatre. From here there is a breathtaking view over the temple to the gorge beneath with its vast olive groves and the mountains beyond.

You can still see the Castalian fountain where all who came to visit the sanctuary purified themselves, a short distance from the sacred precinct. The Roman poets believed that its waters gave poetic inspiration.

❓ You, your family, or your school have a problem. You go to Delphi to consult the oracle. Describe what happens.

CHAPTER VII

Quīntus in tabernam ā Marcō dūcēbātur,
cum Pompēius accurrit.

Pompēius 'manē, Marce,' inquit; 'ā
Brūtō ad cēnam vocāris.'

Marcus 'quid dīcis?' inquit; 'ego ā Brūtō
ad cēnam vocor? nōn tibi crēdō.'

Quīntus 'cūr sīc commovēris, Marce?' inquit;
'pater tuus semper ā Brūtō colēbātur.'

G Passive: present, future and imperfect of the four conjugations

Person endings for the present, future and imperfect, active and
passive, are as follows:

	active	passive	e.g. active	passive
I	-o/m	-r	am-ō	amo-r
you	-s	-ris	amā-s	amā-ris
he	-t	-tur	ama-t	amā-tur
we	-mus	-mur	amā-mus	amā-mur
you	-tis	-minī	amā-tis	amā-minī
they	-nt	-ntur	ama-nt	ama-ntur

Present indicative passive

amor	moneor	regor	audior
I am being loved, I am loved			
amāris	monēris	regeris	audīris
amātur	monētur	regitur	audītur
amāmur	monēmur	regimur	audīmur
amāminī	monēminī	regiminī	audīminī
amantur	monentur	reguntur	audiuntur

Future indicative passive

amābor	monēbor	regar	audiar
I shall be loved			
amāberis	monēberis	regēris	audiēris
amābitur	monēbitur	regētur	audiētur
amābimur	monēbimur	regēmur	audiēmur
amābiminī	monēbiminī	regēminī	audiēminī
amabuntur	monēbuntur	regentur	audientur

Imperfect indicative passive

amābar	monēbar	regēbar	audiēbar
I was being loved			
amābāris	monēbāris	regēbāris	audiēbāris
amābātur	monēbātur	regēbātur	audiēbātur
amābāmur	monēbāmur	regēbāmur	audiēbāmur
amābāminī	monēbāminī	regēbāminī	audiēbāminī
amābantur	monēbantur	regēbantur	audiēbantur

Exercise 7.1

Translate

amantur; regitur; audīminī; monēris; ducēbāris; vidēbimur; pūniētur;
mittēris; spectābuntur; capiēminī; regēbantur; superāris;
oppugnābuntur; vincimur

Exercise 7.2

Translate into Latin

1 We are loved by our parents.
2 They are heard by the master.
3 He was being warned by his father.
4 The city will soon be attacked.
5 The boys are praised by their sister.
6 The fields were being cultivated by the farmers.
7 You will be terrified by the soldiers.
8 Rome was ruled by kings for many years.
9 We shall never again be ruled by a king.
10 I was often helped by my friends.

Exercise 7.3

Translate

1 ad lūdum cotīdiē ā patre dūcēbāmur.
2 puerī ā magistrō in lūdum vocābuntur.
3 magister ab omnibus puerīs intentē audītur.
4 ā magistrō saepe laudābāminī, quod dīligenter studēbātis.
5 venī hūc, Horātia; ad fontem ā mātre mittēris ut aquam dūcās.
6 ubi Horātia ad fontem advēnit, aqua ā multīs fēminīs iam dūcēbātur.
7 festīnā, Horātia; ā mātre pūniēris, sī sērō redieris.
8 fīlium semper monēbam sed numquam ab eō audiēbar.
9 'audī mē, fīlī; in maximum perīculum dūcēris.'
10 nisi mihi pāruerit, ab inimīcīs superābitur. **nisi** unless

Exercise 7.4 (Word building)

Translate and say what part of speech each word is

amīcus friend	**amīcitia** friendship	**trīstis**	**trīstitia**
sapiēns	**sapientia**	**saevus**	**saevitia**
superbus	**superbia** pride	**prūdēns**	**prūdentia**
laetus	**laetitia**		

BELLUM CIVILE

Quīntus, ubi ad urbem rediit, Marcum invenīre nōn poterat. ille enim Athēnīs discesserat ut Brūtō in Macedoniā sē iungeret. ibi ālae equitum praefectus erat. epistolam ad Quīntum scrīptam relīquerat:

    Marcus Cicerō Quīntō suō salūtem dat.

        nōn diūtius Athēnīs cessābō, scholās audiēns quās vix intellegere possum. tū dē officiīs scholās audīs, ego officium meum perficiam. lībertās populī Rōmānī ab Antōniō oppugnātur. ego ad Brūtum eō, ut in exercitū ēius mīlitem. tū, sī vir sapiēns es et bonus et fortis, idem faciēs. mox, ut spērō, tē in Macedoniā vidēbō. intereā cūrā ut valeās.

    Quīntus hāc epistolā valdē commovētur. nōn modo Marcus sed multī aliī amīcōrum iam discesserant, ut cum Brūtō mīlitārent.

    intereā nūntiī semper pēiōrēs Rōmā afferuntur. Antōnius Octāviānusque inimīcī fīunt. Octāviānus ā Cicerōne laudātur et in partēs senātōrum addūcitur.

ālae a squadron
praefectus erat he was put in command of
cessābō shall I waste time
officiīs duties

ut as

fīunt are becoming
partēs the side

75

exercitus ab Octāviānō comparātur. dēnique Antōnius
cōpiās suās in Galliam Cisalpīnam dūcit oppidumque
Mūtinam obsidet.

Kalendīs Iānuāriīs senātōrēs ā Cicerōne excitātī
lēgātiōnem ad Antōnium mīsērunt, quae eum iussit
obsidiōne dēsistere exercitumque ex Italiā dūcere.
eōdem tempore imperium Octāviānō dedērunt eumque
iussērunt cōpiās parāre ut Antōnium ex Italiā
expelleret. mox Antōnius hostis populī Rōmānī
dēclārātur. trēs exercitūs, ā cōnsulibus Octāviānōque
ductī, in eum prōcedunt.

Antōnius ad Mūtinam victus fūgit in Galliam
Trānsalpīnam. sed ambō cōnsulēs in proeliō occīsī sunt.
Octāviānus igitur tōtī exercituī iam sōlus praeerat. nōn
tamen cōpiās in Galliam dūxit ut Antōnium peteret,
sed in Italiā manēbat, ēventum rērum exspectāns. nam
nec Cicerōnī nec senātōribus cōnfidēbat. illī enim
gaudēbant quod Antōnius victus erat. rempūblicam
restituere cupiēbant. quamquam Octāviānus causam
reīpūblicae adiūverat, iam imperium eī adimere in
animō habēbant.

haec fāma ab amīcīs ad Octāviānum fertur. ille nōn
dubitāvit sed exercitum statim Rōmam dūxit. senātōrēs
coēgit sē sinere cōnsulātum petere. illī perterritī eī
cessērunt. Octāviānus, cōnsul iam factus, cum exercitū
contrā Antōnium contendit. Cicerō, dē rēpūblicā
dēspērāns, in ōtium concessit.

Antōnius cōpiās suās in Italiam iam redūxerat.
Octāviānus propius prōcessit. omnēs proelium
maximum exspectābant. tum uterque exercitus
cōnsistere iussus est. ducēs cōnstituerant rem
compōnere nōn ferrō sed verbīs. Antōnius et
Octāviānus et tertius dux, Lepidus nōmine, quī cum
exercitū aderat, clam convēnērunt. foedus faciunt.
imperium Rōmānum inter sē dīvidunt. nūntiī Rōmam
mittuntur quī senātōrēs iubent hunc triumvirātum lēge
cōnstituere.

mox triumvirī Rōmam prōcēdunt. urbs occupātur.
senātōrēs cōguntur omnia facere quae illī cupiēbant.
inter alia scelera omnēs inimīcī triumvirōrum
prōscrībuntur; plūrimī occīduntur bonaque eōrum
corripiuntur.

---

dēnique finally

obsidet besieges
Kalendīs Iānuāriīs 1 January
(43 BC); **excitātī** stirred up
lēgātiōnem deputation
obsidiōne the siege
dēsistere stop
imperium the command

dēclārātur is declared
in against
ad at
ambō both
praeerat was in command of

ēventum rērum the outcome
of events

restituere restore
causam the cause
eī adimere to take away from
him

coēgit he forced
cōnsulātum petere to seek,
stand for the consulship
ōtium retirement

uterque each of the two

compōnere to decide

clam secretly
foedus (n.) treaty
dīvidunt they divide
triumvirātum triumvirate
cōnstituere establish
triumvirī the triumvirs
scelera wicked deeds
prōscrībuntur are proscribed,
outlawed
bona possessions

comparō, comparāre, comparāvī, comparātus	I obtain, get
iuvō, iuvāre, iūvī, iūtus	I help
adiuvō, adiuvāre, adiūvī, adiūtus	I help
occupō, occupāre, occupāvī, occupātus	I seize, occupy
perterreō, perterrēre, perterruī, perterritus	I thoroughly frighten
in animō habeō	I have in mind, I intend
cōgō, cōgere, coēgī, coāctus	I force
corripiō, corripere, corripuī, correptus	I seize, snatch
sinō, sinere, sīvī, situs	I allow
cōnficiō, cōnficere, cōnfēcī, cōnfectus	I complete, finish, wear out
efficiō, efficere, effēcī, effectus	I carry out, do
interficiō, interficere, interfēcī, interfectus	I kill
perficiō, perficere, perfēcī, perfectus	I carry out, achieve
reficiō, reficere, refēcī, refectus	I repair, restore, re-make
fortūna, fortūnae, *f.*	fortune
villa, villae, *f.*	villa, country house
amīcus, amīcī, *m.*	friend
inimīcus, inimīcī, *m.*	enemy
cōpiae, cōpiārum, *f. pl.*	forces
dux, ducis, *m.*	leader, general
eques, equitis, *m.*	horseman
equitēs, equitum, *m. pl.*	knights
equitō, equitāre, equitāvī	I ride
hiems, hiemis, *f.*	winter, storm
mīles, mīlitis. *m.*	soldier
mīlitō, mīlitāre, mīlitāvī	I fight, serve as a soldier
vesper, vesperis, *m.*	evening
sapiēns, sapientis	wise
quoque	also
sub + accusative	towards, e.g. **sub noctem**

Exercise 7.4 (Compound verbs)

1 **eō** I go. Give the meaning of: adeō, ineō, redeō, prōdeō, exeō.
2 **pellō** I drive. Give the meaning of: impellō, expellō, prōpellō, repellō.
3 **iaciō** I throw. Give the meaning of: iniciō, abiciō, prōiciō, coniciō.
4 **pōnō** I put. Give the meaning of: impōnō, expōnō, prōpōnō, dēpōnō.

G Irregular infinitives

Note the following verbs which have irregular infinitives; note also
their imperfect subjunctives (formed from these infinitives).

present	infinitive	imperfect subjunctive
sum	esse	essem
possum	posse	possem
volō	velle	vellem
nōlō	nōlle	nōllem
ferō	ferre	ferrem

Exercise 7.5

Translate the whole passage and answer the questions below
Antōnius ipse manum mīlitum mīsit ut Cicerōnem
peterent occīderentque. ille in vīllā manēbat prope
mare. ubi dē adventū mīlitum cognōvit, ad mare
prōcessit ut in nāve fugeret. ventīs tamen adversīs
repellēbātur. tandem ad villam redīre cōnstituit et
'mortem obībō,' inquit, 'in patriā quam saepe servāvī.'
    in lectīcā ad villam portābātur, cum advēnērunt
mīlitēs. non resistit sed cervīcem ē lectīcā extendit. illī

adversīs contrary

obībō I shall meet
lectīcā litter
cervīcem neck
extendit stretched out

Cicerō nōn resistit sed cervīcem ē
lectīcā extendit.

caput gladiō praecīdunt. tum manūs quoque
praecīdērunt, quae ōrātiōnēs in Antōnium scrīpserant.
caput ēius ad Antōnium relātum iussū ēius inter duās
manūs in rōstrīs positum est, ubi ille ā populō saepe
audītus erat Antōnium tantā ēloquentiā vituperāns.

praecīdunt cut off

iussū eius by his order
rōstrīs the platform
ēloquentiā eloquence
vituperāns abusing

78

1 Many people were outlawed and killed by the triumvirs. In what ways did Antony treat Cicero with exceptional cruelty? Why did he do this?
2 How well do you consider Cicero met his death?
3 Give one English word derived from each of the following and explain the meaning of the English word: **prōcessit** (1.4); **patriā** (1.6); **caput** (1.9); **manūs** (1.12).
4 Give the first person singular of the present indicative active (e.g. **amō**) of the following verbs: **scrīpserant** (1.10); **relātum** (1.11); **positum** (1.12).
5 Give one example each of a verb in: the imperfect passive; the perfect passive.
6 In what case is each of the following, and why: **adventū** (1.3); **quam** (1.6); **manūs** (1.9).
7 Translate into Latin;
   (a) Antonius is sending soldiers to kill you.
   (b) Go quickly to the shore and board a ship.
   (c) The wind drove the ship back; he could not escape.

THE SECOND TRIUMVIRATE

Octavian met with Antony and another leading politician called Lepidus, a former lieutenant of Caesar's, in 43 BC on a small island in a river in Cisalpine Gaul. Here they formed the second triumvirate.

Octavian   Antony   Lepidus

They were to hold power for five years and to make laws and nominate magistrates and governors. Thus the single dictator Caesar was replaced by three dictators. Brutus and Cassius were with their legions in the East. The triumvirs carved up the western provinces of the Roman empire between them, and, to cement the alliance, Octavian married Antony's step-daughter.

They wished to dispose of their many political enemies and, even more importantly, to raise money, and so they reintroduced the grim practice of proscription. They would publish a list of names. Whoever killed a man named on the list would receive a reward and the state would get the dead man's property. Some 300 senators and 2,000 knights were proscribed in this way. A reign of terror followed. Shakespeare in his *Julius Caesar* includes a chilling scene in which the triumvirs sit round a table listing their enemies:

Antony.   These many, then, shall die; their names are
                                  prick'd [i.e. marked off].

Octavian
(to Lepidus).   Your brother too must die; consent you,
                                  Lepidus?
Lepidus.   I do consent,—
Octavian.   Prick him down, Antony.
Lepidus.   Upon condition Publius shall not live,
                  Who is your sister's son, Mark Antony.
Antony.   He shall not live; look, with a spot I damn him.

Many who were named in the proscription lists fled and later returned with a pardon. Cicero was not so lucky, as you have seen in this chapter. He met his grisly end in 43 BC, and proved that he had

Cicero

meant what he said in his speeches against Mark Antony: 'As a young man, I defended the republic: I shall not desert it in my old age.' Cicero's tragedy was that the republic had long been past saving.

Octavian and Antony took twenty-eight legions to Greece in 42 BC to fight with Brutus and Cassius. They were to meet at Philippi.

❓ What do you think of Cicero both as a man and a politician?

CHAPTER VIII

Quīntus, Acadēmiam ingressus,
Pompēium quaesīvit.

Quīntus, diū cum Pompēiō locūtus,
tandem 'ego,' inquit, 'Marcum secūtus
ad Brūtī exercitum proficīscar.'

Pompēius 'ego tē sequar, Quīnte,'
inquit; 'quandō vīs proficīscī?'

postrīdiē Quīntus Pompēiusque ex urbe
ēgressī ad portum profectī sunt.

⑤ Deponent verbs

These are verbs passive in form but active in meaning. There is a
limited number of such verbs, but many of them are very common and
they must be carefully learnt:

		infinitive	*perfect participle*	
1 like **amor**:	**cōnor**	**cōnārī**	**cōnātus**	I try
2 like **moneor**:	**videor**	**vidērī**	**vīsus**	I seem
3 like **regor**:	**loquor**	**loquī**	**locūtus**	I speak, I say
	sequor	**sequī**	**secūtus**	I follow
	proficīscor	**proficīscī**	**profectus**	I set out

81

		infinitive	*perfect participle*	
4 like **capior**:	**morior**	**morī**	**mortuus**	I die
	patior	**patī**	**passus**	I suffer
	ēgredior	**ēgredī**	**ēgressus**	I go out
	ingredior	**ingredī**	**ingressus**	I go in, enter
	prōgredior	**prōgredī**	**prōgressus**	I go forward, advance
	regredior	**regredī**	**regressus**	I go back, return

Note carefully the infinitive of the **regor** and **capior** class. Note that
the last four in this list are compounds of the same basic verb (**gradior** I step).

Exercise 8.1

Translate

1 puerī, prīmā lūce profectī, domum ante noctem advēnērunt.
2 magister, haec locūtus, lūdum ingressus est.
3 puellae, domum regressae, omnia mātrī nārrāvērunt.
4 cūr nōn ad exercitum proficīsceris? mihi vidēris perīcula timēre.
5 nōlīte mē sequī, iuvenēs. in animō habeō ad urbem regredī.
6 multa in itinere passī, amīcī meī tandem ad Italiam rediērunt.
7 mīlitēs celeriter prōgressī hostēs mox invēnērunt.
8 volumus statim proficīscī nē sērō adveniāmus.
9 servus ē vīllā clam ēgressus dominum ad urbem sequēbātur.
10 dux, castra ingressus, tribūnōs ad sē vocāvit diūque cum eīs loquēbātur.

Exercise 8.2

Translate into Latin

1 After saying this (= having said this), Scintilla hurried home to
  prepare the dinner.
2 Don't set out at once, Quintus. Wait for me.
3 Having followed the dogs for a long time, the boys were compelled
  to stay all night in the woods.
4 The master seems to be angry; we must not annoy him.   annoy **vexāre**
5 The soldiers suffered many hardships advancing through   hardships **mala**, **malōrum**
  the mountains.

QUINTUS MILITAT

Quīntus, ubi dē morte Cicerōnis audīvit, nōn diūtius
dubitāvit. prīmum ad Pompēium accessit longumque
colloquium cum eō habuit. Quīntus omnia nārrāvit   **colloquium** conversation
quae cognōverat. dēnique 'nōn possumus,' inquit, 'hīc   **dēnique** finally
cessāre, dum aliī prō patriā moriuntur. illīs tyrannīs   **cessāre** hang about

resistere dēbēmus quī Cicerōnem, virum bonum patremque amīcī nostrī, tam saevē occīdērunt.'

ille respondit: 'vērum dīcis, Quīnte. quid ergō faciēmus?' Quīntus 'ego' inquit 'in animō habeō statim proficīscī ut Brūtō mē iungam. vīs-ne tū mē sequī?' Pompēius 'ita vērō,' inquit; 'ego tē sequar ad Brūtum.' Quīntus valdē gaudēbat et 'euge,' inquit; 'congrediēmur ergō crās ad iter parātī? iter longum erit et difficile. Brūtus exercitusque iam in Asiā sunt; dēbēmus Ephesum nāvigāre.' haec locūtus domum festīnāvit ut omnia parāret.

prīmā lūce surrēxit et ad Acadēmiam festīnāvit ut amīcōs valēre iubēret. Theomnēstum invēnit theātrum ingredientem cōnsiliumque suum eī aperuit.

ille, penitus commōtus, 'rēctē facis,' inquit; 'nōn cōnābor tē ā cōnsiliō āvertere. dēbēs officium tuum perficere. heu! quot iuvenēs iam ad bellum discessērunt! deōs ōrō ut perīcula bellī superēs incolumisque Athēnās redeās.' haec locūtus Quīntum amplexus est, lacrimīs per genās cadentibus.

Quīntus ex Acadēmiā ēgressus, Pompēiō in āreā occurrit sē exspectantī. 'salvē, Pompēī' inquit; 'ad iter parātus es? amīcōs valēre iussistī?' ille respondit: 'parātus sum; Pīraeum proficīscī dēbēmus.'

sine morā ad portās urbis festīnāvērunt viamque iniērunt quae secundum longōs murōs ad portum ferēbat. portum ingressī nāvem diū quaerēbant; hiems erat, tempus nāvigātiōnī nōn idōneum; paucae nāvēs ad Asiam nāvigābant. tandem tamen magistrum in caupōnā invēnērunt, quī eō ipsō diē Ephesum nāvigātūrus erat. ille iuvenēs accipere volēbat viāticumque modicum postulāvit. illī nāvem statim cōnscendērunt. brevī tempore magister nautās fūnēs solvere iussit; nāvis ad apertum mare lentē prōcessit.

fortūna eīs arrīsit; portū discessērunt marī tranquillō ventōque secundō. sub noctem Sūnium praetervectī nāvigābant ad Orientem. postrīdiē, cum Quīntus surrēxit, eōdem ventō caelōque serēnō per Cyclādēs nāvigābant; sub vesperem ad īnsulam Dēlum advēnērunt ancoramque in portū sacrō iēcērunt.

in hāc parvā īnsulā deus Apollō, ut ferunt, nātus erat; plūrimōs iam annōs locus sacerrimus fuerat; nunc portus maximus erat, quō mercātōrēs ex omnibus partibus orbis conveniēbant, in prīmīs vēnālīciī; nam multa mīlia servōrum, ex Oriente ductī, hīc cotīdiē vēnībant.

ergō and so

ita vērō yes
euge excellent

penitus deeply; rēctē rightly
officium duty
heu! alas!

amplexus est he embraced
genās cheeks
āreā courtyard

secundum alongside

nāvigātiōnī for sailing
idōneum suitable

nāvigātūrus going to sail
viāticum fare
modicum reasonable
fūnēs cables
solvere cast off
arrīsit (+ dative) smiled on
secundō favourable
praetervectī having sailed past
Orientem East
ancoram anchor
ut ferunt as men say
nātus born
mercātōrēs merchants
orbis of the world
in prīmīs especially
vēnālīciī slave dealers
vēnībant were on sale

prīmā lūce Quīntus Pompēiusque ē nāve ēgressī
festīnāvērunt in oppidum ut omnia spectārent. duo fora
magnifica trānsgressī, ubi mercātōrēs negōtium
agēbant, sacrum Apollinis iniērunt. Quīntus cōnstitit
attonitus; sacrum ingēns erat; tria templa magnifica
inerant, multae ārae, plūrimae statuae; ā sinistrā stetit
palma alta, sub quā, ut ferunt, dea Lētō Apollinem
sorōremque Artemim peperit.

negōtium business
sacrum sanctuary

ārae altars
palma palm tree
peperit gave birth to

Delos

ubi monumenta inspexērunt, Pompēius, 'age,
Quīnte,' inquit, 'montem Cynthium ascendāmus.'
mōns Cynthius nec longē aberat nec valdē altus erat. ad
summum celeriter advēnērunt, unde longissimē
prōspicere poterant ad mare īnsulāsque circumfūsās.
subitō Quīntus ad portum dēspiciēns 'dī immortālēs,'
inquit, 'nāvem nostram vidēre possum; portū discēdere
parātur. festīnā.' iuvenēs de monte celeriter
cucurrērunt. ubi ad mōlem advēnērunt, nautae fūnēs
iam solverant; nāvis ā mōle lentē movēbātur. nautās
magnā vōce vocāvērunt et in nāvem summā vī
saluērunt. nautae eōs manibus comprehēnsōs in nāvem
trāxērunt.

reliquum iter sine cāsū cōnfectum est. tertiō diē
lītus Asiae cōnspexērunt merīdiēque in portum Ephesī
nāvigāvērunt. Ephesus erat urbs magna et pulchra, sed

ascendāmus let us climb

summum top
circumfūsās scattered round

mōlem quay

summā vī with all their might
saluērunt jumped

reliquum the rest of
cāsū mischance

84

nōn poterant monumenta vīsere; nam mīlitī cuīdam in
forō occurrērunt quī cum Brūtō mīlitābat. ubi Quīntus
eī causam itineris explicāvit, ille 'ego' inquit 'dēbeō ad
castra redīre. Brūtus castra habet prope Smyrnam,
quae sexāgintā mīlia abest. sī mē sequī vultis, vōs illūc
dūcam. sed dēbēmus statim proficīscī.'

    sine morā profectī, postrīdiē sub noctem ad castra
advēnērunt. ubi accessērunt, vigilēs eōs vīsōs cōnsistere
iussērunt. comes eōrum tōtam rem vigilibus explicāvit
dūxitque iuvenēs ad centuriōnem. 'ecce,' inquit, 'hī
iuvenēs mīlitāre cupiunt; Athēnīs vēnērunt. ego eīs
Ephesī occurrī dūxīque in castra.' centuriō eōs iussit sē
sequī ad prīncipia legiōnis. ibi tribūnum mīlitum
cōnspexērunt quī forte eīs nōtus erat, nōmine Rūfus;
Athēnīs in Acadēmiā studuerat sed discesserat ut Brūtō
sē iungeret.

    ille hilariter eōs salūtāvit; 'ergō vōs quoque,'
inquit, 'vultis nōbīscum mīlitāre? mox nūllī discipulī in
Acadēmiā relictī erunt. omnēs ad bellum discesserint.
venīte mēcum. ībimus ut lēgātum legiōnis inveniāmus.'

    dūxit eōs ad lēgātum tōtamque rem explicāvit. ille
Quīntum Pompēiumque ad sē vocāvit. 'Rūfus,' inquit,
'vōs dūcet ad contubernium suum. ibi noctem manēte.
crās ego vōs ad imperātōrem dūcam.'

    posterō diē ante lūcem optiō in Rūfī contubernium
ingressus ad lēgātum eōs vocāvit. ille eōs dūxit ad
Brūtum. Brūtus multa eōs rogāvit. tandem 'iuvenēs
prūdentēs,' inquit, 'vidēminī et strēnuī. vōs in
exercitum meum ascīscam. sed haec mementōte: hūc
vēnistī nōn ut lūdātis sed ut mīlitētis. omnia quae mīles
gregārius facit, vōs quoque facere dēbētis. disciplīnam
mīlitārem iam discētis.'

vīsere	visit
explicāvit	explained
vigilēs	sentries
prīncipia	headquarters
forte	by chance
hilariter	cheerfully
contubernium	tent
optiō	a sergeant
strēnuī	energetic
ascīscam	I shall admit
mementōte	remember
gregārius	private
disciplīnam	discipline

haec locūtus ad lēgātum sē vertit. 'mitte hōs iuvenēs,' inquit, 'ad lēgātum decimae legiōnis. illum iubē eōs cūrāre disciplīnamque docēre.' hīs dictīs eōs dīmīsit.

    lēgātus decimae legiōnis eōs trīstis īnspexit. 'ergō,' inquit, 'Athēnīs vēnistī? in Acadēmiā sapientiae studēbātis? nunc mīlitēs fierī cupitis? dī immortālēs! mox nōn exercitum habēbimus sed scholam sapientium! Caelī, dūc hōs iuvenēs ad Lūcīlium. forsitan ille aliquid disciplīnae mīlitāris eōs docēre possit.'

fierī to become

forsitan perhaps

V *Revise deponent verbs carefully*

cōnor, cōnārī, cōnātus	I try	lēgātus, lēgātī, *m.*	deputy
videor, vidērī, vīsus	I seem, appear	lēgātus legiōnis	legionary commander
loquor, loquī, locūtus	I speak		
sequor, sequī, secūtus	I follow	scūtum, scūtī, *n.*	shield
proficīscor, proficīscī, profectus	I set out	mōs, mōris, *m.*	custom
		dūrus, dūra, dūrum	hard, tough
morior, morī, mortuus	I die	ferōx, ferōcis	fierce
patior, patī, passus	I suffer, endure		
ēgredior, ēgredī, ēgressus	I go out	quīdam, quaedam, quoddam	a certain
ingredior, ingredī, ingressus	I go in, enter	quot? (indeclinable)	how many?
prōgredior, prōgredī, prōgressus	I go forward, advance	mīlle	a thousand
		mīlia	thousands
regredior, regredī, regressus	I go back, return	duo mīlia passuum	two miles (two thousands of paces)
		diū	for a long time
imperium, imperiī, *n.*	order, command	diūtius	longer, for a longer time
imperātor, imperātōris, *m.*	general, emperor		
postulō (1)	I demand		
mē praebeō (2)	I show myself		

Exercise 8.3

Give the meaning of the following words (you know one of each pair).
Give an English noun derived from each

līber, lībera, līberum	lībertās, lībertātis, *f.*
paucī, paucae, pauca	paucitās, paucitātis, *f.*
brevis, breve	brevitās, brevitātis, *f.*
facilis, facile	facilitās, facilitātis, *f.*
difficilis, difficile	difficultās, difficultātis, *f.*
gravis, grave	gravitās, gravitātis, *f.*
celer, celeris, celere	celeritās, celeritātis, *f.*

crūdēlis, crūdēle	crūdēlitās, crūdēlitātis, *f.*
nōbilis, nōbile	nōbilitās, nōbilitātis, *f.*
ferōx, ferōcis	ferōcitās, ferōcitātis, *f.*

Exercise 8.4

Read the following passage and without translating answer the questions below

Caelius eōs statim ad Lūcīlium dūxit. ille centuriō erat,
vir dūrus et ferōx, quī mīlitēs pigrōs saevē pūniēbat; ab
eīs appellātus est 'cedo alteram', quod, ubi vītem in

pigrōs lazy
cedo alteram give me another
vītem staff

'cedo alteram!'

tergō mīlitis frēgerat, alteram clārā vōce postulābat et
rūrsus aliam. sed vir fortis erat, disciplīnae mīlitāris
valdē perītus.

    Quīntus Pompēiusque ab eō ad disciplīnam
celeriter īnstitūtī sunt. pīla iacere didicērunt, scūtum
tractāre, gladiō ferīre, castra mētīrī, opera cōnstruere.
longa itinera faciēbant, arma sarcinamque ferentēs;
numquam tam strēnuē labōrāverant, numquam tam
fessī fuerant.

    vīcēsimō diē Lūcīlius, cūius mōs erat vituperāre et
reprehendere, eōs laudāvit. 'iuvenēs,' inquit, 'nōn
omnīnō inūtilēs estis. tīrōnēs pēiōrēs saepe vīdī. aliquid
artis mīlitāris iam didicistis. vōs lēgātō commendābō.'

    lēgātus eōs trīstis īnspexit. 'ergō,' inquit,
'disciplīnam mīlitārem iam didicistis? vōs, quī
philosophī erātis, vīgintī diēbus mīlitēs factī estis?
vidēbimus. intereā imperātor vōs meae legiōnī

in tergō on the back
frēgerat he had broken
perītus experienced in
(+ genitive)
īnstitūtī introduced
pīla javelins
tractāre handle
ferīre strike; **mētīrī** lay out
opera siege works
cōnstruere construct
sarcinam pack
vīcēsimō the twentieth
vituperāre abuse
omnīnō completely
inūtilēs useless
tīrōnēs recruits
commendābō I shall
recommend

assignāvit. tū, Quīnte, praefectum castrōrum
adiuvābis; tū, Pompēī, in prīncipiīs manēbis. īte nunc
et officia dīligenter perficite.'

　　tum, eōs benignius aspiciēns, 'sī difficultātī
occurreritis, nōlīte dubitāre ad mē venīre. sine dubiō
fortēs dīligentēsque vōs praebēbitis.'

1　Describe the character of Lucilius.
2　What military skills did Quintus and Pompeius learn?
3　How did Lucilius usually treat Quintus and Pompeius? How did he
　　praise them on the twentieth day?
4　What was the attitude of the legionary commander towards them?
5　How did the legionary commander seem to change his attitude in
　　the last paragraph? What sort of man do you think he was?

THE ROMAN ARMY

The Roman army had become a professional body by the beginning of
the first century BC, open to any citizen who was willing to serve for
payment. Soldiers would undertake to join for sixteen (later for
twenty) years. They swore an oath of allegiance to their general, who
for his part promised to give them land when they retired. As we have
seen, there was a great danger that the soldiers would put loyalty to an
individual before their duty to the state.

　　The largest unit of the army was the **legion**. This would number
about 6,000 at full strength, but normally the total would be 4,000 to
5,000. The legion was divided into ten **cohorts**, which were made up of
six **centuries** of eighty to one hundred men each.

　　The commander-in-chief was known as the **imperātor**. His tent
(the **praetōrium**) would be placed at the middle of the camp. Each
legion was commanded by a **lēgātus** who would be aided by six
tribūnī, usually young men of noble birth. The legate and the tribunes
were the higher-ranking commissioned officers.

　　The backbone of the legion was provided by the **centurions**. They
were the equivalent of the sergeants in a modern army. There were
sixty of them, with six of them commanding each of the ten cohorts.
They were carefully graded in authority and every centurion's
ambition was to become **prīmus pīlus**, the senior centurion of the first
cohort and thus of the whole legion. The centurions were key figures,
responsible for discipline among the common soldiers. They had the
right to flog their men and carried a rod to symbolize this. Other
officers were the **optiō** (the centurion's second-in-command), the
signifer (the standard-bearer), and the **tesserārius** (who was
responsible for the watchword).

The legionary soldier wore a linen vest and over that a woollen tunic which reached almost to his knees. He placed on top of this a leather doublet, with plates of metal, if he could afford them, loosely fitted to it with thongs. He had a brown cloak which could be used as a blanket when necessary. He wore heavy hobnailed sandals, had his hair cut extremely short, and was always clean-shaven.

He wore on the battle field a crested helmet (made of leather and later of metal) and a curving shield (**scūtum**) made of wood and covered with leather. This was four feet long and two and a half feet wide, strengthened by a rim of metal and a bronze or iron boss in the middle. The shield left the right leg uncovered, so the soldier would protect it with a metal greave.

A legionary soldier

He fought with a sword, two javelins and sometimes a dagger. The sword was short and wide, about two feet long, two-edged and well adapted to hand-to-hand fighting. The javelins were about seven feet in length. Made of wood with a two-foot head of iron, they would be thrown at a range of around thirty yards. The metal head was often joined to the shaft with a wooden pin which snapped on impact and made the weapon useless, to prevent the enemy picking up javelins and throwing them back at the Romans. Alternatively, the head could be made of soft iron which bent with the force of the blow when it hit its target or the ground.

The legions were generally drawn up for battle in a three-line formation. The first line consisted of young soldiers armed with a spear (**hasta**) for thrusting and a sword for close fighting. They were known as the **hastātī**. If they failed, the second line, the more experienced **prīncipēs**, would take over. If they were defeated, there remained the third line, the **triāriī**, veterans with many years of fighting behind them. A Latin expression meaning 'Now we're back to the **triāriī**' signified that things were getting pretty desperate!

The soldier on the march carried in his pack not only his personal gear and clothing but also tools and stakes for pitching camp at night, cooking utensils and food for several days. His wheat ration counted as part of his pay and he had to grind it himself, and his drink was more like vinegar than wine. It was a tough life but it produced a superbly disciplined and effective army.

❓ Imagine that you are a Roman legionary soldier drawn up in battle order with the enemy advancing against you. Describe what happens. Discounting changes in equipment and technology, what similarities can you find between the Roman legionary soldier and the modern infantryman?

From Trajan's column

❓ What is going on here?

sōle oriente Quīntus Pompēiusque surrēxērunt et arma induērunt.

armīs indūtīs ad prīncipia festīnāvērunt.

lēgātus, mīlitibus convocātīs, ōrātiōnem habuit.

ōrātiōne cōnfectā, lēgātus mīlitēs ē castrīs ēdūxit.

sōle occidente, longissimō itinere cōnfectō, mīlitēs valdē fessī ad castra rediērunt.

Ⓖ Ablative absolute

The participle is an adjective formed from the verb. It therefore always agrees with a noun or pronoun (or a subject contained in the verb). Remember that the present participle is active (e.g. **amāns** loving) and the perfect participle is passive (e.g. **amātus** loved, having been loved).

puer in lūdō sedēbat, magistrum exspectāns.
The boy was sitting in the school, waiting for the master.
Quīntus mātrem spectāvit cēnam parantem.
Quintus looked at his mother (while she was) preparing dinner.
cēna ā mātre parāta optima erat.
The dinner prepared by mother was very good.
pater epistolam ā fīliō scrīptam accēpit.
The father received the letter written by his son.

In all these sentences, the case of the noun which the participle agrees with depends on whether it is the subject or object of the main verb. But this is not always so.
Look at the following sentence:

<u>Caesare interfectō</u>, Brūtus ad Asiam fūgit.

Caesar having been killed, Brutus fled to Asia.

Here Caesar is neither the subject nor the object of the main verb 'fled'. The word Caesar is totally independent (**absolūtus** = set free) from the main clause. In such cases the noun goes into the ablative and so does the participle, agreeing with it in gender and number.

You need to be careful when translating such sentences. <u>**Caesare interfectō**</u> can be translated as <u>Caesar having been killed</u>, but this is not satisfactory English. Preferable alternatives would be: When/after Caesar had been killed.
Consider also:
(While) Quintus (was) studying in Athens, Brutus arrived
<u>Quīnto Athēnīs studente</u>, Brūtus advēnit.

We call this construction the Ablative Absolute.

Exercise 9.1

Analyse (putting brackets round the ablative absolute phrase and then marking 'ab' over the noun and 'abs' over the participle). Then translate, e.g.

```
        ab        abs       s        o                        v
```
(Theomnēstō audītō), Quīntus librum, dē *Rē Pūblicā* nōmine, ēmit
After hearing Theomnestus, Quintus bought a book called *The*

Republic.
1 Marcō in caupōnā vīsō, Quīntus laetus intrāvit.
2 Quīntus, Athēnīs relictīs, Delphōs iter fēcit.
3 Rūfus, amicīs suīs vīsīs, laetissimus erat.
4 mīlitibus celeriter convocātīs, Brūtus prōcessit ut eōs hortārētur.
5 castrīs tandem inventīs, Quīntus Rūfum quaesīvit.

Exercises 9.2 (Present participles)

Analyse and translate the following sentences, e.g.

ab   abs   s   v

(Orbiliō loquente), omnēs discipulī dormiēbant
While Orbilius was speaking, all the pupils slept.
NB The ablative of the present participle ends in -**e**.
1 patre labōrante, Quīntus cum Argō lūdēbat.
2 mātre cēnam parante, Iūlia aquam dē fonte ferēbat.
3 iuvenibus Theomnēstum exspectantibus, Brūtus theātrum intrāvit.
4 Theomnēstō dē virtūte loquente, omnēs tacēbant.
5 Brūtō ē theātrō exeunte, iuvenēs vehementer plausērunt.

Exercise 9.3

In the following sentences, put the nouns into the correct case and the verb into the correct case and tense of the participle. Then translate
1 (Caesar) (interficiō), Flaccus Quīntum Athēnās īre iussit.
2 (longum iter) (cōnficiō), Quīntus tandem Athēnās advēnit.
3 (comitēs videō), Quīntus caupōnam celeriter intrāvit.
4 (Marcus) in caupōnā (bibō), Quīntus dīligenter studēbat.
5 (fēminae) cēnam (parō), virī in agrīs labōrābant.

QUINTUS IN ASIA

Quīntus et Pompēius, quamquam dīligenter labōrābant
ut mīlitēs bonōs ācrēsque sē praebērent, nihilōminus
convīviīs saepe aderant. prīmā lūce ad sē exercendōs
surgēbant, sed multā nocte cubitum ībant postquam
laetissimī cēnāverant biberantque. sīc diū in castrīs
prope Smyrnam sē exercēbant.

    sed tandem diē quōdam lēgātus legiōnem tōtam ad
tribūnal convenīre iussit ut imperātōrem audīret.

    ibi Brūtus, cōpiīs omnibus convocātīs, clārā vōce
clāmāvit: 'meī mīlitēs, meī amicī, ad cōntiōnem vōs
convocāvī quod Antōnius Octāviānusque, tyrannī
hērēdēs, exercitū magnō collēctō nōs oppugnāre

nihilōminus nevertheless
convīviīs parties
exercendōs to train
multā nocte late at night
cubitum to bed

tribūnal platform

cōntiōnem assembly
tyrannī of the tyrant (i.e.
Caesar)
hērēdēs heirs

parant. ut eōs vincāmus et rempūblicam cōnservēmus, aurum plūrimum comparāre necesse erit. Lyciī tamen, quōs pecūniam nōbīs trādere iussī, inimīcōs nōbīs sē praebent. audācissimī eōrum in urbem quandam Xanthum nōmine fūgērunt atque ibi sē inclūsērunt. itaque illūc contendere dēbēbimus ut eōs in dēditiōnem cōgāmus. fortissimōs igitur, ō mīlitēs, vōs esse iubeō – sed etiam clēmentissimōs. superbōs dēbellāte sed subiectīs parcite. nōlīte furōrī cēdere.'

hīs dictīs, Brūtus dē tribūnālī dēscendit atque, cōntiōne dīmissā, omnēs summō cum studiō Xanthum proficīscī parant. Quīntus valdē trepidus erat glōriaeque valdē cupidus.

postrīdiē ē castrīs profectī, duōbus post diēbus ad urbem Xanthum advēnērunt, quae moenibus altissimīs dēfēnsa suprā flūmen lātum sita est. mīlitēs Rōmānī urbem fossā celeriter cīnctam tormentīs ingentibus oppugnāvērunt.

Xanthum diū obsidēbant. Quīntus comitēsque ēius, summō taediō affectī, vīnō tālīsque sē dēdidērunt. sed nocte quādam Lyciī ēruptiōne ex urbe factā, tormenta aliqua Rōmāna incendērunt. fīnis lūdōrum iam vēnerat; omnēs ad statiōnēs cucurrērunt. sed, ventō vehementī subitō surgente, flammae ad urbem relātae moenia domōsque proximās mox incendērunt. media nox iam erat sed omnia ignī terribilī illūminābantur.

Brūtus, quī timēbat nē urbs tōta dēlērētur, suōs iussit flammās exstinguere. hōc audītō, Quīntus ad moenia cucurrit atque nōnnūllīs mīlitibus convocātīs magnā vōce clāmāvit, 'aquam dē flūmine ad moenia ferte! festīnāte!'

Lyciī tamen, ad dēspērātiōnem adductī, summō cum furōre mortem ipsī sibi petīvērunt. Rōmānōs igitur, quī flammās aquā superābant, omnī modō prohibēre cōnātī sunt. ligna in ignem addidērunt ut tōtam per urbem flammās dissipārent. cīvēs, mortis cupidissimī, aut in ignem sē iēcērunt aut ā moenibus saluērunt. Quīntus suōs aquam celerius ferre iussit, sed frūstrā labōrābat.

clāmōribus dīrīs valdē commōtus, Quīntus inter tēla hastāsque per ruīnās portae in urbem cucurrit. perīculum suum prō nihilō habuit. flammae noctem illūminantēs vīsum terribilem oculīs ēius praebuērunt. nam puerī, gladiīs patrum suōrum iugula praebentēs, sē caedī offerunt. mulierem etiam vīdit quae, fīliā suā

94

comparāre to find
necesse necessary
Lyciī the Lycians

dēditiōnem surrender

clēmentissimōs most merciful
dēbellāte conquer
dēbellāte conquer
subiectīs the vanquished

trepidus nervous

suprā above
fossā ditch
cīnctam surrounded
tormentīs siege engines
taediō boredom
affectī overcome
tālīs dice, gambling
dēdidērunt gave over to
ēruptiōne a sally
statiōnēs posts
vehementī strong
proximās closest
illūminābantur were lit up
nē lest
suōs his men
nōnnūllīs a number of

dēspērātiōnem desperation

ligna wood
dissipārent spread

saluērunt jumped

dīrīs terrible
ruīnās ruins
prō nihilō habuit considered of no importance
vīsum sight
iugula throats
caedī for slaughter

A barbarian kills himself.

iam iugulātā, domum suam face ārdentī incendēbat.
spectāculum saevius Quīntus numquam vīderat.

iugulātā slaughtered
face ārdentī with a burning torch

errō (1)	I wander; I err, am wrong	**memoria, -ae,** *f.*	memory
		barbarus, -ī, *m.*	barbarian
obsideō, obsidēre, obsēdī, obsessus	I besiege	**factum, -ī,** *n.*	deed
claudō, claudere, clausī, clausus	I shut	**mulier, mulieris,** *f.*	woman
inclūdō, inclūdere, inclūsī, inclūsus	I shut in	**virtūs, virtūtis,** *f.*	manliness, courage, virtue
currō, currere, cucurrī	I run		
concurrō, concurrere, concurrī	I run together	**plūs, plūris,** *n.*	more
procurrō, prōcurrere, prōcurrī	I run forward	**plūrēs, plūra**	more
colligō, colligere, collēgī, collēctus	I collect	**superbus-a-um**	proud
mittō, mittere, mīsī, missus	I send	**ācer, ācris, ācre**	keen, enthusiastic
dīmittō, dīmittere, dīmīsī, dīmissus	I send away, dismiss	**frūstrā**	in vain
		magnopere	greatly
		multum/multō	much
parcō, parcere, pepercī + dative	I spare		
cupiō, cupere, cupī(v)ī, cupītus	I desire		
cupidus-a-um + genitive	desirous of, eager for		

95

Exercise 9.4

Translate the following passage and answer the questions beneath it

subitō Quīntus puellam fere undecim annōrum
cōnspexit quae in angulō obscūrō tēctī collāpsī sē
cēlābat. deinde vīdit barbarum quendam ingentem
gladiō strictō accēdentem. Quīntus nōn dubitāvit.
gladium suum ipse strīnxit et cum barbarō ferōciter
concurrit.

    ille, quamquam saevissimus vidēbātur atque multō
māior quam Quīntus, obsidiōne longā cōnfectus erat.
Quīntus eum facile superāvit. furōre victus gladium in
barbarum saevē pepulit eumque humī iacentem relīquit
mortuum.

    puellam paventem manibus raptam ab urbe
ardentī celeriter tulit. tum optiōnī eam trādidit ut eam
ad castra ferret; ipse in urbem rediit ut plūrēs servāret.

    nihil tamen ēgerat. ē tantā multitūdine centum
quīnquāgintā sōlī supererant.

fere	about
angulō	corner
tēctī collāpsī	of a ruined house
cēlābat	was hiding
strictō	drawn
strīnxit	drew
obsidiōne	by the siege
cōnfectus	totally exhausted
humī	on the ground
paventem	trembling
optiōnī	sergeant
supererant	had survived

1 What qualities of character does Quintus show in this passage?
2 Find an Ablative Absolute in this passage and write it down.
3 What part of what verbs are **ferret** (1.14) and **servāret** (1.14)?
   What construction are they in?
4 Why are the following words in the ablative: **barbarō** (1.5); **furōre**
   (1.9); **multitūdine** (1.15)?
5 Write down three adverbs from this passage.
6 Give the nominative singular of the following nouns: **annōrum**;
   furōre; **multitūdine**.
7 Translate into Latin:
   (a) Quintus seized the girl and fled from the city.
   (b) Quintus was much smaller than the barbarian.
   (c) Do not be afraid. Follow me.

THE ROMAN ARMY IN THE FIELD

A Roman army would generally cover fifteen to twenty miles in a day
when it was on the move. This meant that it would take about fifty-
four days to march from Rome to the Channel ports. However, far
greater distances could be achieved in forced marches if necessary.

    An army would have to create a temporary camp every evening
when it was on the move. The soldiers would dig a ditch (**fossa**)
around a square site and pile up the displaced earth behind the ditch
to form a mound (**agger**) and a rampart (**vāllum**). They would build a

palisade, made up of the stakes they took with them on the march, on top of this. (They would carry a spade and two or three stakes.)

The general's tent (**praetōrium**) was at the centre of the camp, where the main thoroughfares from North to South and from East to West met. Here the standards (**signa**) and the treasury of the legions were stored, and young aristocrats, who were accompanying the general in order to gain practical experience of fighting, were quartered. The **quaestōrium**, the quarters of the paymaster where hostages, prisoners and booty were kept, was next to the **praetōrium**.

Building a camp

On the other side of the **praetōrium** was an open space called the **forum**. This was the centre of camp life. Here the general would exhort his men, give rewards and administer punishments. Here too makeshift shops would suddenly spring into existence.

We described at the end of our last chapter, how the Roman army was drawn up for battle. Now we come to the siege of an enemy town.

When the Romans were confronted with a really strong town, they would build vast earthworks to put the attackers on the same level as the defenders. Alternatively, huge wheeled towers could be pushed close to the enemy's walls, hurling forth missiles of various kinds. Meanwhile, the walls could be beaten down with a battering ram (**ariēs**) or, if this made little impression, iron hooks could be used

97

to tug at the masonry and dislodge it. The **tormentum** flung large boulders; the **catapulta** shot darts and arrows; the **ballista** hurled stones and wooden beams.

A famous formation adopted by the Romans against a besieged town was the **testūdō** (tortoise shell). The soldiers would advance to the walls with their shields locked together over their heads to protect them from missiles. They would then try to scale them with ladders.

You will be reading later in the course about a Roman triumph, the reward for a successful general. The valour of ordinary soldiers was rewarded with crowns, collars, bracelets and horse-trappings. The most highly valued award was the civic crown (**corōna cīvica**), granted to soldiers who had saved a Roman citizen's life in battle. When those who had been given this humble crown of oak leaves entered a room, everyone present stood in respect. This is only one illustration of the great honour in which courage was held by the Romans.

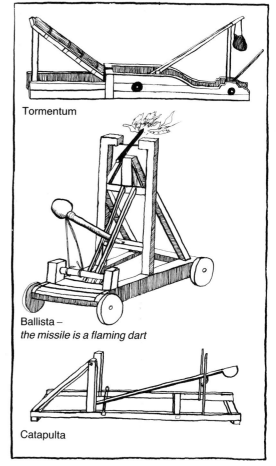

Tormentum

Ballista –
the missile is a flaming dart

Catapulta

❓ Imagine yourself in a walled town which is being attacked by the Romans. Describe what happens.

❓ What is going on here?

From Trajan's column

CHAPTER X

Quīntō cum amīcīs ad cēnam profectō, accurrit centuriō ut eum ad praetōrium vocāret.

Quīntō praetōrium timidē ingressō, surrēxit Brūtus manumque porrēxit.

QUINTUS TRIBUNUS MILITUM FIT

duōbus post diēbus Brūtus Quīntum ad praetōrium vocāvit. animō trepidō Quīntus accessit. nam miserrimus erat quod, imperiōrum Brūtī oblītus, barbarum illum, quem capere potuit, summō furōre interfēcerat.

    sed ubi ad praetōrium advēnit, Brūtus surrēxit eumque et graviter et cōmiter salūtāvit. 'mī Quīnte,' inquit, 'inter flammās illās terribilēs, ducem optimum tē praebuistī. nam, imperiō meō audītō, mīlitēs sine morā collēctōs aquam ferre iussistī. ego ipse tē vīdī atque maximē admīrātus sum.'

    'mī imperātor,' respondit Quīntus, 'nōlī mē laudāre. longē errās. nōn omnia imperia tua perfēcī. nam in urbe ipsā, furōre superātus, barbarum quendam ferōciter cecīdī. hūmānitātem minimam praebuī.'

    rīsit Brūtus et 'homō es,' 'inquit. 'nēmō est tē hūmānior! nam barbarum illum, ut audiō, interfēcistī nē puellam innocentem interficeret. itaque tē admīror. tē tribūnum mīlitum faciam.' Quīntus, praetōriō relictō, ad comitēs rediit, et laetissimus et maximē commōtus.

    Brūtō tandem necesse erat copiās suās ex Asiā ad Graeciam dūcere ut contrā Octāviānum Antōniumque pugnāret.

praetōrium headquarters
trepidō fearful
oblītus (+ genitive) forgetting

admīrātus sum I admired

hūmānitātem humanity

hūmānior more decent, more humane
ut as
admīror admire

diē quōdam Pompēius in contubernium Quīntī cucurrit et amīcum suum in angulum dētrāxit. vōce ānxiā, 'crās,' inquit, 'ut omnēs scīmus, ad Graeciam ībimus. nocte proximā Brūtus in praetōriō sōlus sedēbat. sērum noctis erat, castraque tōta tacēbant.

'Brūtus, dum dē rēbus sollicitus cōgitat, audīvit aliquem praetōrium intrantem et, oculīs suīs ad portam versīs, simulācrum mīrum cōnspicit. forma ingēns horribilisque prope eum stābat. Brūtus, quamquam perterritus est, tamen animō collēctō, ē formā quaesīvit, 'utrum homō es an deus? quid mēcum vīs?' forma respondit, 'ego sum daemōn tuus malus. Philippīs mē vidēbis.' ad quod Brūtus, animō iam cōnfirmātō, 'ergō,' inquit, 'Philippīs tē vidēbō.' deinde forma ex oculīs ēius ēvānuit.'

Quīntus fābulam Pompēiī audītam maximē mīrātur. valdē sollicitātus erat; nam mōnstrum īnfēlīcissimum vidēbātur.

postrīdiē, classe ingentī anteā praemissā, Brūtus sociusque ēius Cassius cum legiōnibus ūndēvīgintī ad Hellēspontum profectī sunt. ubi eō vēnērunt, cōpiās in Thrāciam nāvibus trādūxērunt. deinde in Graeciam contendērunt.

iter longum erat ac difficile, sed mīlitēs laetissimōs sē praebēbant. nam aquilae duae ē caelō dēlāpsae in signīs prīmīs sedēbant. Quīntus mīlitēsque cibum eīs

contubernium	quarters
angulum	corner
dētrāxit	took aside
ut	as
proximā	last
sērum noctis	late at night
sollicitus	anxiously
cōgitat	thought
simulācrum	ghost
mīrum	wondrous
daemōn	spirit, demon
cōnfirmātō	strengthened
ēvānuit	vanished
mīrātur	is amazed at
sollicitātus	worried
mōnstrum	omen, portent
praemissā	sent ahead
trādūxērunt	took across
aquilae	eagles
dēlāpsae	swooping down

aquilae duae in signīs prīmīs sedēbant.

dabant. ubi tamen Philippōs advēnērunt, aquilae subitō āvolāvērunt. omnēs mōnstrō tam īnfēlīcī maximē

āvolāvērunt	flew away
mōnstrō	omen

commōtī sunt. num clādēs quaedam eōs manēbat?

Brūtus cum exercitū Octāviānī, Cassius cum cōpiīs Antōniī pugnāre cōnstituit. postrīdiē proelium commīsērunt. Quīntus et aliī tribūnī legiōnis decimae mīlitibus suīs multa de virtūte locūtī sunt ut animōs eōrum cōnfirmārent. 'aut victōria aut mors nōs manet. fortissimī estōte! dē fugā nōlīte cōgitāre!'

omnēs, Brūtō praeter aciem equitante, signum pugnandī summō studiō exspectābant. subitō, signō nōndum acceptō, legiōnēs, audāciā studiōque proeliī commōtae, prōcurrērunt. 'cōnsistite, ō mīlitēs!' clāmāvit Quīntus. 'num disciplīnae oblīvīscēminī?' sed nihil effēcit. cum cēterīs in Octāviānī exercitum raptus est.

hostēs, impetū tam ācrī perterritī, pedem celeriter rettulērunt et mox Quīntus et mīlitēs in castra Octāviānī cucurrērunt. ibi praesidium ingēns relictum erat. pugnātum est plūrimā caedē utrimque, plūrimō sanguine. ubi quisque cōnstiterat, ibi aut vulnerābat hostem aut vulnerābātur, aut hostem sternēbat aut ipse cadēbat. clāmōrēs undique audiuntur; rīvī sanguinis in terram fluunt.

subitō Quīntus lēgātum legiōnis suae cōnspexit, quī, ab hostibus undique circumdatus, summō in perīculō sē dēfendēbat. Quīntus in hostēs prōcurrit multōsque violenter disiectōs reppulit. ācriter restitērunt sed Quīntus ācrior eīs erat. mox iuxtā lēgātum stetit quī, quamquam vulneribus cōnfectus iam erat, gladium adhūc vibrābat. aliquamdiū sōlī arcēbant hostēs. deinde aliī eīs subvēnērunt hostēsque in fugam vertērunt.

lēgātus tamen graviter vulnerātus est. 'mī Quīnte,' inquit, 'grātiās maximās tibi agō quod in summō meō perīculō auxilium tam fortiter tulistī. nēmō hodiē tē fortiōrem sē praebuit. sed, ut timeō, sērō vēnistī; nam mox moriar. itaque mē relinque et Octāviānum pete. nōn frūstrā moriar si perierit ille hērēs tyrannī.' hīs dictīs, Quīntum amplexus cecidit quā cum tot hostibus tam fortiter pugnāverat.

Quīntus, corpore lēgātī relictō, ad praesidium cum cōpiīs suīs cucurrit. sed ubi advēnit, nēmō inerat. Octāviānus effūgerat. Quīntus suōs ad castra Brūtī trīstissimus redūxit.

Brūtī cōpiae vīcerant, sed Quīntus in castra regressus trīstia cognōvit. legiōnēs Cassiī superātae erant; Cassius ipse – is quem Brūtus ultimum

estōte be
cōgitāre think
praeter past
aciem battle line
pugnandī for fighting

nōndum not yet
oblīvīscēminī (+ genitive) will you forget
impetū attack

pugnātum est (the battle) was fought; **caedē** slaughter
utrimque on both sides
quisque each man
sternēbat struck down
rīvī streams
fluunt flow
circumdatus surrounded
disiectōs scattered
reppulit drove back
iuxtā (+ accusative) next to
vibrābat brandished
aliquamdiū for some time
arcēbant kept off
subvēnērunt (+ dative) came to help

ut as

amplexus having embraced
quā where

ultimum last

101

Rōmānōrum omnium vocāvit – sē interfēcerat. ad quod multitūdō ingēns et mīlitum Brūtī et hostium perierat.

Mars anceps fuerat. Quīntus et cāsibus et crūdēlitāte bellī valdē dēiectus est.

ad quod in addition to this
Mars the fighting
anceps indecisive
cāsibus chances
dēiectus cast down, depressed

V

comprehendō, comprehendere,		**mēns, mentis,** *f.*	mind
comprehendī, comprehēnsus	I grasp, seize	**clādēs, clādis,** *f.*	disaster, defea
pedem referō, referre, rettulī	I retreat	**ācriter,** adv.	keenly, fiercel
pereō, perīre, periī	I perish	**dīligēns, dīligentis**	careful
audācia, audāciae, *f.*	boldness, rashness	**īnfēlīx, īnfēlīcis**	unlucky
fābula, fābulae, *f.*	story	**mīrus-a-um**	wonderful
forma, formae, *f.*	shape; beauty	**ūllus-a-um**	any
fuga, fugae, *f.*	flight	**num?**	surely not?
socius, sociī, *m.*	ally, friend	**an?**	or
praesidium, praesidiī, *n.*	garrison, protection	**deinde**	next, then
custōs, custōdis, *m.*	guard	**quā**	where
cupiditās, cupiditātis, *f.*	desire, greed		

Exercise 10.1

Give the meanings of the following pairs of verbs and nouns and, where you can, give an English word derived from them

accūsō (1)	accūsātor, accūsātōris, *m.*	spectō (1)	spectātor
amō (1)	amātor	currō (3)	cursor
doceō (2)	doctor	emō (3)	ēmptor
moneō (2)	monitor	legō (3)	lēctor
imperō (1)	imperātor	vincō (2)	victor
		audiō (4)	audītor

G 'volō', 'nōlō' and 'ferō'

Revise the following parts of **volō**, *and learn those of* **nōlō** *and* **ferō**.

Present

volō I wish	nōlō I do not wish, I refuse	ferō I carry, I bear
vīs	nōn vīs	fers
vult	nōn vult	fert
volumus	nōlumus	ferimus
vultis	nōn vultis	fertis
volunt	nōlunt	ferunt

no imperative	*imperatives*	*imperatives*
	nōlī	fer
	nōlīte	ferte

infinitive	*infinitive*	*infinitive*
velle	**nōlle**	**ferre**
perfect	*perfect*	*perfect*
voluī	**nōluī**	**tulī**

Exercise 10.2

Translate

1 nōnne vultis, amīcī, aliquid vīnī bibere? puer, fer nōbīs multum
  vīnī.
2 puer, festīnā. cūr vīnum tam lentē fers?
3 nōlī puerum reprehendere; ecce, iam vīnum nōbīs fert.
4 ecce, omne vīnum iam bibimus. nōs volumus plūs bibere. puerī,
  ferte plūs vīnī.
5 iam nimis vīnī vōbīs tulimus; nōlumus vōbīs plūs ferre, nē ēbriī   **nimis** too much
  fīātis.   **fierī** to become

G Deponent verbs

These are active in meaning, and so the past participle is also active in
meaning.
proficīscor I set out; **profectus** having set out.
Translate
passus, ingressus, locūtus, secūtus, cōnātus

Exercise 10.3

Analyse and translate the following sentences, e.g.

ab	abs	s	v

(Quīntō Athēnās profectō), pater Venusiam rediit
When Quintus had set out to Athens, his
father returned to Venusia.

1 Caesare mortuō, Brūtus Rōmā fūgit.
2 Brūtō theātrum ingressō, omnēs iuvenēs surrēxērunt.
3 multīs iuvenibus Brūtum secūtīs, Theomnēstus
  trīstissimus erat.
4 Pompēiō sequente, Quīntus ad nāvem festīnāvit.
5 iuvenēs multa passī tandem ad Asiam advēnērunt.

Exercise 10.4

Translate into Latin, using the participles of deponent verbs, e.g.
When Quintus said this, Pompeius rejoiced = Quintus having said
this. . . . **Quīntō haec locūtō, Pompēius gaudēbat**.

1 When Argus died, Quintus was very sad.
2 When Marcus said this, Quintus laughed.
3 When the soldiers advanced to the river, the barbarians fled.
4 After following the enemy for a long time, the general led the army
   back to camp.
5 After the army had entered the camp, the general drank a lot of wine.

G Ablative of comparison

You have already learnt **quam** = than. There is another way of
expressing comparison in Latin. If two things are compared with each
other by means of a comparative adjective or adverb, the second thing
compared can go into the ablative, e.g.
puella est sapientior puerō The girl is wiser than the boy.
ego sum minor tē I am smaller than you.

Exercise 10.5

*Put the words in brackets into the ablative
to express comparison, and then translate*
1 Marcus (Quīntus) fēlīcior est.
2 nōs celerius (vōs) cucurrimus.
3 Athēnīs diūtius (tū) manēbō.
4 haec via est longior (ille).

Exercise 10.6

Translate into Latin
1 I am bigger than you.
2 Quintus is fatter than Marcus.
   fat **obēsus**
3 Delphi is more beautiful than Corinth.
4 Quintus had never seen a more savage
   spectacle than this.
   spectacle **spectāculum**

G Revision of questions

veniēsne mēcum?   Will you come with me?
nōnne veniēs mēcum? Won't you come with me? (**nōnne** expects the answer 'yes')
num mēcum veniēs?   Surely you won't come with me?
                        You won't come with me, will you?
                        (**num** expects the answer 'no')

Double questions are introduced by **utrum . . . an** (= or).
utrum mēcum veniēs an domī manēbis?   Will you come with me or stay at home?
utrum mēcum veniēs annōn?   Will you come with me <u>or not</u>?

quot? (indeclinable) how many?   **quōmodo**? how?

Exercise 10.7

Translate

1 quid facis, amīce? nōnne domum redībis?

2 quandō domum redībis? num in urbe manēbis?

3 mīlitēsne Antōniī vīdistī? quot legiōnēs habet?

4 num hostēs nōs vīcērunt? quōmodo effugere poterimus?

5 utrum vīvit lēgātus legiōnis an mortuus est?

6 utrum huic fāmae crēdis annōn?

7 nōnne praesidium in castrīs relīquimus? cūr castra dēserta sunt?

8 quot mīlitēs in hōc proeliō periērunt? utrum multī effūgērunt an paucī?

9 nōnne ācriter pugnāvit Brūtus? num virum eō fortiōrem vīdistī?

10 quis tē hoc facere iussit? num iussus es pedem referre?

Exercise 10.8

Translate into Latin

1 Will you help me or not?

2 Surely you are not afraid of the enemy?

3 How can we escape?

4 Did you fight bravely in the battle or run away?

5 How many ships can you see waiting in the harbour?

Exercise 10.9

Answer the questions on the first three paragraphs without translating.
Translate the other two paragraphs

tribus post diēbus Brūtus Quīntum ad praetōrium vocāvit. trīstior erat quam anteā sed 'victōriae spēs,' inquit, 'adhūc restat; sed sī victī erimus, hūmāna hūmānē ferre dēbēbimus.

praetōrium headquarters

restat remains
hūmāna the human lot
hūmānē in a human way

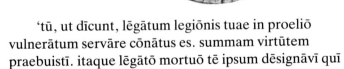

Brutus

'tū, ut dīcunt, lēgātum legiōnis tuae in proeliō vulnerātum servāre cōnātus es. summam virtūtem praebuistī. itaque lēgātō mortuō tē ipsum dēsignāvī quī

ut as

dēsignāvī I have appointed

105

legiōnī imperēs. iam valē. si vīcerimus, lībertātem
cōnservāverimus. si moriēmur, līberī erimus.'

    Quīntus praetōriō tacitus discessit, Brūtī fīdūciā
gāvīsus sed sollicitātus magnitūdine officiī.

    haud multō post Brūtus pugnam redintegrāre
coāctus est. prīmō impetū mīlitēs ēius in hostēs summā
audāciā cucurrērunt, sed hostēs, cornū sinistrō Brūtī
perruptō, tōtum exercitum ēius mox circumdedērunt.

    in tantō perīculō Brūtus omnēs virtūtēs et
imperātōris et mīlitis praebuit, ut victōriam ex hostibus
raperet. sed frūstrā cōnātus est. nam cōpiae ēius
perterritae in fugam sē vertērunt. Quīntus ipse, relictā
nōn bene parmulā, ē proeliō effūgit.

quī imperēs to command

fīdūciā trust
gāvīsus delighted by
haud multō not much
redintegrāre to renew
impetū attack
cornū wing
circumdedērunt surrounded

nōn bene not well, i.e.
dishonourably
parmulā shield

1 When Quintus was summoned to headquarters, how was Brutus
   feeling? 'victōriae spēs adhūc restat': do you think he really meant
   this? If not, why not?
2 To what post did Brutus appoint Quintus? Why did he do this?
   (Two reasons.)
3 'si vīcerimus . . . līberī erimus': explain what Brutus means by this
   rather obscure statement.
4 In what mood did Quintus leave headquarters?
5 Give one example each of: a comparative adjective; a future perfect
   indicative; an ablative absolute; a deponent verb.
6 Give one English word derived from each of the following:
   vocāvit; dīcunt; lībertātem; vīcerimus; magnitūdine.
7 Translate into Latin:
   (a) The general called us to headquarters.
   (b) 'Fight bravely again,' he said; 'we can conquer the enemy.'
   (c) He praised us because we had shown great courage.

BRUTUS AND CASSIUS

Why had Brutus, Cassius and the other conspirators killed Julius
Caesar? It was easy for them to say that they had done it to
give Rome back the freedom it had lost through the
dictatorship of one man. The proud descendant of the
Brutus who had driven out the last king of Rome soon
issued coins which linked the daggers of the Ides of
March with the idea of republican **lībertās**. But, as we
have seen, the Roman mob, stirred up by Mark
Antony, did not view the assassination in this way.

The daggers, the cap of liberty and the Ides of March

Brutus and Cassius were forced to flee from the city less than a month after they had killed the dictator.

In fact, when the murderers of Caesar talked of freedom, they meant that they wanted to put power back in the hands of the small number of families who dominated the state. Their case, put like this, does not appear so noble. In any case, the Senate had shown that it was incapable of running the Roman state. Sooner or later, one powerful man was going to take over. All the conspirators had achieved was to delay this.

History has not passed a generous verdict on Cassius. In *Julius Caesar*, Shakespeare presents him as a near villain with 'a lean and hungry look', drawing a hesitant Brutus into the plot against Caesar. But Cassius, in whose character Shakespeare found generosity and warmth as well as villainy, was certainly sincere in his hatred of tyranny, and he was a resolute and experienced soldier as well. Brutus, his brother-in-law, would have done better if he had taken more of Cassius's advice.

Brutus, however, is the more obviously admirable character. He was a thinker rather than a man of action, and we have seen how he took a deep interest in philosophy when he was in Athens in 44 BC. He discussed philosophical matters with Theomnestus and Cratippus so eagerly that it seemed, even at this critical time, that he was only interested in study. Yet he showed during this time in Athens, that he could fire the young with enthusiasm for his political cause. He was especially pleased by young Marcus Cicero whom he praised highly.

Brutus was a man who always thought that he was in the right. But he was undoubtedly sincere. He wrote a book about **virtūs**, which means not just courage but all the qualities which make a good man. He possessed many of these himself, and he died for what he believed.

Shakespeare puts into the mouth of Mark Antony a fine tribute to his enemy Brutus:

Caesar

> This was the noblest Roman of them all:
> All the conspirators save only he
> Did that they did in envy of great Caesar;
> He only, in a general honest thought
> And common good to all, made one of them.
> His life was gentle, and the elements
> So mix'd in him that Nature might stand up
> And say to all the world 'This was a man!'

❓ When Julius Caesar saw Brutus, his trusted friend, attacking him amongst the conspirators, he said, 'You too, Brutus?' How do you think Brutus felt at this moment?

CHAPTER XI

Quīntus, scūtō abiectō, ē proeliō fūgit.

hostibus sequentibus vix salvus ad castra pervēnit.

comitēs secūtus ad silvās cucurrit.

comitibus relictīs sōlus Athēnās profectus est.

QUINTUS IN ITALIAM REDIT

Quīntus, scūtō abiectō, ā campō fūgit. ē comitibus paucī hostibus adhūc resistēbant, plūrēs cum Quīntō ad castra fugiēbant, virtūtis disciplīnaeque mīlitāris immemorēs. hostēs eōs ācriter premēbant sed, armīs gravibus impedītī, eōs assequī nōn poterant. interdum pīla ab hostibus coniecta fugientium quendam percusserant, quī ad terram cecidit vulnerātus; nec Quīntus nec quisquam alius mānsit ut auxilium ferret; omnia enim ā mente dīmīserant praeter suam salūtem; nihil cūrābant nisi ut quam prīmum ad castra pervenīrent, quod sine difficultāte facere poterant, hostibus lentius sequentibus.

campō battlefield
ē out of

immemorēs unmindful of
assequī catch up
interdum from time to time
pīla javelins
percusserant hit
quisquam anyone
praeter except
nisi except
quam prīmum as soon as possible

ibi tamen fāmā dīrā exceptī sunt. Brūtus enim, ubi
suōs tergum vertere vīdit, dē summā rērum dēspērāns
in gladium suum incurrerat; mortuus erat. Quīntus, hōc
audītō, cōnstitit penitus commōtus. sed nōn tempus
erat morārī; clāmōrēs hostium vāllum ascendentium
audīre iam poterat. comitēs secūtus, quī ex alterā parte
castrōrum effūgerant, ad silvās cucurrit.

sōl iam occiderat; nox erat obscūra; nūbēs lūnam
tēxērunt. silvīs cēlātī, Quīntus comitēsque in solō
cubuērunt diemque trīstēs exspectābant. sed Quīntus
dormīre nōn poterat; sē suōsque vehementer
reprehendit; omnia quae maximī aestimāverat
perdiderat; imperātōrem prōdiderat; sē īgnāvum
praebuerat. 'frācta est virtūs,' sibi inquit; 'eī quī herī
tam superbē Antōniō minābantur, hodiē solum turpiter
tetigērunt.'

diū in solō iacēbat haec omnia in animō volvēns.
alia tamen aliquid sōlāciī eī attulērunt: honōrem
perdiderat, sed caput saltem servāverat; fēlīcior erat
multīs comitum, quī aut in campō iacēbant mortuī aut
captī in manūs hostium vēnerant. iam hoc sōlum
cupiēbat, domum redīre, patrem mātremque iterum
vidēre, cursum vītae humilem tranquillumque in ōtiō
cōnficere.

prīmā lūce surrēxit comitēsque aspexit adhūc
dormientēs. paulum dubitāvit, deinde animō firmātō
sōlus ad occidentem profectus est. quīndecim diēs iter
labōriōsum faciēbat; plērumque interdiū dormiēbat in
silvīs cēlātus, nē ab hostibus comprehenderētur; noctū
lentē prōcēdēbat per viās dēsertās, oppida
praetergressus. semper ēsuriēbat; nōnnumquam ad
casās colōnōrum accessit cibumque ōrāvit; illī libenter
eī dedērunt, quod Graecē perītē loquī poterat.

tandem Athēnās cōnspexit; illam noctem extrā
mūrōs mānsit in fossā cēlātus. surrēxit ante lūcem
fūrtimque per viās lāpsus ad Acadēmiam prōcessit.
prīmā lūce ad Theomnēstī aedēs pervēnit iānuamque
pulsāvit. Theomnēstus, iānuā apertā, Quīntum vix
agnōvit; vultū ēius propius īnspectō, 'dī immortālēs,'
inquit, 'num Quīntus es? quid tibi accidit? intrā statim.'

Quīntus ingressus subitō ad terram cecidit
exanimātus. Theomnēstus servōs vocātōs iussit
Quīntum ad lectum auferre. Quīntus valdē aeger erat.
trēs mēnsēs Theomnēstus eum cūrābat. tandem
convaluit rediitque ad sē.

---

dīrā terrible
exceptī sunt were greeted
suōs his men; **tergum** back(s)
summā rērum the whole
situation
penitus deeply
morārī to delay
vāllum rampart
occiderat had set
tēxērunt covered
cēlātī hidden; **solō** the ground
maximī aestimāverat had held
most dear
īgnāvum a coward
herī yesterday
minārī (+ dative) threaten
turpiter dishonourably
tetigērunt have touched
volvēns turning over
aliquid sōlāciī some comfort
caput life; **saltem** at least

humilem humble
ōtiō tranquillity

firmātō made up
occidentem West
plērumque usually
interdiū in the day time

praetergressus bypassing
ēsuriēbat he was hungry
nōnnumquam sometimes
colōnōrum peasants
libenter gladly
perītē fluently
fossā ditch
fūrtim furtively
lāpsus slipping
pulsāvit knocked on
agnōvit recognised
accidit has happened
exanimātus in a faint
lectum bed; **aeger** ill
mēnsēs months
convaluit he got well

ōlim cum Theomnēstō sub arbore sedēbat vīnum
bibēns. Theomnēstus eum benignē aspiciēns 'Quīnte,'
inquit, 'tandem rēctē valēs. quid facere in animō
habēs? quem cursum vītae tibi prōpōnis? nōn potes
semper hīc manēre. dēbēs ingeniō tuō ūtī.' ille
'Theomnēste,' inquit, 'prīmum domum redīre cupiō
parentēsque iterum vidēre. tum novum cursum vītae in
Italiā inveniam. tibi maximās grātiās dēbeō; vērus
amīcus fuistī; numquam hūmānitātis tuae oblīvīscar.'

postrīdiē Quīntus ad iter sē parāvit. Theomnēstus
eum ad portum comitātus est ut eum valēre iubēret.
ubi nāvem cōnscēnsūrus erat, Theomnēstus argentum
eī trādidit; 'hoc accipe,' inquit; 'nōlī recūsāre. ōlim
poteris mihi repende. intereā valē et tē cūrā. nōlī
ingenium tuum perdere. sī Mūsīs fidēliter serviēris,
poēta eris īnsignis. ī nunc et dī tē servent.' Quīntus eī
respondēre vix potuit. lacrimīs per genās cadentibus
Theomnēstum amplexus est. tum sē vertit nāvemque
cōnscendit.

iter sine cāsū celeriter cōnfēcit. quārtō diē nāvis
Brundisium pervēnit. Quīntus ē nāve ēgressus et
paulum Brundisiī morātus, Venusiam profectus est. ubi
Venusiam accesit, in summō colle cōnstitit oppidumque
dēspexit; summō gaudiō dīs grātiās ēgit quod domum
dīlēctam iterum vīdēret.

prope viam colōnus senex agrum labōriōsē
colēbat. Quīntus eum agnōvit; vetus amīcus patris erat.

rēctē valēs you are in good health
ūtī (+ ablative) to use

hūmānitātis kindness
oblīvīscī (+ genitive) to forget
comitātus est accompanied
cōnscēnsūrus about to board
recūsāre refuse
rependere repay
serviō (+ dative) serve
īnsignis outstanding
dī servent may the gods preserve
genās cheeks
amplexus est embraced
cāsū mishap

dīlēctam beloved
colōnus peasant

prope viam colōnus senex agrum labōriōsē colēbat.

accessit eumque salūtāvit. 'salvē, amīce,' inquit, 'quid agis?' ille vultum ēius diū et dubiē intuitus 'dī immortālēs,' inquit, 'num Quīntus es? cūr hūc revēnistī? quid vīs?'

Quīntus, hīs verbīs valdē turbātus, 'revēnī,' inquit, 'ut domum parentēsque revīsam. cūr mē hoc rogās? num quid malī est?' ille 'nōnne scīs?' inquit. 'parentēs tuōs in oppidō nōn inveniēs; abiērunt.' Quīntus obstupefactus, 'quid dīcis?' inquit. 'cūr domum relīquērunt? quō iērunt?' ille, Quīntum vultū trīstī mītīque aspiciēns, 'quō iērunt?' inquit; 'ego nesciō. multī abiērunt. age, Quīnte, venī mēcum; sedē sub arbore; ecce, aliquid vīnī sūme cibīque, quālem homō pauper tibi offerre possum. ego tibi omnia nārrābō.

'Octāviānus, ubi Philippīs in Italiam revēnit, legiōnēs veterānās dīmīsit; centum mīlibus hominum dēbuit missiōnem dare honestam. cōnstituit igitur agrōs adimere eīs cīvitātibus quae suam causam nōn studiōsē adiūvissent veterānīsque eōs dīvidere. nōs nihil dē hīs rēbus sciēbāmus dōnec decemvirī Venusiam advēnērunt ut agrōs nōbīs adimerent. cīvēs nostrī prīmum vehementer querēbantur; magistrātūs lēgātiōnem Rōmam mīsērunt ut apud Octāviānum causam nostram ageret; deinde, quia verbīs nihil effēcimus, dēspērāvimus; vī et armīs decemvirōs ex oppidō expulimus. rediērunt tamen cum mīlitibus, quibus resistere nōn poterāmus.

'plūrimī cīvēs agrōs perdidērunt, inter quōs erat tuus pater, Quīnte. ex hīs aliī hīc mānsērunt, agrīs prīvātī, vītam miseram in paupertāte agentēs, sīcut ego, quī nōn dīves eram sed satis habēbam; nunc nihil possideō nisi hunc agellum, saxīs plēnum carduīsque. aliī abiērunt ut meliōrem vītam alibī quaererent, sīcut tuus pater.'

quid agis?	how are you?
intuitus	having gazed at
turbātus	troubled
num quid malī est?	can there be something wrong?
mītī	gentle
sūme	take
quālem	such as
missiōnem honestam	honourable discharge
adimere	to take away
studiōsē	enthusiastically
dīvidere	to distribute
dōnec	until
decemvirī	a commission of ten men
querēbantur	complained
lēgātiōnem	deputation
vī	by force
prīvātī (+ ablative)	deprived of; sīcut like
satis	enough
possideō	I possess
agellum	little field
carduīs	thistles
alibī	elsewhere

V

dubitō (1)	I doubt, I hesitate
vetō, vetāre, vetuī, vetitus	I forbid
expellō, expellere, expulī, expulsus	I drive out
īgnōscō, īgnōscere, īgnōvī + dative	I pardon, forgive
perdō, perdere, perdidī, perditus	I lose, I waste
prōdō, prōdere, prōdidī, prōditus	I betray
premō, premere, pressī, pressus	I press
auferō, auferre, abstulī, ablātus	I take away
impediō, impedīre, impedīvī, impedītus	I hinder, prevent
nesciō, nescīre, nescīvī	I do not know

causa, causae, *f.*	cause	**quōmodo?**	how?
causam agō	I plead a cause	**paulum**	a little
ingenium, ingeniī, *n.*	talents, character	**ē, ex**	out of; of
cīvitās, cīvitātis, *f.*	state		(**paucī ē cīvibus** a few of the citizens)
mēns, mentis, *f.*	mind		
magistrātus, magistrātūs, *m.*	magistrate		
dignus-a-um + ablative	worthy (of)		
dīves, dīvitis	rich		
dīvitiae, dīvitiārum, *f.pl.*	riches		
ignāvus-a-um	lazy; cowardly		
vehemēns, vehementis	passionate, vehement		
pauper, pauperis	poor		
aliquis, aliquid	someone, something		
aliquid vīnī	some wine		

Revision of participles

Exercise 11.1

Put the verbs in brackets into the right form of the perfect participle and translate

1 Brūtī cōpiae ab Antōniō (vincō) ad castra fūgērunt.
2 Brūtus, cōpiīs ab Antōniō (vincō), dēspērāvit.
3 Brūtus cōpiās ab Antōniō (vincō) trīstis spectābat.
4 magister puerōs (convocō) laudāvit.
5 parentēs, puerīs ā magistrō (laudō), gaudēbant.
6 agricolae prīmā lūce (proficīscor) ad urbem illō diē advēnērunt.
7 puerī magistrum in viā (videō) salūtāvērunt.
8 agricolīs ab urbe (regredior), uxōrēs cēnam parāvērunt.
9 fīliō haec (loquor) pater nihil respondit.
10 hostēs urbem tandem (capiō) incendērunt.

Exercise 11.2

Translate into Latin

1 The young men sat under a tree drinking wine.
2 Have you received the letter sent to you by your father?
3 Having set out at dawn the girls reached the city before night.
4 When they heard this (= these things having been heard), the boys rejoiced.
5 When her dog died (= the dog having died), the girl was very sad.
6 While the master slept (= the master sleeping), the boys played.

Revision of all constructions met so far

Exercise 11.3

Translate

1 ubi pater est? domum regressus eum invenīre nōn potuī.
2 pater tuus ad oppidum it ut cibum vīnumque emat.
3 sine dubiō mox domum proficīscētur nē sērō redeat.
4 num tam longē pedibus iit? nōnne equō vehēbātur?
5 nōnne hoc scīs? equum senī cuīdam hodiē vendidit, cui in forō occurrit.
6 dī immortālēs! utrum in oppidō manēbit an pedibus reveniet? vix poterit tantum vīnī cibīque ferre.
7 vīsne mēcum venīre ut eum iuvēs? duōs equōs habeō, quōrum alter tē vehet.
8 maximās grātiās tibi agō. statim proficīscēmur ut eī in viā occurrāmus.
9 hic equus celerior est illō. tū cape equum celeriōrem, quod vidēris ānxius esse.
10 manē. nōn necesse est nōbis eum quaerere. ecce! eum vidēre possum equō vectum quem senī vendidit; senex īrātus post eum currit.

Exercise 11.4

Translate the first two paragraphs and answer the questions below on the third

senex 'ignōsce mihi, Quīnte,' inquit; 'trīstia tibi nārrō
sed vēra. tōta Italia ēversa est; nec iūs nec lēgēs valent.
squālent agrī, abductīs colōnīs. veterānī enim nōn dignī
sunt tantō praemiō; labōrāre nōlunt sed dīvitiās per
luxum dissipant. . . .'

    Quīntus, angōre commōtus, sē retinēre nōn potuit
sed senem interpellāvit; 'dīc mihi, amīce,' inquit,
'quōmodo patrem invenīre possum? quō abiērunt eī quī
agrīs prīvātī erant?' ille 'nesciō,' inquit. 'tōta Italia
plēna est cīvibus egēnīs hūc illūc errantibus; numquam
parentēs tuōs inveniēs, nōn sī tōtam vītam eōs quaerēs.'

    hīs audītīs Quīntus summā dēspērātiōne affectus est.
diū in solō sedēbat, lacrimīs per genās cadentibus.
tandem sē collēgit. senem valēre iussit collemque lentē
dēscendit. sed ubi ad portās oppidī accessit, cōnstitit.
nōluit oppidum intrāre domumque suam ab advenīs
occupātam vidēre. vertit sē et, oppidum praetergressus,
viam iniit quae Rōmam ferēbat.

iūs justice
valent prevail
squālent are neglected
colōnīs peasants
per luxum in luxury
dissipant squander
angōre anguish
interpellāvit interrupted
prīvātī stripped of
egēnīs needy

genās cheeks

advenīs strangers
praetergressus passing by

1 How did Quintus feel when he heard the old farmer's answers to his question? What did he do?
2 Why didn't he enter the town?
3 What did he do instead?
4 What would you have done, if you had been in Quintus's position?
5 Give one English word derived from each of the following (which occur in this paragraph): **dēspērātiōne**, **sedēbat**, **vidēre**, **collēgit**.
6 From what verbs (1st person singular of present) do the following come: **iussit**, **nōluit**, **iniit**.
7 Give the genitive singular and ablative plural of the following nouns: **senem**, **portās**, **oppidī**.
8 Give one example each from this passage of: an ablative absolute; an infinitive; a reflexive pronoun; a deponent verb.
9 Translate into Latin:
   (a) When I reached home, my father had gone away.
   (b) I searched for a long time but could not find him.
   (c) Shall I ever see him again?

OCTAVIAN RETURNS TO ITALY

Octavian had shot to fame like a meteor. He was only eighteen when Julius Caesar was murdered. The moment he received the news, he hurried back to Italy from abroad and found on landing that Caesar had adopted him in his will and left him three-quarters of his estate. He used the fact that he was Caesar's heir very skilfully to strengthen his position. He now called himself Caius Julius Caesar Octavianus. 'Look at his name,' wrote Cicero, adding, 'then look at his age.'

Soon Octavian forced the senate to accept him as consul. He was nineteen and the minimum legal age was forty-three! His relationship with Caesar's great friend Mark Antony was very tense. Antony thought that he could brush the young man aside, but soon found that this was not possible. At one stage he said resentfully, 'You, boy, owe everything to your name.'

However, it was Antony who won the Battle of Philippi and avenged Caesar's death. Octavian had been ill. He said he had been warned by a friend's dream, and was carried out of his camp only shortly before the enemy overran it. He may have taken refuge unheroically in a marsh.

So Antony had the glory of the great victory, and went off to the East to re-establish order and to raise money. Octavian took on the unpopular task of returning to Italy to find land on which to settle 100,000 veterans of the Philippi campaign.

He caused bitter anger. Large areas were confiscated from eighteen Italian cities to provide homes for the veterans. There were noisy demonstrations against this. Land-owners whose property he had seized flocked to Rome to plead their cause and gained the support of the **plēbs**. Riots broke out and Octavian's life was in danger. Chaos spread throughout Italy. Fights flared up between soldiers and civilians, who had resorted to arms themselves. It was a frightening time. Countless small-holders (Quintus's father among them) were forced off their land, and not many were as fortunate as Quintus's fellow-poet Virgil, who got his estate back. Italy became a hungry and desperate country.

The difficult relationship between Octavian and Antony was now put under new pressure. Antony's wife and brother raised eight legions and occupied Rome in protest at what Octavian was doing. Octavian soon drove them out and eventually forced them into submission. But then (in 40 BC) Antony himself, returning to Italy from the East, was not allowed to land at the port of Brundisium. He laid siege to the city. Octavian marched south with his legions, and it looked as if civil war was about to break out yet again. But the soldiers on neither side had the appetite for still more fighting.

A 'summit conference' between Octavian and Antony was arranged, and here they settled their differences. Antony's first wife had recently died and he now married Octavian's sister Octavia. War had been avoided. It looked to some, including Virgil, as if a new Golden Age was dawning.

The Golden Age – Mother Earth sits amid images of fertility.

Do you think that peace will last? Do you feel more sympathy with Antony or with Octavian?

CHAPTER XII

Quīntus, cum Capuam accēderet, Gāiō occurrit, quī plaustrum dūcēbat.

Quīntus, cum amīcum salūtāvisset, eum rogāvit quō īret et num parentēs suōs vīdisset.

G cum = when

cum = when is usually followed by the subjunctive in past time, e.g.
> **Quīntus, cum Athēnās nāvigāret, Pūbliō in nāve occurrit**
> When Quintus was sailing to Athens, he met Publius on the ship.
> **Quīntus, cum Athēnās advēnisset, parentibus epistolam scrīpsit**
> When Quintus had arrived at Athens, he wrote a letter to his parents.

In the second example, the sense required the *pluperfect* subjunctive; this must now be learnt.

G Pluperfect subjunctive active

The endings are added to the perfect stem

endings	1st	2nd	3rd	4th
	amāv-	monu-	rēx-	audīv-
-issem	amāv-issem	monu-issem	rēx-issem	audīv-issem
-issēs	amāv-issēs			
-isset	amāv-isset			
-issēmus	amāv-issēmus			
-issētis	amāv-issētis			
-issent	amāv-issent			
	sum			
	fu-			
	fu-issem			

Exercise 12.1

Form the pluperfect subjunctive active of the following verbs
cūrō, teneō, videō, dūcō, mittō, veniō, iuvō, capiō, redeō, surgō

Pluperfect subjunctive passive

The pluperfect subjunctive passive consists of the past participle
passive + the imperfect subjunctive of **sum** (**essem**, etc.)

      amātus essem   monitus essem rēctus essem audītus essem
      amātus essēs
      amātus esset
      amātī essēmus
      amātī essētis
      amātī essent

e.g. **Quīntus, cum Athēnās missus esset, apud Theomnēstum studēbat**
      When Quintus had been sent to Athens, he studied with
      Theomnestus.

      Brūtus, cum cōpiae ab Antōniō victae essent, sē occīdit
      When his forces had been defeated by Antony, Brutus killed
      himself.

Exercise 12.2

*Form the pluperfect subjunctive passive
of the following verbs*
līberō, doceō, scrībō, emō, cōnor,
morior, proficīscor, sequor

Exercise 12.3

Translate
1 cum Quīntus Athēnās rediisset,
  epistolam invēnit ā Marcō scrīptam.

2 cum Quīntus Pompēiusque ad Asiam
  nāvigārent, īnsulam Dēlum vīsērunt.
3 cum prīmā lūce profectī essēmus, ad
  castra merīdiē advēnimus.
4 Brūtus, cum exercitus ab Antōniō
  victus esset, dēspērāvit.
5 Quīntus, cum ad oppidum accēderet,
  amīcō veterī in viā occurrit.

Indirect questions

Direct question: **quid facis?** What are you doing?

Indirect question: **rogāvit quid facerēs** He asked what you were doing.

Notice that in Latin indirect questions have their verb
in the subjunctive.

Note also **num** = whether, e.g.

pater rogāvit num fīlius domum rediisset
The father asked whether his son had returned home.

Exercise 12.4

Translate the following sentences. In each of them underline the indirect question clause

1 Quīntus omnēs rogābat num parentēs suōs vīdissent.
2 nēmō scīvit ubi essent.
3 Gāium rogāvit quandō parentēs Beneventō profectī essent.
4 Gāius nescīvit utrum Quīntī pater Capuae mānsisset an Rōmam prōcēderet.
5 Quīntus dēspērāns sē rogāvit quid facere dēbēret.

Exercise 12.5

Translate into Latin
1 Quintus asked Gaius whether he had seen his parents.
2 Gaius did not know where his parents were.
3 Quintus asked Gaius where he was going and what he wished to do.
4 Marcus told Quintus how he had escaped from the battle and what he had done.
5 Marcus asked me whether I was willing to help him.

QUINTUS ROMAM REDIT

Quīntus iter, quod abhinc decem annōs cum patre tam celeriter fēcerat, iam lentissimē faciēbat. in omnī oppidō multōs diēs manēbat ut parentēs quaereret; interdum cīvibus Venusīnīs occurrit in viā, quōs ānxiē rogābat dē parentibus, sed nēmō eī dīcere poterat ubi essent quid-ve eīs accidisset.

interdum from time to time

-ve or

ōlim, cum Capuam accēderet, colōnō occurrit sibi nōtō; Gāius erat, quōcum ad lūdum Flāviī cotīdiē ībat. hic plaustrum dūcēbat quod trahēbant duo bovēs; plēnum erat bonīs omnis modī. super haec sedēbant Gāiī uxor duoque parvī puerī.

colōnō peasant

plaustrum wagon
bovēs oxen
bonīs goods
omnis modī of every kind

Quīntus accurrēbat Gāiumque salūtāvit; manum eius comprehendit et 'quid agis, Gāī?' inquit; 'tū quoque agrōs perdidistī familiamque in exsilium dūcis?' ille, cum Quīntī vultum propius īnspexisset, 'dī immortālēs,' inquit, 'Quīntus es. nōn tē vīdī ex quō Rōmam cum patre profectus es abhinc decem annōs. vix tē agnōvī. sed quid agis? cūr iter Capuam facis? parentēs-ne quaeris?' Quīntus omnia exposuit

quid agis? how are you?

ex quō since

agnōvī recognised

Gāiumque rogāvit num parentēs vīdisset.

ille, paulum morātus, 'Quīnte,' inquit, 'hoc scīre
dēbēs. omnia in Italiā ēversa sunt; nec iūs nec lēgēs
valent. multī in tumultibus mortuī sunt, multī
discessērunt. ego nesciō ubi iam sint parentēs tuī. cum
decemvirī nōs ex agrīs expulissent, Flaccus Scintillaque
nōbīscum Venusiā profectī sunt, sed cum Beneventum
advēnissēmus, nōs ibi paulum morātī sumus, quod
colōnus quīdam argentum mihi dedit ut sē
adiuvārem. illī autem Capuam prōcessērunt. eō igitur sī
festīnāveris, forsitan eōs in oppidō inveniās.'

Quīntus eī grātiās ēgit; 'tū prīmus, Gāī,' inquit,
'spem mihi praebuistī. ego vōs Capuam comitābor; dē
temporibus meliōribus loquēmur cēnamque ūnā
sūmēmus.' Gāius bovēs excitāvit, lentēque
prōcēdēbant dē suā pueritiā loquentēs. cum ad
oppidum advēnissent, Quīntus eōs in tabernam dūxit,
ubi omnēs laetī cēnāvērunt.

postrīdiē Quīntus Gāium familiamque ad portās
comitātus valēre iussit. 'valēte, cārī amīcī,' inquit;
'gaudeō quod amīcīs tam veteribus occurrī. dī vōs
cōnservent fortūnamque meliōrem vōbīs praestent. ego
Capuae manēbō ut parentēs ubīque quaeram.' haec
locūtus sē vertit rediitque in oppidum.

decem diēs Quīntus Capuae mānsit parentēs
quaerēns, sed nihil prōfēcit. nēmō enim eī dīcere
poterat quid parentibus accidisset; nēmō eōs in oppidō
vīderat. tandem Capuā trīstis discessit viamque iniit
quae Rōmam ferēbat.

iter labōriōsum tandem cōnfēcit. quamquam in viā
semper dīligentissimē quaesīverat, nihil dē parentibus
cognōverat. nunc, cum ad portās Rōmae advēnisset,
omnem spem dēposuit. prope viam cōnsēdit, omnīnō
cōnfectus, lacrimīs per genās cadentibus. mox dormīvit.

in somnō deus Apollō vīsus est eī adstāre; lyram in
manibus ferēbat vultūque benignō eum aspexit.
'Quīnte,' inquit, 'mē audī. parentēs numquam posthāc
vidēbis; nōlī fātō repugnāre. tempus est novum cursum
vītae inīre. tū dēbēs mihi servīre Mūsīsque. bonō animō
estō. ego tē cūrābō.' haec locūtus Apollō lyram Quīntō
trādidit; quō factō ēvānuit. Quīntus experrēctus est
animō cōnfirmātō; surrēxit urbemque statim iniit.

paucīs post diēbus cum forum trānsīret, iuvenis
quīdam eum vocāvit. sē vertit et Marcum vīdit ad sē
accurrentem. ille Quīntum amplexus, 'salvē, Quīnte,'
inquit; 'quid agis? tandem ergō Rōmam rediistī. venī

eversa turned upside down
tumultibus riots

forsitan perhaps

comitābor will accompany
ūnā together

dī cōnservent may the gods
preserve
praestent may they give

prōfēcit achieved

cōnfectus worn out
genās cheeks
adstāre to appear
lyram a lyre
posthāc after this
repugnāre fight against
servīre (+ dative) to serve
bonō animō estō be of good
cheer
ēvānuit disappeared
experrēctus woke up
cōnfirmātō strengthened
amplexus embracing
ergō and so

119

mēcum et omnia nārrā quae tibi accidērunt postquam
Philippīs victī sumus.'

Quīntum domum dūxit et, cum in hortō sedērent
vīnum bibentes, 'age, Quīnte, dīc mihi quid tibi
acciderit.' Quīntus cum omnia Marcō nārrāvisset, 'et
tū,' inquit, 'quid tū fēcistī post proelium?'

ille 'ego' inquit 'facile ē proeliō effūgī, quod equō
celerī vehēbār. prīmum ad amīcōs quōsdam cōnfūgī quī
in Thessaliā habitant diūque apud eōs manēbam.
tandem cōnstituī Sextō Pompēiō mē iungere, quī, ut
vidēbātur, prō rēpūblicā ac lībertāte adhūc certābat. | **certābat** was fighting
amīcī mē ad lītus comitātī magistrō nāvis | **comitātī** having accompanied
commendāvērunt quī volēbat mē ad Pompēium dūcere. | **commendāvērunt** recommended
ad Siciliam igitur nāvigāvī, ubi Pompēium convēnī. ille
mihi in exercitum acceptō imperium dedit. aliquamdiū | **aliquamdiū** for some time
Pompēiō dūce mīlitābam. at ille homō īnsulsus mihi | **īnsulsus** silly
vidēbātur, quī nihil rempūblicam cūrābat nec quicquam | **quicquam** anything
petēbat nisi suam glōriam. | **nisi** except

'cum igitur Octāviānus clēmentiam prōmīsisset eīs | **clēmentiam** clemency, mercy
quī ad Italiam regressī veniam petīvissent, ego, | **veniam** pardon
Pompēiō relictō, in Italiam parvā lintre clam trānsiī. | **lintre** boat
epistolam ad Octāviānum mīsī ut veniam peterem | **clam** secretly
auxiliumque eī offerrem. ille benignum mihi sē
praebuit; patris enim meī memoriam colēbat. mē
Rōmam arcessīvit iussitque magistrātum petere. iam | **magistrātum petere** to stand for (political) office
quaestor aerāriī factus sum. sed tū, quid tū in animō | **aerāriī** of the treasury
facere habēs?'

Quīntus 'nesciō' inquit; 'carmina compōnō sed nōn
possum pānem sīc comparāre.' ille paullum tacēbat;
deinde 'Quīnte,' inquit, 'mē audī; cōnsilium optimum

habeō. vīsne mē adiuvāre? vīsne scrība aerāriī fierī?
officia nōn gravia sunt et satis pecūniae accipiēs. age,
Quīnte, auxilium tuum petō. sī crās ad aerārium
secundā hōrā vēneris, tē scrībam creābō.'

Quīntus summā laetitiā affectus 'ō amīce
cārissime,' inquit, 'maximās grātiās tibi dēbeō. tū mihi
spem novam praebuistī. mihi valdē placet tē in aerāriō
adiuvāre. crās prīmā lūce aderō ut nova officia ineam.'
Marcum valēre iussit domumque festīnāvit ut sē
parāret.

postrīdiē, cum māne surrēxisset, Quīntus prīmā
lūce aerāriō adfuit. līmen timidē trānsiit sed ā scrībā
prīncipālī benignē exceptus est, quī eī exposuit quid
facere dēbēret. Quīntī officia, sīcut Marcus dīxerat,
levia erant; tabellās pūblicās cūrāre dēbuit; saepe
magistrātūs līctōrēs ad aerārium mittēbant ut scrībās dē
rē quādam pūblicā rogārent; Quīntus tabellīs īnspectīs
respōnsum ad magistrātum remittēbat. cotīdiē prīmā
lūce aerāriō aderat; merīdiē negōtiīs cōnfectīs domum
redībat.

Quīntus iam satis pecūniae accipiēbat ut modicē
vīveret, satis ōtiī fruēbātur ut carmina compōneret. sīc
duōs annōs tranquillus perēgit; multa carmina iam
composuerat, quae amīcīs ostendēbat; illī carmina
laudābant; fāma ēius lātius mānābat.

ex hīs carminibus ūnum hīc adscrībimus, in quō
vītam colōnī rūsticī laudat:

beātus ille, quī procul negōtiīs,
  ut prīsca gēns mortālium,

paterna rūra bōbus exercet suīs,
  solūtus omnī faenore.

neque excitātur classicō mīles trucī
  neque horret īrātum mare,

forumque vītat et superba cīvium
  potentiōrum līmina.

aut in reductā valle mūgientium
  prōspectat errantēs gregēs,

scrība secretary
fierī to become

creābō I shall appoint

placet it pleases

māne early
prīncipālī chief
exceptus est was greeted, welcomed
exposuit explained
tabellās pūblicās the public records
līctōrēs attendants
respōnsum reply

modicē modestly
fruēbātur enjoyed
perēgit passed
fāma ēius his reputation
mānābat spread

colōnī rūsticī a country peasant
beātus ille blessed is he
ut like
prīsca gēns the ancient race
paterna rūra his ancestral farm
bōbus with oxen
faenore debt
mīles as a soldier
classicō trucī by the savage trumpet
horret tembles at
vītat avoids
potentiōrum over-powerful
reductā valle far-off valley
mūgientium lowing (cattle)
gregēs herds

aut pressa pūrīs mella condit amphorīs
    aut tondet īnfirmās ovēs.

libet iacēre modo sub antīquā īlice,
    modo in tenācī grāmine.

lābuntur altīs interim rīvīs aquae,
    queruntur in silvīs avēs,

fontēsque lymphīs obstrepunt mānantibus,
    somnōs quod invītet levēs.

mella honey
condit stores
amphorīs in jars
tondet shears
īnfirmās weak
libet he loves to
modo ... modo now ... now
īlice holm-oak
tenācī grāmine clinging grass
rīvīs streams
lymphīs with water
obstrepunt murmur
mānantibus trickling
quod which

A pastoral scene.

NB In verse adjectives are often separated from the nouns they agree
with, e.g. (in l.3) **bōbus ... suīs** with his oxen; (in l.5) **classicō ... trucī**
the savage trumpet. You must therefore pay very close attention to
word endings to see which word agrees with which; apart from this,
the Latin of this poem is easier than the stories you have been reading.
Notice that the whole poem so far is between inverted commas; what
does this tell you?
The poem ends:

haec ubi locūtus faenerātor Alfius,
    iam iam futūrus rūsticus,

omnem redēgit Idibus pecūniam,
    quaerit Kalendīs pōnere.

locūtus supply **est**
faenerātor money-lender
iam iam always
redēgit called in
Idibus on the Ides
quaerit plans
Kalendīs on the first of the month
pōnere to lend (it) out

How does this ending alter your reading of the first part
of the poem?
What sort of man do you suppose Alfius was?

122

V

excitō (1)	I stir up, excite	**pūrus-a-um**	pure
dēsīderō (1)	I long for, miss	**antīquus-a-um**	old
accidit, accidere, accidit	it happens	**levis, leve**	light
arcessō, arcessere,	I summon	**mortālis, mortāle**	mortal
arcessīvī, arcessītus		**immortālis,**	immortal
cōnfugiō, cōnfugere,	I take refuge,	**immortāle**	
cōnfūgī	flee to		
effugiō, effugere, effūgī	I flee from, escape	**satis** + genitive	enough
solvō, solvere, solvī,	I free, loose; I pay	**satis pecūniae**	enough money
solūtus		**cotīdiē**	every day
sūmō, sūmere, sūmpsī,	I take	**postrīdiē**	the next day
sūmptus		**merīdiēs, merīdiēī,** *m.*	midday
vehō, vehere, vēxī, vectus	I carry		
equō vehor	I am carried by,	**abhinc** + accusative	ago
	I ride a horse	**abhinc trēs annōs**	three years ago
		apud + accusative	at the house of,
moror, morārī, morātus	I delay, stay		with
lābor, lābī, lāpsus	I slip, glide		
queror, querī, questus	I complain	**deus, deī,** *m.*	god
		deus in the singular declines regularly;	
pecūnia, pecūniae, *f.*	money	in the plural it goes as follows	
exsilium, exsiliī, *n.*	exile		
fātum, fātī, *n.*	fate	*nom.*	deī/dī
officium, officiī, *n.*	duty	*acc.*	deōs
ōtium, ōtiī, *n.*	leisure	*gen.*	deōrum/deum
negōtium, negōtiī, *n.*	business	*dat.*	deīs/dīs
līmen, līminis, *n.*	threshold	*abl.*	deīs/dīs
caedes, caedis, *f.*	slaughter		

Exercise 12.6

Translate the first two paragraphs. Answer the questions on the last two paragraphs without translating

ōlim, cum Quīntus in aerāriō labōrāret, senātor quīdam
ingressus eum magnā vōce arcessīvit. Quīntus, negōtiīs
occupātus, non statim ad eum accurrit. ille, vir obēsus   **obēsus** fat
ac arrogāns, querebātur, quod Quīntus nōn statim,   **arrogāns** arrogant
negōtiīs relictīs, ad eum respondit. ille 'festīnā, scrība,'
inquit; 'nōlī morārī. ego nōn possum tē tōtum diem
exspectāre.'

    Quīntus, cum negōtium cōnfēcisset, ad senātōrem
festīnāvit et 'salvē, mī senātor,' inquit; 'ignōsce mihi.
valdē occupātus sum. quid vīs?' ille Quīntum malignē   **malignē** malignantly
īnspiciēns rogāvit quis esset et quō patre nātus esset.
ille 'mihi nōmen, mī senātor,' inquit, 'est Quīntus

The **tabulārium** (the Public Record Office) at Rome.

Horātius Flaccus. pater meus, quī Venusiae habitābat, mortuus est.'

    hōc audītō ille Quīntum indiviōsē īnspexit. 'ergō tū es ille iuvenis impudēns,' inquit, 'quī carmina frīgida scrībis. nōnne pater tuus lībertus erat? et tū, lībertī fīlius, tribūnus mīlitum factus es in Brūtī exercitū? nōn mīrum est quod Brūtus victus est, sī fīliōs lībertōrum tribūnōs facere coāctus est.'

    ad haec Quīntus nihil respondit sed senātōrem iterum rogāvit quid vellet. ille 'nōlō,' inquit, 'cum lībertī fīliō rem agere. vocā alium scrībam.' Quīntus alium scrībam arcessīvit quī cum senātōre rem ageret; ipse in tabulārium recessit, īrātus quod sīc contemptus erat sed laetus quod ē tālis virī manibus ēvāserat.

invidiōsē spitefully
ergō and so
impudēns shameless
frīgida boring
mīrum surprising

rem agere to do business

tabulārium record office
contemptus erat he had been despised

1 How does the senator show his contempt for Quintus in these two paragraphs? What is the main reason for this contempt?
2 How does Quintus react to this behaviour?

3 How does Quintus escape from the senator's clutches? How did he feel about the incident?

4 Judging from the passage as a whole, describe the character of the senator.

5 Rewrite the ablative absolute **hōc audītō** (l.15) as a clause after **cum**.

6 Express as a direct question: **(rogāvit) quid vellet**.

7 Express as an indirect command after '**senātor iussit**': **vocā alium scrībam**.

8 Give one English word derived from each of the following and show the meaning of the English word by writing a sentence in English using the word correctly: **invidiōsē** (l.15), **iuvenis** (l.16), **fīliōs** (l.19), **vocā** (l.23), **manibus** (l.26).

LATIN POETRY

You have now sampled an extract of poetry by Horace for the first time. It will seem to you very different from the English poetry you have read and it may help if we explain how Latin poetry developed and where Horace stands in this poetic tradition.

The Romans were slow starters as far as literature was concerned. For the first 500 years of their history they produced nothing which we would recognize as poetry; only a few hymns, charms and spells survive. Here is a specimen, a lullaby:

lalla, lalla, lalla;

ī, aut dormī aut lactā.

It is not unattractive but hardly ranks as poetry.

It was not until they came under the influence of the Greek writers that Roman literature got off the ground. We have seen in Part 1 that in Orbilius's school Quintus had to struggle through the poems of Livius Andronicus. He was a Greek slave and founded the Latin literary tradition by translating Homer's *Odyssey* and Greek tragedies and comedies into Latin (about 240 BC). These two forms of literature, epic and drama, were developed by a succession of Roman writers over the next 200 years.

Tragedies and comedies were performed at the festivals which occurred at regular intervals throughout the year. Rome produced at least one really great dramatist, Plautus (254–184 BC). Twenty-one comedies out of his works survive. Even now they are sometimes performed and are still very funny, containing a large element of knock-about farce and a splendid gallery of characters. Ennius was another writer for whom the Romans, including Virgil, had great respect. He lived from 239 to 169 BC, and has been called 'the father of Roman poetry'. He wrote an epic on the history of Rome and tragedies and comedies.

The Roman tradition from its start was limited to forms of poetry intended for public performance. Poetry was not considered a vehicle for the expression of personal feelings, which is what most of us expect of poetry now. Catullus (*c.*84–54 BC) was the first great writer to use poetry to express his feelings on every subject which occurred to him, from the trivial to the profound. You will read some of his poems in Part 3. He is the first love poet in Roman literature and the first whom we may call a 'lyric' poet. He too found his inspiration in Greek models when he broke with the old Roman tradition of epic and drama. He was influenced both by the early Greek lyric poets (seventh century BC) and even more by the highly sophisticated Greek poets who founded a new tradition in Alexandria 400 years later. Neither he nor the other great Roman poets imitated Greek models slavishly. He and the circle of young poets he wrote for, the 'poētae novī', as Cicero contemptuously called them, were highly original. They found in the Greek poets they looked back to an inspiration which freed them from the old Roman tradition, and enabled them to produce an intensely personal type of poetry.

Horace, disregarding Catullus's achievement, claims to be the first Roman poet to have 'naturalized' Greek lyric poetry (see Chapter 20). Lyric poetry originally meant poetry sung to the accompaniment of the lyre, which was not unlike our guitar. The early Greek lyric poets had literally sung their poems on love and war and wine to their friends, often after dinner parties. Horace uses the metres of these poets, and many of the same themes, but he lived 600 years later in very different conditions. His poems were intended to be read in private rather than sung to friends on particular occasions, and in this respect they are much more like modern poetry. Moreover, a continuous literary tradition had intervened, of which Horace himself and his readers were acutely conscious. He too was much influenced by the Alexandrian writers.

Horace called his lyric poetry '*Carmina*' (you will read one in the next chapter). He also wrote two books of what he called '*Sermōnēs*' (Conversation pieces). These belong to a genre (or type) of literature called satire, the only genre which the Romans invented themselves. In satire, writers in prose or verse, or a mixture of both, laugh at the follies and vices of mankind. Horace is highly original in the *Sermōnēs*, often laughing at himself as well as others (as in the satire about the bore, Chapter 16). He also wrote letters to his friends in verse (Epistles); in Chapter 18 there is an extract from an Epistle to Maecenas.

We have mentioned epic (long narrative poems on elevated themes), drama, lyric, satire, epistles. There is one other genre of poetry which completes the list – didactic. Didactic poems aim to teach their readers something. The earliest surviving didactic poem is by a Greek called Hesiod, who lived about the same time as Homer. He wrote about farming. Virgil says that Hesiod's poem was the model for his *Georgics*, the poem on farming of which you will read an extract in the next chapter. The first Roman didactic poem was written by a contemporary of Catullus, called Lucretius, who wrote an amazing poem in six books on 'The Nature of the Universe' (*dē Rērum Nātūrā*), in which he gives a scientific exposition of Epicurus's philosophy. Horace himself wrote a didactic poem on 'The Art of Poetry'.

All subsequent European poetry belongs to one of these six genres and it is hard to think of any great English poet who does not owe a great debt to the Graeco-Roman tradition. In Part 3 you will be reading some epic (Virgil), lyric (Catullus) and also a form which is closely akin to lyric called elegiac (Catullus and Ovid).

❷ Name one or more English poets who wrote poems in the following genres and name the poems concerned: epic, drama, lyric, satire.

❷ If you were a poet, what sort of subjects would you choose to write about?

CHAPTER XIII

Quīntus, cum aerāriō discessisset et domum reditūrus esset, Pompēium cōnspexit.

Quīntus accurrit eumque salūtāvit. 'Pompēī,' inquit, 'quid agis? dīc mihi ubi fuerīs et quid fēcerīs et quid iam factūrus sīs?'

G The future participle

Quīntus nāvem invēnit quae in Italiam profectūra erat
Quintus found a ship which was <u>about to set out</u> to Italy.

Quīntus amīcum salūtātūrus erat
Quintus was <u>about to greet</u> his friend.

The future participle is active in meaning.

1st conjugation	2nd conjugation	3rd conjugation	4th conjugation	sum
amā-tūrus-a-um	**moni-tūrus-a-um**	**rēc-tūrus-a-um**	**audī-tūrus-a-um**	**fu-tūrus**
about to love	about to warn	about to rule	about to hear	about to be

Compare and contrast the past participle passive

amātus-a-um	**monitus-a-um**	**rēctus-a-um**	**audītus-a-um**
having been loved	having been warned	having been ruled	having been heard

Exercise 13.1

*Form the future participle of the
following verbs*
pugnō, habeō, dīcō, impediō, capiō,
loquor, reddō, moror, patior, ingredior

Exercise 13.2

Translate

1 lēgātus legiōnis moritūrus Quīntum iussit sē relinquere.
2 nūllam nāvem in portū invenīre potuimus quae illō diē ad Italiam nāvigātūra erat.
3 Rōmam profectūrī amīcōs valēre iussimus.
4 cum domum redīrem, parentēs servum ēmissūrī erant ut mē quaereret.
5 gladiātōrēs, in pugnam initūrī, dīcēbant: 'nōs moritūrī tē salūtāmus.'

Exercise 13.3

Translate into Latin

1 Hurry, friends; the ship is about to leave harbour.
2 Look! The ship has already left. What are we going to do?
3 I am going to look for another ship.
4 We are going to return home.
5 Who is going to tell our parents what we are doing?

G Indirect questions (continued)

rogō quid faciās
I ask what you are doing.

rogāvī quid facerēs
I asked what you were doing.

rogō quid fēcerīs
I asked what you did.

rogāvī quid fēcissēs
I asked what you had done.

rogō quid factūrus sīs
I ask what you are going to do.

rogāvī quid factūrus essēs
I asked what you were going to do.

NB 1 **rogō quid fēcerīs.** The sense requires the *perfect subjunctive*, which you must now learn.

Perfect subjunctive

active

Take the perfect stem and add endings
-erim, **-erīs**, **-erit**, **-erīmus**, **-erītis**, **-erint**
(These endings are the same as for the future perfect indicative, except for **-erim**.)

1 **amāv-**	*2* **monu-**	*3* **rēx-**	*4* **audīv-**	*5* **fu-**
amāverim	**monuerim**, etc.	**rēxerim**, etc.	**audīverim**, etc.	**fuerim**, etc.
amāverīs				
amāverit				
amāverīmus				
amāverītis				
amaverint				

passive

Take the past participle passive and add the present subjunctive of
sum

1 **amātus sim**   *2* **monitus sim**   *3* **rēctus sim**   *4* **audītus sim**

NB 2 Indirect questions may refer to future time; a future subjunctive
is supplied by the future participle + the subjunctive of **sum** (present:
sim, sīs, sit, or imperfect: **essem, essēs, esset**, as required by the sense.
See examples above.)

Exercise 13.4

Translate

1 Quīntus Pompēium rogat quid post proelium fēcerit et quid iam
  factūrus sit.
2 Pompēius nārrāvit quōmodo ē proeliō effūgisset.
3 Quīntus Pompēium rogāvit num ad cēnam venīre vellet.
4 Pompēius eum rogat quandō cēna futūra sit.
5 Pompēius nescīvit quid Octāviānus sibi dictūrus esset.
6 Quīntus eum rogat quōmodo ab Octāviānō acceptus sit.
7 Quīntus, cum domum rediisset, servōs rogāvit num corōnae factae
  essent.
8 Pompēius cognōscere voluit quot puellās Quīntus ad cēnam
  vocātūrus esset.
9 dīc mihi, fīlī, cūr domum sērō redierīs.
10 nihil-ne respondēs? iterum tē comitēsque rogō ubi fuerītis et quid
  fēcerītis.
11 nōlī īrāscī, pater. nesciō quandō lūdō discesserīmus, sed magister
  nōs sērō dīmīsit.
12 dum domum contendō, amīcīs in viā occurrō, quī mē rogant quō
  eam.
13 illī mē dūcunt ad forum ut cognōscāmus num quid novī sit. **quid novī** any news
14 cum cognōvissēmus quid accideret, domum festīnāvimus; ecce,
  tibi adsumus.

Exercise 13.5

Translate into Latin

1 The boy asked his father when he
  would set out for Rome.
2 I do not know whether we will set out
  from home today.
3 Do you know when you will return
  home?
4 Father did not know how many days
  he would stay in Rome.
5 Ask your mother why she has not yet
  prepared supper.

QUINTUS AMICIS VETERIBUS OCCURRIT

diē quōdam Quīntus, cum aerāriō discessisset, ad
campum ambulābat ut iuvenēs spectāret sē exercentēs.
vēr aderat; diēs amoenus erat; sōl fulgēbat; avēs in
arboribus querēbantur; flōrēs erant prope viam
plūrimī. Quīntus tabernam intrāvit ut aliquid vīnī
biberet. sub arbore sedēbat vīnum sūmptūrus, ubi
iuvenis ad eum accessit quī eum agnōscere vīsus est. ille
'salvē, Quīnte,' inquit; 'nōnne mē agnōscis? ego
Pūblius Vergilius sum, quōcum Puteolōs nāvigāvistī
abhinc annōs quīnque; ego Neāpolim itūrus eram, tū
Athēnās. nōnne meministi?'

    Quīntus statim Pūblium agnōvit; 'ita vērō,' inquit,
'tuī bene meminī. iam carmina compōnis. ego ea lēgī.
optima sunt; tua carmina valdē admīror.'

    Pūblius eī arrīsit. 'gaudeō,' inquit, 'quod tū mea
carmina probās. sed tū quoque carmina facis. amīcus
quīdam ea mihi ostendit. valdē facēta sunt. sine dubiō
poēta īnsignis futūrus es. diū igitur tē quaerēbam; nunc
tē invēnī. sed quid hodiē factūrus es? an ōtiōsus es?
vīsne, amīce, mēcum domum venīre? ibi amīcō meō
occurrēs, nōmine Variō, quī ipse poēta est. poterimus
dē poēticā colloquī. praetereā velim novum poēma tibi
ostendere, quod nūper incēpī.'

    Quīntus dēlectātus est quod Pūblius amīcitiam
suam petēbat. laetus cum Pūbliō domum ēius
contendit, ubi Varium invēnit. ad multam noctem
collocūtī, disserēbant quid de novō statū rērum
sentīrent et quālia carmina temporibus convenīrent.

    Pūblius Quīntō poēma ostendit, quod nūper
incēperat. dē rē rūsticā scrībēbat labōribusque
agricolārum. Quīntus hōs versūs in prīmīs admīrātus
est, in quibus Virgilius locum graviter tractābat quem
ipse iocōsē tractāverat in carmine dē Alfiō scrīptō:

*The passage in brackets is a prose paraphrase of the
poetry:*

    (ō agricolās nimium fortūnātōs, sī sua bona nōrint,
    quibus tellūs ipsa iūstissima procul discordibus
    armīs vīctum facilem humō fundit. sī domus alta

---

amoenus fine
fulgēbat was shining

meministī (+ gen.) you remember
ita vērō yes of course

arrīsit smiled at
probās approve of
facēta witty

ōtiōsus at leisure

poēticā poetry
praetereā moreover
velim I should like
nūper lately

ad multam noctem late into the night
disserēbant they discussed
statū rērum state of affairs (politics)
convenīrent (+ dative) suited
in prīmīs especially
locum theme
tractābat was treating
iocōsē jokingly

agricolās: accusative of exclamation
nimium fortūnātōs too happy!
sī nōrint if they knew
tellūs earth
procul discordibus armīs far from clashing arms
vīctum living, livelihood
humō from the ground

superbīs foribus undam ingentem māne
salūtantum tōtīs aedibus nōn vomit, . . . at sēcūra
quiēs et nescia fallere vīta, dīves opum variārum,
at lātīs fundīs ōtia, mūgītūsque boum, mollēsque
sub arbore somnī nōn absunt.)

ō fortūnātōs nimium, sua sī bona nōrint,
agricolās, quibus ipsa procul discordibus armīs
fundit humō facilem vīctum iūstissima tellūs.
sī nōn ingentem foribus domus alta superbīs
māne salūtantum tōtīs vomit aedibus undam, . . .
at sēcūra quiēs et nescia fallere vīta,
dīves opum variārum, at lātīs ōtia fundīs,
mūgītūsque boum, mollēsque sub arbore somnī
nōn absunt.

A pastoral landscape by Claude Lorraine (1645)

alta superbīs foribus high with its proud doors
māne salūtantum of early-morning callers
tōtīs aedibus from every nook and cranny of the house
vomit spews out
at yet; **sēcūra** free from care
nescia fallere not knowing deceit
dīves opum variārum rich in all kinds of gifts
lātīs fundīs on broad estates
mūgītūs lowing; **mollēs** soft
nōn absunt goes with the whole passage. All these things 'are not absent', i.e. the farmer has them.

tandem Quīntus eōs valēre iussit domumque laetus
rediit. numquam ex quō Rōmam advēnit tantopere sē
oblectāverat. ex eō tempore saepe Vergiliō occurrēbat;
amīcī intimī factī sunt. alter alterum dīligēbat, alter
carmina alterīus mīrābātur.
    paucīs post diēbus Quīntus alterī amīcō veterī in
forō occurrit. nam Pompēium cōnspexit ad Palātium
festīnantem. accurrit eumque salūtāvit. 'Pompēī,'
inquit, 'tandem in patriam revēnistī? gaudeō tē
incolumem vidēre. venī mēcum et aliquid vīnī sūme.
deinde mihi nārrābis ubi fuerīs et quid fēcerīs et quid
iam factūrus sīs.'

ex quō since
tantopere so much
sē oblectāverat had enjoyed himself
intimī very close
factī sunt they became
dīligēbat liked

Pompēius, manū ēius comprehēnsā, 'dī immortālēs,' inquit, 'Quīntus est. ō mē fortūnātum, quī Rōmam ingressus statim amīcō veterī cārōque occurrī!' tabernam ingressī vīnum cibumque poposcērunt. deinde, cum cōnsēdissent, Pompēius nārrāvit quid fēcisset et quid factūrus esset.

'cum Philippīs victī essēmus,' inquit, 'ego cum cēterīs ē campō effūgī. diū in montibus silvīsque mē cēlābam. tandem cōnstituī mē Sextō Pompēiō iungere bellumque prō rēpūblicā renovāre. cum ad mare pervēnissem, nāvem cōnscendī quae ad Siciliam profectūra erat.

'duōs annōs cum Sextō Pompēiō mīlitābam. sed ille dux pūtidus mihi vidēbātur, plānē pīrāta. numquam sē rogābat num factīs suīs patriae nocēret; nihil cūrābat nisi ut aurum argentumque sibi comparāret; nāvibus quae frūmentum in Italiam portābant oppugnātīs, tōtum populum ad famem redēgit. tandem, cum Octāviānus clēmentiam inimīcīs suīs prōmīsisset, ego ē castrīs ēlāpsus Pompēium relīquī. in Italiam regressus sum, ab Octāviānō veniam petītūrus.'

Quīntus 'euge,' inquit; 'gaudeō quod ad patriam revēnistī et rēctē sentīs dē rēpūblicā. Octāviānus sine dubiō veniam tibi dabit. nam valdē cupit omnēs inimīcōs sibi reconciliāre Italiamque in pācem et ōtium redūcere. sī modo Antōnium sibi reconciliāre possit! tum sint bella cōnfecta. sed dīc mihi, amīce, quid crās factūrus sīs. vīsne mēcum cēnāre? convīvium faciēmus ut reditum tuum celebrēmus.'

ille 'ego vērō, Quīnte,' inquit, 'valdē cupiō tēcum crās cēnāre. iam dēbeō ad Palātium festīnāre, quō Octāviānus mē arcessīvit. crās domum tuam septimā hōrā veniam. valē, amīce cārissime.'

Quīntus domum discessit ut omnia ad convīvium parāret. multōs amīcōs invītāvit omnēsque puellās pulchrās quās cognōverat. servōs iussit cibum vīnumque optimum comparāre; aliōs ēmīsit quī flōrēs carperent corōnāsque facerent.

postrīdiē, cum aerāriō discessisset, domum cucurrit, ubi omnia parāta invēnit. convīvium magnificum erat. omnēs convīvae gaudēbant Pompēium rūrsus vidēre, ille laetissimus erat, quod Octāviānus veniam eī dederat. omnēs admodum ēbriī factī sunt. Quīntus carmen composuit ut reditum amīcī celebrāret:

ō mē fortūnātum	o lucky me
campō	battle field
renovāre	to renew
pūtidus	rotten
plānē pīrāta	simply a pirate
nisi	except
redēgit	reduced
famem	starvation
clēmentiam	clemency
veniam	pardon
euge	good!
rēctē	rightly, sensibly
reconciliāre	to reconcile
sī modo	if only!
sint	would be
convīvium	a party
vērō	certainly
comparāre	to obtain
carperent	pick
corōnās	garlands
convīvae	guests
admodum ēbriī	rather drunk

Ode on the homecoming of Pompeius

Here first is a prose paraphrase.

O Pompei, saepe mēcum tempus in ultimum dēducte Brūtō mīlitiae duce, quis tē redōnāvit Quirītem dīs patriīs Italōque caelō, Pompei, prīme meōrum sodālium? cum quō saepe diem morantem merō frēgī, capillōs nitentēs mālobathrō Syriō corōnātus. tēcum Philippōs et celerem fugam sēnsī, parmulā nōn bene relictā, cum virtūs frācta est, et minācēs solum mentō turpe tetigērunt. sed Mercurius celer mē paventem per hostēs āëre dēnsō sustulit: tē unda in bellum rūrsus resorbēns fretīs aestuōsīs tulit. ergō Iovī redde dapem obligātam latusque (tuum) longā mīlitiā fessum sub laurū meā dēpōne, nec parce cadīs tibi dēstinātīs. . . . amīcō receptō dulce est mihi furere.

Pompei vocative case
tempus in ultimum into the last time, i.e. danger of death
Quirītem as a full Roman citizen
sodālium of my friends
morantem lingering
merō with wine
capillōs nitentēs shining hair
mālobathrō Syriō with Syrian perfume
corōnātus having crowned
parmulā shield
nōn bene not
well = dishonourably
minācēs those who had threatened (Antony)
solum the ground
mentō with their chins
turpe dishonourably
paventem trembling
āëre dēnsō in a thick mist
sustulit lifted
resorbēns sucking back
fretīs aestuōsīs on stormy seas
dapem obligātam the feast you vowed
laurū bay tree
cadīs (wine) jars
dēstinātīs which I've marked out
furere to run riot

receptō dulce mihi furere est
amīcō.

Now read the original. Again, apart from vocabulary, the main difficulty is in word order. Notice that you must read by punctuation, not line by line; the sense may carry over from one line, or even one verse, to another.

O saepe mēcum tempus in ultimum
dēducte Brūtō mīlitiae duce,
   quis tē redōnāvit Quirītem
      dīs patriīs Italōque caelō,

Pompei, meōrum prīme sodālium?
cum quō morantem saepe diem merō
   frēgī, corōnātus nitentēs
      mālobathrō Syriō capillōs.

tēcum Philippōs et celerem fugam
sēnsī, relictā nōn bene parmulā,
   cum frācta virtūs, et minācēs
      turpe solum tetigēre mentō.

sed mē per hostēs Mercurius celer
dēnsō paventem sustulit āëre;
   tē rūrsus in bellum resorbēns
      unda fretīs tulit aestuōsīs.

ergō obligātam redde Iovī dapem
longāque fessum mīlitiā latus
   dēpōne sub laurū meā, nec
      parce cadīs tibi dēstinātīs. . . .

                  receptō
      dulce mihi furere est amīcō.

tetigēre = tetigērunt

sed mē per hostēs Mercurius celer
dēnsō paventem sustulit āëre.

Questions on this poem

1 'quis tē redōnāvit?' Horace does not answer this question; can you
   suggest an answer?
2 'morantem': why is this word used to describe the day? How did
   they fill their time?
3 How does Horace belittle his own performance in the battle?
4 You read in Chapter 11 of Quintus's escape from Philippi. In what
   terms does he here describe his escape? Why do you think he puts it
   like this?
5 What image is used to describe Pompeius's fortunes after Philippi?
   How appropriate is it?
6 'obligātam Iovī dapem': explain what is meant by this phrase.
7 What is Horace's invitation to Pompeius in the fifth verse?
8 What feelings towards Pompeius does Horace convey in the poem
   as a whole?

V   NB   From now on regular verbs of the 1st, 2nd and 4th conjugations are given with only their conjugation number, e.g. **dēlectō** (1). Nouns of the 1st, 2nd and 4th declensions: genitives are given in abbreviated form, e.g. **puella, -ae,** *f.*; **dominus, -ī,** *m.*

dēlectō (1)	I delight, please
dōnō (1)	I give
dōnum, -ī, *n.*	gift
redōnō (1)	I give back
portō (1)	I carry
noceō (2) + dative	I hurt, harm
agnōscō, agnōscere, agnōvī,	I recognise
agnitus	
poscō, poscere, poposcī	I demand
sūmō, sūmere, sūmpsī,	I take
sūmptus	
tangō, tangere, tetigī, tāctus	I touch
sentiō, sentīre, sēnsī, sēnsus	I feel, perceive
mīror (1)	I wonder at, admire
admīror (1)	I wonder at, admire
colloquor, colloquī,	I talk with, converse
collocūtus	
ēlābor, ēlābī, ēlāpsus	I slip away
amīcitia, -ae, *f.*	friendship
frūmentum, -ī, *n.*	corn
avis, avis, *f.*	bird
latus, lateris, *n.*	side
mīles, mīlitis, *m.*	soldier
mīlitō (1)	I campaign, serve as a soldier
mīlitia, -ae, *f.*	military service, army
mīlitāris-e	military

vēr, vēris, *n.*	spring
reditus, -ūs, *m.*	return
īnsignis-e	distinguished, outstanding
quālis, quāle?	what sort of
rūrsus	again
alter, altera, alterum	one or the other (of two)
uterque, utraque, utrumque	each (of two)

Exercise 13.6

What is the meaning of the following pairs of verbs and nouns

accūsō (1)	accūsātiō, accūsātiōnis, *f.*	ērumpō (3)	ēruptiō
ōrō (1)	ōrātiō	agō (3)	āctiō
hortor (1)	hortātiō	prōdō (3)	prōditiō
nāvigō (1)	nāvigātiō	mūniō (4)	mūnītiō
contendō (3)	contentiō	quaerō (3)	quaestiō

Exercise 13.7

Translate the first paragraph. Answer the questions on the passage without translating

Quīntus cotīdiē ante lūcem surgēbat ut prīmā hōrā aerāriō adesset. merīdiē, negōtiīs cōnfectīs, per forum errābat ut amīcīs occurreret. modo, cum sōl fulgēbat, ad campum ībat ut iuvenēs spectāret sē exercentēs, modo in tabernā sedēbat vīnum bibēns et cum amīcīs colloquēns. septimā hōrā ad balnea plērumque ībat, ubi sē lavābat aliīsque amīcīs occurrēbat. deinde domum regressus cēnam modicam sūmpsit. post cēnam aut librum legēbat aut carmen scrībēbat.

    interdum amīcōs ad cēnam vocāvit. ad multam noctem colloquēbantur, disserentēs quid dē rēpūblicā sentīrent, quās puellās adamāvissent, quae carmina scrīptūrī essent. tandem, cum amīcī discessissent, Quīntus dormītum ībat, valdē contentus. 'haec est vīta,' sibi inquit, 'eōrum quī solūtī sunt ambitiōne miserā gravīque. sīc laetius vīctūrus sum quam eī quī honōrēs petunt.'

modo ... modo at one time ... at another
fulgēret shone

plērumque usually

aliquandō from time to time
ad multam noctem till late at night
disserentēs discussing
adamāvissent they had fallen in love with
dormītum to bed
ambitiōne from ambition
vīctūrus: future participle of **vīvo**

1 What did Quintus usually do after dinner?
2 Sometimes he gave a dinner party. What did he and his guests talk about?
3 What does he say about this way of life? With what sort of life does he contrast his own? Do you sympathise with his attitude to life?
4 In what case are the following, and why; **rēpūblicā** (l.11), **haec** (l.14), **honōrēs** (l.16).
5 Express **negōtiīs cōnfectīs** (l.2) as a clause after **cum**.
6 Give the first person singular of the present indicative of: **colloquēbantur, discessissent, ībat**.
7 Why are **adesset** (l.2) and **sentīrent** (l.12) in the subjunctive (name the constructions).
8 Give one example each from the second paragraph of: a present participle; a future participle; a reflexive pronoun.
9 Give one English word derived from each of the following: **noctem, scrīptūrī, dormītum**.

BOOKS

When we talk about a book in the Roman world, we generally mean a papyrus roll. The papyrus reed is rare today but used to grow abundantly on the banks of the Nile.

Cut the pith of the papyrus stem into strips and put them side by side horizontally. Wet the layer you have formed with water and add a little glue. Place another set of strips on top of this at right angles to it. Press the two layers together. Allow to dry.

You now have a sheet on which you can write. Next join several of these together, smoothing down the joints carefully, and you have a continuous strip of papyrus. Smooth down the whole surface with pumice; otherwise the ink will blot. All you need to turn it into a book is a pair of cylindrical wooden rollers, preferably with ornamental knobs on, which you fix to each end left and right.

Now it can be written on. You, your secretary or one of your slaves must pick up a pen (either a pointed reed or a sharpened goose quill such as was used until the nineteenth century) and dip it in ink, a black substance made of soot and glue and then diluted. You write

Writing materials

from left to right in columns about thirty-five letters wide. You write in capital letters with no word division and little punctuation. Your first task, if you are reading a book, is **ēmendāre** (to correct errors) and **distinguere** (to separate words and punctuate). The papyrus can be as long or as short as you like, but in Horace's day the average length of a book of papyrus was 700 to 900 lines. Presumably this was considered a reasonable size for a scroll.

A papyrus fragment

Now at last you can read your book. You pick up the rollers one in each hand. As you read, you roll it up with your left hand and unroll it with your right. (It is called a **volūmen** from **volvō** = I turn or roll.)

If you are a considerate person, when you have finished the book, you will re-roll it, since the next reader cannot start on it until the beginning is outwards again.

You now have the problem of storing the book. You either lay it on a shelf or put it in a cylindrical box, first having made sure that a strip of parchment giving the title is stuck to it. This will either hang down from the shelf or stick out from the box, depending on your method of storage. It is extremely likely to come off. There will be serious difficulty in consulting documents. You can't simply flick through a book as you can today. And you may soon run out of space. Livy's *History of Rome*, for instance, was written in 142 books! There are further dangers in your library. Your books may become damp and rot, or insects may get at them and eat them.

If you wish to re-use a papyrus scroll, a damp sponge will wipe away the ink. The emperor Caligula is said to have forced bad poets to lick out their work with their tongues!

Schoolboys and adults who wanted to jot down short notes would write not on papyrus but on wax tablets. These consisted of two or more wooden-framed rectangles with waxen inner sections. The frames were tied to each other with leather thongs. You wrote on the wax with a thin pointed stick (a **stilus**). Later you could rub out the writing using the round or flat head of the **stilus**. Lovers found these tablets a highly convenient method of communication. Can you suggest why?

There was no real distinction between the roles of publisher and bookseller in the Roman world. Many scribes would be employed as copyists in the large number of book shops at Rome. If they were dealing with a best-seller, the text would be dictated to a group of scribes and the book would be mass-produced. Cicero's friend Atticus was a famous publisher, running a factory with many slaves who were well trained in all aspects of book production, including making last-minute changes at the author's request.

Wealthy Romans like Cicero had excellent private libraries, and in Horace's day the first public libraries opened in Rome. In the fourth century AD there were twenty-nine public libraries in the city. Libraries were available even in the baths for the pleasure of the bathers.

? What were the main difficulties which faced a reader in the Roman world?

? Compare book production in the modern world with that practised in Horace's day.

(a) puerī malī sunt.
(b) magister parentibus dīcit puerōs malōs esse.

(a) puerī librōs abiēcērunt.
(b) magister parentibus dīcit puerōs librōs abiēcisse.

(a) puerī domum remissī sunt.
(b) magister parentibus dīcit puerōs domum remissōs esse.

(a) magister puerōs pūniet.
(b) magister parentibus dīcit sē puerōs pūnītūrum esse.

G Indirect statement

Direct statement

The boys are calling their mother   **puerī mātrem vocant**.

Indirect statement

Father says that the boys are calling their mother   **pater dīcit puerōs mātrem vocāre**.

Latin always uses the *accusative* and *infinitive* to express indirect statement, as in English 'I believe him to be sensible' (**crēdō eum prūdentem esse**). English would more often say 'I believe that he is sensible'; Latin must say

v + s acc.   c.   inf.

crēdō eum prūdentem esse. (Notice how we analyse this.)

The boys called their mother   **puerī mātrem vocāvērunt**.

Father says that the boys called their mother   **pater dīcit puerōs mātrem <u>vocāvisse</u>**.   (*perfect infinitive active*)

Father thinks that the boys will call their mother   **pater putat puerōs mātrem <u>vocātūrōs esse</u>**.   (*future infinitive active*)

Indirect statement requires the use of the perfect and future infinitives. Learn them now.

Infinitives

perfect active

perfect stem	*1* amāv-	*2* monu-	*3* rēx-	*4* audīv-	fu-
perfect infinitive	amāv-isse	monu-isse	rēx-isse	audīv-isse	fu-isse

perfect passive

The perfect passive participle + **esse**

1 amātus esse   *2* monitus esse   *3* rēctus esse   *4* audītus esse
Remember that the perfect participle declines like **bonus-a-um** and must agree with the noun or pronoun it refers to, e.g.

cōnsul dīxit nūnti<u>um</u> ad urbem miss<u>um</u> esse
The consul said that a messenger had been sent to the city.

pater dīcit puerōs domum miss<u>ōs</u> esse
Father says that the boys have been sent home.

future active

The future participle + **esse**

1 amātūrus esse   *2* monitūrus esse   *3* rēctūrus esse   *4* audītūrus esse   futūrus esse

pater dīcit mātr<u>em</u> puerōs domum miss<u>ūram</u> esse
Father says that the mother will send the boys home.

Exercise 14.1

Analyse and translate, e.g.

s   v   acc.   o   inf.

puer dīcit patrem auxilium missūrum esse. The boy says that father will send help.

1 senex dīcit parentēs Quīntī abiisse.

2 senex dīcit multōs hominēs ex agrīs expulsōs esse.

3 Quīntus cognōscit parentēs in oppidō nōn esse.

4 Quīntus nōn putat patrem familiam Rōmam ductūrum esse.

5 Quīntus spērat parentēs epistolam missūrōs esse.

Exercise 14.2

Put the verbs in brackets into the correct form of the infinitive and translate

1 magister putat puerōs dīligenter (labōrō).

2 puerī spērant magistrum mox sē (dīmittō). **sē** them

3 puer patrī dīcit magistrum sē herī (laudō). **sē** him **herī** yesterday

4 puerī dīcunt puellās iam domum (mittō).

5 puellae spērant puerōs mox (redeō).

G Indirect statement (continued)

1 In English, if the main verb is past, the verb in the indirect statement is past, but Latin always puts the infinitive in the tense of the original words:

pater dīcit puerōs mātrem vocāre
Father says that the boys are calling their mother.

pater dīxit puerōs mātrem vocāre
Father said that the boys were calling their mother.

pater dīxit puerōs mātrem vocāvisse
Father said that the boys had called their mother.

pater putāvit puerōs mātrem vocātūrōs esse
Father thought that the boys would call their mother.

2 We here set out all the infinitives, active and passive, of the four conjugations and **sum**. Revise them carefully.

Infinitives

active			*passive*		
present	*perfect*	*future*	*present*	*perfect*	*future*
amāre	amāvisse	amātūrus esse	amārī	amātus esse	(amātum īrī)
monēre	monuisse	monitūrus esse	monērī	monitus esse	(monitum īrī)
regere	rēxisse	rēctūrus esse	regī	rēctus esse	(rēctum īrī)
audīre	audīvisse	audītūrus esse	audīrī	audītus esse	(audītum īrī)
esse	fuisse	futūrus esse/fore			

(The future passive infinitive is rare and may be omitted.)

3 sē (him, them) and **suus** (his own, their own) are used in indirect speech to refer to the subject of the leading verb, e.g.

puer dīxit sē dīligenter labōrāre
The boy said that <u>he</u> was working hard.

puer dīxit magistrum sibi praemium datūrum esse
The boy said that the master would give <u>him</u> a prize.

puer dīxit sē suam tabulam perdidisse
The boy said that <u>he</u> had lost <u>his own</u> tablet.

puerī dīxērunt magistrum <u>sē</u> laudāvisse
The boys said that the master had praised <u>them</u>.
dīxērunt eum praemium <u>sibi</u> datūrum esse
They said that he would give <u>them</u> a prize.

Exercise 14.3

Analyse and translate
1 pater dīxit sē fīliōs ad urbem ductūrum esse.
2 puerī dīxērunt sē lūdere velle.
3 māter dīxit sē fīliam ad fontem mīsisse.
4 fīlia patrī dīxit sē ad fontem ā mātre mittī.
5 putābat sē tantam aquam nōn ferre posse.

Exercise 14.4

In the following sentences put the verbs in brackets into the correct form of the infinitive and translate
1 Pūblius Quīntō dīxit sē carmen dē agricolārum labōribus (scrībō).
2 Pompēius dīxit sē cum cēterīs ē proeliō (effugiō).
3 dīxit sē Octāviānum veniam mox (rogō). **veniam** pardon
4 Quīntus domum regressus cognōvit omnia ā servīs (parō).
5 Quīntus putābat convīvās nimis vīnī (bibō). **convīvās** guests

Exercise 14.5

Put the following sentences into indirect speech after 'puer dīxit', e.g.
domum redeō: puer dīxit sē domum redīre The boy said that he was returning home.
1 ad lūdum sērō advēnī.
2 magister īrātus fuit.
3 domum remissus sum.
4 ad lūdum nōn redībō.
5 magister asinus est.

QUINTUS MAECENATI COMMENDATUR

paucīs post mēnsibus Quīntus in hortō sedēbat carmen meditāns. subitō irrūpit Pūblius, valdē commōtus. Quīntus surrēxit. 'Pūblī,' inquit, 'quid agis? cūr tam commōtus es?' Pūblius, Quīntum amplexus 'ō Quīnte,' inquit, 'venī mēcum. Maecēnās cupit tē vidēre.' ille 'quid dīcis?' inquit. 'Maecēnās mē vidēre cupit?' Pūblius 'ita vērō,' inquit, 'tē iam exspectat. ego Variusque eī dīximus quid essēs. dīximus tē optima carmina compōnere; carmina quaedam eī recitāvimus.'

Maecēnās erat vir valdē īnsignis, vetus amīcus Octāviānī, quī eum semper cōnsulēbat dē rēbus maximī

mēnsibus months
meditāns composing

amplexus embracing

quid what (sort of person)
recitāvimus we read

cōnsulēbat consulted

mōmentī; dīves erat atque nōbilis, quī dīcēbat sē
rēgibus Etrūscīs ortum esse; honōrēs numquam
petīverat sed, quamquam eques erat prīvātus, plūs in
rēpūblicā pollēbat quam ferē quisquam alius. Mūsās
colēbat atque litterīs dīligenter studēbat. multōs poētās
adiūverat; nōnnūllōs in numerum amīcōrum ascīverat,
inter quōs erant Vergilius atque Varius.

    Pūblius Quīntum celeriter dūxit ad aedēs
Maecēnātis. cum iānuam pulsāvisset, iānitor aperuit
eōsque in tablīnum dūxit, ubi Maecēnās eōs
exspectābat. ille ad mēnsam sedēbat librum legēns.
surrēxit eōsque salūtāvit. Quīntus valdē mīrātus est.

maximī mōmentī of the
greatest importance

honōrēs office

pollēbat was powerful

ferē quisquam almost anyone

Mūsās the Muses, i.e. the arts

nōnnūllōs some

ascīverat had received

aedēs house

tablīnum study

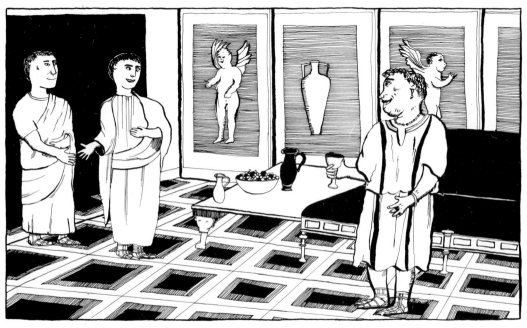

Maecēnās surrēxit eōsque salūtāvit.

Maecēnās nōn vīsus est superbus esse nec sibi placēre;
vir brevī statūrā erat atque obēsus; non togam gerēbat
sed tunicam solūtam; multōs ānulōs in digitīs habēbat.

    Pūblius Quīntum eī commendāvit. 'Maecēnās,'
inquit, 'velim tibi commendāre amīcum meum,
Quīntum Horātium Flaccum. poēta est facētus, ut tibi
dīxī, et doctus.' Maecēnās Quīntum vultū benignō
īnspiciēns 'salvē, Horātī,' inquit. 'Vergilius Variusque
mihi multa dē tē dīxērunt. iamdūdum tē vidēre cupiō.
age, dīc mihi aliquid dē parentibus tuīs tuōque cursū
vītae.'

    Quīntus verēcundus erat. pudor animum eius

sibi placēre to be pleased with
himself

brevī statūrā of short stature

obēsus fat

solūtam loose; **ānulōs** rings

commendāvit introduced

velim I should like

facētus witty

iamdūdum for a long time

verēcundus shy

pudor modesty

superāvit. vix fārī poterat. pauca tamen verba singultim
locūtus, nōn dīxit sē clārō patre nātum esse nec sē
dīvitem esse, sed quod erat nārrāvit. ille pauca
respondit; tum 'iam dēbeō ad negōtia redīre. quam
molestum est semper rēpūblicā occupātum esse! certē
mālim tua carmina audīre, sed Octāviānus mē ad
Palātium arcessīvit. valē, Quīnte. iterum aliquandō, ut
spērō, conveniēmus.'

    Quīntus domum abiit; dolēbat quod sibi dēfuisset
et sē indignum amīcitiā tantī virī praebuisset. octō
mēnsēs praeteriērunt. nihil dē Maecēnāte audīvit.
putābat sē Maecēnātī nōn placuisse; Vergilius dīcēbat
Maecēnātem eum dīlēxisse et carmina eius probāre;
negōtiīs occupātum esse; diū Rōmā abesse; sine dubiō
Quīntum revocātūrum esse. Quīntus Vergiliō crēdere
nōn poterat. Apollinis monitūs memor, fātō nōn
repugnābat sed officia dīligenter efficiēbat et carmina
scrībēbat.

    sed nōnō mēnse Maecēnās, sīcut Vergilius dīxerat,
Quīntum revocāvit iussitque in numerō amīcōrum esse.
Quīntus ipse sīc dēscrībit quōmodo ā Maecēnāte
prīmum exceptus esset: in hōc poēmate dīcit
Maecēnātem nōbilem esse sed nōn sē contemnere,
quod lībertīnō patre nātus sit. 'plērīque' inquit 'ignōtōs
contemnunt. sī quis honōrēs petit, quaerere solent quō
patre sit nātus, num ignōta māter sit ...

       nunc ad mē redeō lībertīnō patre nātum,
       quem rōdunt omnēs lībertīnō patre nātum,
       nunc quia sim tibi, Maecēnās, convīctor; at olim
       quod mihi pārēret legiō Rōmāna tribūnō. ....
                 fēlīcem dīcere nōn hōc
       mē possim, cāsū quod tē sortītus amīcum;
       nūlla etenim mihi tē fors obtulit; optimus ōlim
       Vergilius, post hunc Varius, dīxēre quid essem.
       ut vēnī cōram, singultim pauca locūtus,
       īnfāns namque pudor prohibēbat plūra profārī,
       nōn ego mē clārō nātum patre. ....
       sed quod eram nārrō. respondēs, ut tuus est mōs,
       pauca; abeō; et revocās nōnō post mēnse iubēsque
       esse in amīcōrum numerō. magnum hoc ego dūcō
       quod placuī tibi, quī turpī sēcernis honestum,
       non patre praeclārō sed vītā et pectore pūrō.
         addit haec:
       sī bonum ingenium habeō. ....
       causa fuit pater hīs, quī macrō pauper agellō,

Glossary

fārī to speak
singultim haltingly
sē that he
quod erat what he really was
quam molestum how boring
certē mālim I should certainly prefer
aliquandō once

sibi dēfuisset had let himself down

praeteriērunt passed by

dīlēxisse had liked
probāre approved of
esse, abesse, etc.: they are infinitives as they are part of what Virgil says
memor (+ gen.) remembering

dēscrībit describes

sē him (Quintus)
plērīque most people
ignōtōs unknown men
sī quis if anyone
solent are accustomed

rōdunt disparage, run down
convīctor friend
at but

fēlīcem ... possim I could not say that I was lucky in this
sortītus (sum) I won you
fors (f.) chance
dīxēre = dīxērunt
cōram into your presence
namque = nam
īnfāns dumb
profārī from saying
magnum a great thing
dūcō I consider
sēcernis distinguish
praeclārō famous

ingenium character
macrō agellō with a tiny farm

nōluit in Flāvī lūdum mē mittere, magnī
quō puerī magnīs ē centuriōnibus ortī,
ībant. . .

sed puerum est ausus Rōmam portāre, docendum
artēs quās doceat quīvīs eques atque senātor
sēmet prōgnātōs.

Quīntus patrem semper laudābat grātiāsque eī
agēbat. cum amīcus esset multīs virīs īnsignibus atque
ipsī imperātōrī, patris tamen eum numquam
paenitēbat.

ex eō tempore Quīntus saepe ad Maecēnātis aedēs
ībat; semper benignē exceptus est. multīs poētīs,
multīs virīs īnsignibus ibi occurrēbat, multīs virīs doctīs.
nēmō Quīntum illīc rōdēbat quod pater lībertus fuerat;
aliī dītiōrēs erant, aliī doctiōrēs, aliī in rēpūblicā
īnsigniōrēs; ūnus quisque tamen suum locum habēbat;
omnēs Quīntum colēbant, quod poēta erat Vergiliīque
amīcus. Quīntus et Maecēnātī et Vergiliō plūrimās
grātiās ēgit; dīxit sē semper grātissimum futūrum esse;
numquam laetiōrem fuisse. crēdēbat Apollinem rē vērā
sē cūrāre.

puerum (mē) as a boy
ausus est he dared
docendum to be taught
quīvīs any
sēmet prōgnātōs his own children
imperātōrī the emperor
eum paenitēbat he was ashamed of

rōdēbat disparaged
dītiōrēs richer
quisque each

grātissimum most grateful

v

cēlō (1)	I hide	**fors, fortis**, *f.*	chance
doleō (2)	I grieve	**forte**	by chance
excipiō, excipere, excēpī,		**gēns, gentis**, *f.*	tribe, people
exceptus	I receive, welcome	**cāsus, cāsūs**, *m.*	fall, chance
contemnō, contemnere,		**honestus-a-um**	honourable, good
contempsī, contemptus	I despise	**indignus-a-um**	unworthy
rumpō, rumpere, rūpī,	I burst	**prīvātus-a-um**	private
ruptus		**pūrus-a-um**	pure
irrumpō, etc.	I burst in	**turpis-e**	disgraceful
ērumpō, etc.	I burst out	**quia**	because
tollō, tollere, sustulī,		**ut** + indicative	as, when
sublātus	I lift up, raise; I destroy	**sīcut**	just as
nāscor, nāscī, nātus	I am born	**ac, atque**	and
nātus-a-um	born, old,		
e.g. **vīgintī annōs nātus**	20 years old		
orior, orīrī, ortus	I arise, spring from		
dēsum, dēesse, dēfuī +	I fail		
dative			
toga, -ae, *f.*	toga		
tergum, -ī, *n.*	back		
pectus, pectoris, *n.*	heart		

G 'ut' with the indicative

Note carefully that **ut** with the
subjunctive = in order that (purpose
clauses), but **ut** + the indicative = as *or*
when.

Exercise 14.6

Translate

1 Rōmam ībimus ut cōnsulem videāmus.
2 tē crās in forō vidēbō, ut spērō.
3 Maecēnās vir benignus est, ut omnēs dīcunt.
4 Vergilius Quīntum dūxit ut Maecēnātem vīseret.
5 Quīntus, ut tibi iam dīxī, carmina compōnit.
6 Maecēnās Rōmā discessit ut negōtia cōnficeret.
7 nōnō post mēnse, ut Vergilius dīxerat, Quīntum revocāvit.
8 ut Maecēnās Quīntum revocāvit, eum in numerō amīcōrum esse iussit.
9 epistolam vōbīs mittimus ut omnia dē hāc rē cognōscātis.
10 epistolam mox accipiētis, ut spērāmus.

Exercise 14.7

Answer the questions below this passage

diē quōdam Maecēnās Quīntum arcessīvit. dīxit sē Athēnās ab Octāviānō mittī ut Antōniō occurreret eumque Octāviānō reconciliāret. 'vīsne tū,' inquit, 'nōbīscum Brundisium venīre? Vergilius aderit et Varius aliīque amīcī. ego negōtia quaedam in urbe cōnficere dēbeō. proficīscar tertiō diē. tibi comitibusque Anxure occurrēmus.'

reconciliāret win over, reconcile

Anxure at Anxur (a town on the route)
libenter gladly

Quīntus respondit sē libenter iter factūrum esse, abiitque ut sē parāret. prīmum ad Vergilium festīnāvit ut eum rogāret quandō profectūrus esset; ille respondit sē statim proficīscī cum Variō; sē Quīntum vīsūrum esse Sinuessae. addidit Hēliodōrum, quī Quīntum rhētoricam ōlim docuerat, velle iter facere sed nōndum parātum esse proficīscī.

Sinuessae at Sinuessa
addidit he added that
nōndum not yet

Quīntus igitur, cum Vergilium valēre iussisset, ad aedēs Hēliodōrī cucurrit, quī dīxit sē libenter cum Quīntō posterō diē profectūrum esse.

1 Translate the first paragraph.
2 Without translating, answer the following questions on the second and third paragraphs:
(a) How did Quintus respond to Maecenas' invitation?
(b) Why could he not go with Virgil?
(c) Whom did Virgil suggest he went with? Where had Quintus met him before? Why didn't *he* go with Virgil?
(d) When were Quintus and his companion to set out?
(e) Express in direct speech: 'sē libenter iter factūrum esse'.
(f) Give one example each from this passage of: a direct question; an indirect question; a purpose clause; a deponent verb; a present passive infinitive.

MAECENAS

A Roman garden

Caius Cilnius Maecenas was a key figure in the history of these times. He was probably a few years older than Octavian, born into an equestrian family descended from the Etruscan king Lars Porsenna.

We have no idea how he came to know Octavian. He must have become his trusted friend by 40 BC, for in that year Octavian asked him to negotiate his first marriage, to Scribonia, sister-in-law of Sextus Pompeius.

Maecenas showed his diplomatic skills in this same year when he helped to bring about the Peace of Brundisium between Antony and Octavian (see Chapter 11). The peace was confirmed by the marriage of Antony to Octavian's sister Octavia, but this proved an unfortunate match. Antony soon deserted Octavia, hypnotized by the charms of the Egyptian queen Cleopatra.

Maecenas continued to act as a diplomat on Octavian's behalf throughout the next decade. As you can see from this chapter and the next, he tried again to bring about peace between Octavian and Antony in 38 BC. Horace says that it was his custom to reconcile quarrelling friends.

But it was not just in personal relationships that he proved helpful to Octavian. He was a shrewd statesman and resolute leader, and when Octavian went abroad, he left Maecenas behind as his substitute to administer not only Rome but the whole of Italy. He performed this task well. Octavian valued his advice highly, and it is said that it was Maecenas who advised him not to restore the republic but to keep power in his hands. Maecenas had learned the lesson that the republic could no longer exist without the constant danger of civil war.

The services to Octavian which we have mentioned make it clear that he was a remarkable man. And yet it is not for these reasons that his name is still so famous. When we call someone a 'Maecenas', we mean that he is a great patron of the arts, and this Maecenas undoubtedly was. He gathered around himself some of the most talented poets the world has ever known. He encouraged and supported the genius of such men as Virgil and Horace*, and helped to bring out their gifts, but he also tactfully persuaded them to write in support of Octavian and to suggest that he was bringing a new Golden Age to Rome.

Octavian too was very interested in literature. He was a friend of the poets of Maecenas's circle, he carefully wrote out his own speeches and letters, and he produced many works in prose and some in verse. He frequently attended poetry readings.

Maecenas was an extremely wealthy man. He had a splendid house high on the Esquiline Hill. His tastes were wildly extravagant. He delighted in silks, gems and perfumes – and good food: he tried to introduce the flesh of young donkeys on to Roman menus! He loved the theatre and the ballet, wrote bad verses, and introduced heated swimming baths to Rome.

His civilizing influence was remarkable. The story goes that Octavian was once sitting on the tribunal sentencing numbers of people to death. Maecenas was present but could not get near him because of the crowd. So he wrote upon his tablets, 'Rise, hangman!' and threw them into Octavian's lap.

Octavian immediately left the judgement seat.

❓ Octavian started work on a tragedy about the Greek hero Ajax, who committed suicide by falling on his sword. When asked how he was getting on with the play, he replied, 'Ajax has fallen on my sponge.' What do you think he meant by that?

❓ Maecenas has been called Octavian's Minister of Propaganda. What do you understand by 'propaganda', and do you think Maecenas deserved the title?

*The Varius mentioned in our story was a writer of epic poetry and tragedy.

CHAPTER XV

magister, 'sedēte, puerī,' inquit, 'et tacēte.' (magister puerīs imperat ut sedeant et taceant.)

magister, 'Quīnte,' inquit, 'fer mihi tuam tabulam.' (magister Quīntum rogat ut tabulam sibi ferat.)

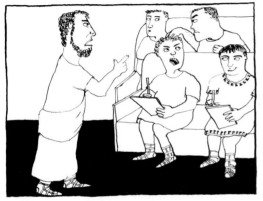

magister, 'Decime,' inquit, 'nōlī Gāium vexāre; dīligenter labōrā.' (magister Decimō imperāvit nē Gāium vexāret; dīligenter labōrāret.)

Quīntus 'magister,' inquit, 'vīs-ne tū nōs dīmittere?' (Quīntus magistrō persuāsit ut sē dīmitteret.)

QUINTUS BRUNDISIUM ITER FACIT

Quīntus Hēliodōrusque Rōmā māne ēgressī Arīciam contendunt. postrīdiē vespere Forum Appī adveniunt. ibi cōnstituunt lintrem cōnscendere ut dormīre possint, dum mūla lintrem per canālem trahit. Horātius ipse iter dēscrībit hīs versibus:

> ēgressum magnā mē accēpit Arīcia Rōmā
> hospitiō modicō: rhētor comes Hēliodōrus,
> Graecōrum longē doctissimus; inde Forum Appī,

māne early

lintrem barge
mūla a mule
canālem canal

NB **magnā Rōmā:** ablative
Arīcia: nom. subject
hospitiō modicō in a modest inn

151

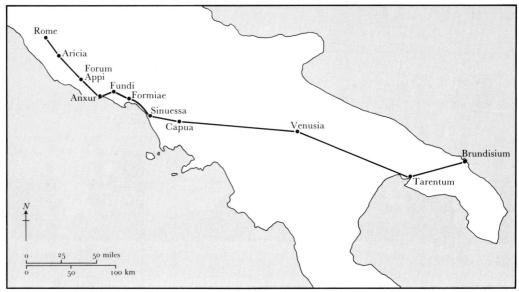

The Journey to Brundisium

differtum nautīs, caupōnibus atque malignīs.
hīc ego propter aquam, quod erat dēterrima, ventrī
indīcō bellum, cēnantēs haud animō aequō
exspectāns comitēs. iam nox indūcere terrīs
umbrās et caelō diffundere signa parābat.
tum puerī nautīs, puerīs convīcia nautae
ingerere. 'hūc appelle!' 'trecentōs īnseris; ōhē
iam satis est!' dum aes exigitur, dum mūla ligātur,
tōta abit hōra. malī culicēs rānaeque palūstrēs
āvertunt somnōs, absentem ut cantat amīcam
multā prōlūtus vappā nauta atque viātor
certātim: tandem fessus dormīre viātor
incipit, ac missae pāstum retinācula mūlae
nauta piger saxō religat stertitque supīnus.
iamque diēs aderat, nīl cum prōcēdere lintrem

differtum filled with
malignīs mean
dēterrima very bad
ventrī indīcō bellum I declare war on my stomach
haud animō aequō anxiously
umbrās shadows, darkness
diffundere to scatter
signa the constellations, stars
convīcia insults
ingerere began to hurl
appelle bring (the boat) in
īnseris you are cramming in
aes exigitur the fare is collected
ligātur is roped on
culicēs mosquitoes
rānae frogs
palūstrēs marsh (frogs)
ut while
multā prōlūtus vappā soaked in bad wine, i.e. drunk
retinācula (*n.pl.*) the tether
missae pāstum sent to graze
piger lazy
religat ties
stertit snores
supīnus flat out

retinacula mūlae nauta piger
saxō religat.

152

sentīmūs, dōnec cerebrōsus prōsilit ūnus
ac mūlae nautaeque caput lumbōsque salignō
fūste dolat. quārtā vix dēmum expōnimur hōrā.
ōra manūsque tuā lavimus, Fērōnia, lymphā.
mīlia tum prānsī tria rēpimus atque subīmus
impositum saxīs lātē candentibus Anxur.
hūc ventūrus erat Maecēnās optimus atque
Cocceius, missī magnīs dē rēbus uterque
lēgātī, āversōs solitī compōnere amīcōs.

inde cum Maecēnāte comitibusque laetī prōcēdunt
posterōque diē Sinuessam adveniunt:
> postera lūx oritur multō grātissima; namque
> Plōtius et Varius Sinuessae Vergiliusque
> occurrunt.

longum iter atque molestum eōs adhūc manēbat.
Venusiam praeteriērunt; Quīntus montēs et flūmina
Apuliae trīstis spectābat, sed nōn poterat morārī ut
oppidum intrāret nec vērō domum veterem spectāre
volēbat. modo viīs pessimīs prōcēdēbant, modo
maximōs imbrēs patiēbantur. at tandem Brundisium
advēnērunt, itinere quīndecim diērum cōnfectō.
    proximō diē Quīntus Vergiliusque Maecēnātem ad
portum comitātī valēre iussērunt; ipsī Rōmam lentē
rediērunt. Maecēnās autem cum Cocceiō Athēnās
nāvigāvit, ubi Antōnium convēnit. rēs difficilis erat,
quod, quamquam duōbus ante annīs Octāviānus
Antōniusque foedus fēcerant, iam inimīcī iterum
fiēbant. dēbēbat Maecēnās, ut Horātius dīcit, 'āversōs
compōnere amīcōs.' tandem Maecēnās eī persuāsit ut
proximō annō ad Italiam regressus Octāviānum
convenīret.
    vēre ineunte Antōnius Tarentum nāvigāvit ubi
foedus cum Octāviānō renovāvit; vīgintī et centum
nāvibus Octāviānō trāditīs ad Orientem rediit.
Octāviānus autem proximō annō, maximā iam classe
coāctā, Sextum Pompēium in proeliō nāvālī vīcit
pācemque Italiae reddidit.
    Antōnius tamen, ad Orientem reversus, Octāviam,
uxōrem suam sorōremque Octāviānī, ad Italiam
remīsit; Cleopātram, Aegyptī rēgīnam, quam
adamāverat, ad Asiam arcessīvit.
    hōc audītō, Octāviānus valdē offēnsus erat. sorōre
sīc contemptā multum dolēbat. iam cognōverat sē
Antōniō cōnfīdere nōn posse. amīcī eum hortābantur
nē tantam iniūriam inultam relinqueret sed ad bellum

---

cerebrōsus hot-tempered
prōsilit jumps out
lumbōs backs
salignō fūste willow club
dolat whacks
dēmum at last
Fērōnia the goddess of Anxur
lymphā water
prānsī after breakfasting
rēpimus we crawled
subīmus we approached
lātē candentibus shining afar
āversōs (who had) fallen out
solitī accustomed to, used to
multō much
namque = nam
occurrunt = nōbīs occurrunt
molestum tiresome

vērō indeed
modo sometimes
imbrēs rain storms

comitātī having accompanied

foedus (n.) treaty

vēre ineunte at the beginning
of spring
renovāvit renewed
Orientem the East
coāctā having been assembled
nāvālī naval

adamāverat had fallen in love
with
offēnsus offended

iniūriam injury, insult
inultam unavenged

153

sē parāret.

sed prīmum Octāviānus dēbēbat omnēs ordinēs tōtumque populum Italiae sibi conciliāre. dum Antōnius cum Cleopātrā in Aegyptō cessat rempūblicamque neglegit, Octāviānus auctōritātem suam paulātim auget populumque ad sē trahit.

omnibus hostibus terrā marīque victīs, cīvēs tandem pāce et ōtiō fruēbantur; nūlla iam inopia erat frūmentī, nūllī tumultūs; rem suam quisque tranquillē agere poterat. Octāviānō maximās grātiās dēbēbant, quod haec effēcerat. ille in diēs potentior fiēbat. tandem parātus erat bellum in Antōnium īnferre.

conciliāre win over
cessat idles
auctōritātem authority
paulātim little by little

tumultūs riots
quisque each man
in diēs day by day
potentior more powerful

V

certō (1)	I struggle, compete
certāmen, certāminis, *n.*	struggle, competition
certātim	in rivalry
lavō, lavāre, lāvī, lautus	I wash
augeō, augēre, auxī, auctus	I increase
fundō, fundere, fūdī, fūsus	I pour
diffundō, diffundere, diffūdī, diffūsus	I scatter
neglegō, neglegere, neglēxī, neglēctus	I neglect
fīō, fierī, factus	I am made, I become
hortor (1)	I encourage
īrāscor, īrāscī, īrātus + dative	I grow angry (with)
patior, patī, passus	I suffer, I allow
fruor, fruī, frūctus + ablative	I enjoy
audeō, audēre, ausus*	I dare
gaudeō, gaudēre, gāvīsus*	I rejoice, am glad
soleō, solēre, solitus*	I am accustomed
cōnfīdō, cōnfīdere, cōnfīsus + dative*	I trust
hōra, hōrae, *f.*	hour
inopia, inopiae, *f.*	scarcity, shortage
umbra, umbrae, *f.*	shadows, darkness
lēgātus, lēgātī, *m.*	deputy, envoy
auctōritās, auctōritātis, *f.*	authority
ōrdō, ōrdinis, *m.*	order, rank, class
viātor, viātōris, *m.*	traveller
grātus-a-um	pleasing, thankful
nōndum	not yet
dōnec	until

*NB These verbs are semi-deponent, i.e. the tenses formed from the present stem are active in both form and meaning but their perfect participle and perfect tense are passive in form but active in meaning.

G Indirect command

Direct command	domum redī! me adiuvā!
Indirect command	magister puerō imperat ut domum redeat. senex puerum rogat ut sē adiuvet.

The construction is the same as that used for purpose
clauses – **ut**, or **nē** if negative, followed by the
subjunctive. The present subjunctive is used if the main
verb is present or future, the imperfect subjunctive if
the main verb is past

magister puerō imperat nē abeat.
pater fīliō imperāvit nē abīret.

NB English usually uses the infinitive – 'the master
orders the boy <u>to return</u> home'. Latin nearly always uses
ut/nē + subjunctive: **magister puerō imperat ut domum
redeat.**

Only **iubeō** (I order) and **vetō** (I forbid) are regularly
used with the infinitive.

Exercise 15.1

Analyse and translate
1 Quīntus Hēliodōrum rogat ut iter sēcum faciat.
2 Hēliodōrus Quīntō persuāsit ut prīmā hōrā proficīscerentur.
3 Hēliodōrus 'moneō tē,' inquit, 'nē hanc aquam bibās; dēterrima
   est.'
4 puerī nautās rogābant ut lintrem celeriter appellerent.
5 puerī nautās vetuērunt tot viātōrēs īnserere.
6 viātōre nautāque cantantibus, Hēliodōrus 'rogō vōs,' inquit, 'ne
   tantum clāmōrem faciātis. dormīre volumus.'
7 cum linter nōn prōcēderet, viātor nautam hortātus est ut mūlam
   excitāret.
8 cum tandem ad fīnem canālis advēnissent, nautam iussērunt sē
   expōnere.

Exercise 15.2

*Put the verbs in brackets into the correct
form of the subjunctive and translate*
1 Maecēnās Antōniō persuāsit ut foedus
   cum Octāviānō (facere).
2 Octāviānum rogābō ut mihi
   (ignōscere).
3 vōs moneō ut huic iuvenī (cōnfīdere).
4 dux mīlites hortātus est ut fortiter
   (pugnāre).
5 pater mē monuit nē in urbe (manēre).

Exercise 15.3

Translate into Latin
1 Quintus asked the old man to help him.
2 Maecenas ordered Quintus to go to Brundisium.
3 I told you to be brave and attack the enemy.
4 Octavian ordered Vergil to write about wars.
5 I advised him not to go to Brundisium.

Exercise 15.4

Translate
1 puellae nōn ausae sunt domum per umbrās redīre.
2 num umbrās verēminī? nōnne audētis domum nocte redīre?
3 tibi cōnfīsae viam statim inībimus.
4 gaudeō quod mihi cōnfīditis; perīcula subīre solitus, vōs domum dūcam.
5 puellae, cum domum incolumēs revēnissent, gāvīsae iuvenī grātiās ēgērunt.

NB Perfect participles of deponent (and semi-deponent) verbs often have to be translated as if they were present, e.g. **tibi cōnfīsus** having put my trust in you = trusting you; **perīcula veritus fūgī** fearing the dangers I fled.

Exercise 15.5

Translate the first paragraph. Answer the questions on the letter

cum Cicerō ā Graeciā ad Italiam redīret, scrība ēius Tīrō, quī malam aquam biberat, aeger factus est. necesse erat Cicerōnī Rōmam festīnāre. itaque Tīrōne in Graeciā relictō, ipse cum Marcō fīliō nāvem cōnscendit ut Brundisium nāvigāret. dē Tīrōne valdē ānxius erat; dum ille in Graeciā convalēscit, Cicerō ūndecim epistolās eī scrīpsit, in quibus identidem Tīrōnem rogat ut sē ad Italiam quam prīmum sequātur, sed eum hortātur ut omnem dīligentiam adhibeat ut convalēscat nēve temerē nāviget. Tīrō diū aeger erat; tandem, duōbus post mēnsibus rēctē valēbat Rōmamque rediit. hanc epistolam Cicerō scrīpsit simul ac Brundisium advēnit:

> Tullius Tīrōnī suō salūtem dat plūrimam.
> nōs eō diē cēnātī nāvem solvimus. inde ventō secundō, caelō serēnō, nocte illā et diē posterō in Italiam ad Hydruntem lūdibundī pervēnimus.

scrība secretary

identidem again and again
quam prīmum as soon as possible
adhibeat use
nēve and not to
temerē rashly
mēnsibus months

Tullius = Cicero
cēnātī after dinner
secundō favourable
Hydruntem Hydrūs, a port on the heel of Italy
lūdibundī playing, i.e. the voyage was easy

A Roman ship

eōdem ventō postrīdiē – id erat ante diem septimum Kalendās Decembrēs – hōrā quārtā Brundisium vēnimus. ante diem quīntum Kalendās Decembrēs servus Cn. Planciī tandem aliquandō mihi ā tē expectātissimam epistolam reddidit, datam Idibus Novembribus, quae mē molestiā valdē levāvit. Asclāpō medicus plānē cōnfirmat mox tē valentem fore.

a.d.vii. Kal. Dec. 25 November

Cn. Gnaeus
tandem aliquandō at long last
Id. Nov. 13 November
molestiā from my worry
levāvit relieved
Asclāpō medicus Doctor Asclapo

nunc quid tē horter ut omnem dīligentiam adhibeās ut convalēscās? tuam prūdentiam, temperantiam, amōrem ergā mē nōvī: sciō tē omnia factūrum esse ut nōbīscum quam prīmum sīs. sed nōlī properāre. hoc rogō, nē temerē nāvigēs – solent nautae festīnāre quaestūs suī causā; cautus sīs, mī Tīrō – mare magnum et difficile tibi restat. medicō dē tē scrīpsī dīligentissimē. valē, mī Tīrō, et salvē.

quid horter? why should I exhort you
temperantiam moderation
ergā mē towards me
properāre be hasty
quaestūs suī causā for their own profit
cautus sīs be careful
tibi restat awaits you

1 When did Cicero set sail? How long did the voyage to Brundisium take?
2 What were the conditions for the voyage like?
3 How long did Tiro's letter take to reach him? Which Latin words show you that Cicero thought this was a good deal too long?
4 The letter relieved Cicero. Why?
5 In his second paragraph Cicero makes it clear that he wants two things at once; what are they? In the end, which seems to be more important to him?

157

6 What worries does Cicero have about Tiro's prospective voyage, apart from his health?

7 What does the letter tell you about the relationship between Cicero and Tiro?

8 In what case is each of the following nouns in the second paragraph, and why: **nautae** (1.6); **mare** (1.7); **medicō** (1.8); **mī Tīrō** (1.9)?

9 From the last paragraph give one example each of: an indirect command; a purpose clause; an indirect statement.

TRAVEL

Quintus and Heliodorus set off along the queen of roads (**rēgīna viārum**), the Appian Way. This, the first of the great Roman roads, was planned by the blind Appius Claudius in 312 BC. Originally it went from Rome to Capua but fifty or so years later it was extended to Brundisium. You can still walk down its first ten miles, passing by many fine family tombs as you go.

In Horace's day, a network of major roads led to all parts of Italy. It would soon grow to cover the vast expanse of the empire. Roman legions – and Roman civilization – could move fast.

A Roman road

How did the Romans build their roads? First of all, they established a course for a section of the road. (In some places each of the sections was a mile long.) Their roads are famous for their straightness, especially in Britain and France. They took sightings from one high place to another or, in wooded or flat country, they lit

158

fires, the smoke from which served as a guide to the surveyors.

Once they had marked out the course, they dug a trench about a metre deep. Having beaten the earth hard flat, they crammed large stones together at the bottom. They set a layer of pebbles, sometimes binding them with cement on top of these; above the pebbles they laid sand. The upper layer could now be set on these firm foundations. If the road was not paved with stone, this might consist of gravel or small flints. Much would depend on what material was locally available.

The surfacing was given a fairly steep camber (of up to thirty cms. in 240 from the centre of the road to the edge) to assist drainage, and the water would usually run off into ditches dug at both sides. An embankment (**agger**) would be made where necessary, for example if a road had to be raised above a marsh. Roman roads were built to last – and last they did.

There were four ways of travelling by road. You walked. Or you rode a horse or a mule. Or you went in a wheeled vehicle. The commonest of these, the four-wheeled **raeda**, was not particularly

A raeda

quick. On his journey to Brundisium, Quintus covered only twenty-four miles on the day when he took one. The **cisium**, a light two-wheeled vehicle drawn by two horses, was not so comfortable but went much faster. If you changed horses, you could try to beat the record of 200 miles in twenty-four hours.

The fourth and most comfortable means of transport was the litter (**lectīca**), a portable couch with curtains, carried by up to eight slaves. This was used mostly for short journeys in town. It was slung on straps which passed over the bearers' shoulders. The straps were easily detachable in case you wanted to beat an incompetent bearer! **Lectīcae** were so comfortable that they could be used as ambulances.

There were hotels on the main routes. Quintus had no difficulty in finding a smallish one (**modicum hospitium**) in Aricia. But the grasping hotel keepers (**caupōnēs malignī**) whom he found in Forum Appi were typical of their kind. With any luck, a friend of yours would live on or near the road and you could stay the night with him.

Land travel had its problems, but most Romans preferred it to a sea voyage. For one thing, in most ships it was only safe to sail on the Mediterranean between March and November. Passengers would go to a harbour and ask if any ship was sailing to their destination or nearby. They would have to be prepared to travel on deck since the smaller ships had cabin space only for the captain and his mate. Even if they had to wait for suitable winds before they could set sail, once they were on the move they could travel extremely fast, up to 100 to 120 miles a day. It may have been this factor that caused Octavian to travel by sea whenever he could.

The speed of travel did not change much between Roman times and the last century when the steam engine was invented. You could travel by land no faster than a horse could go and the roads in the Roman empire were better than those in England until Victorian times. It took Horace just under a fortnight of admittedly rather leisurely travel to get from Rome to Brundisium (about 340 miles), which you can do comfortably in a day now. It took Cicero a day and two nights to sail from Corfu in Greece to Brundisium; the hydrofoil now takes three hours. Longer distances were formidable; it took Cicero the better part of three months to get from Rome to his province of Cilicia (Southern Turkey).

PS (**post scrīptum**) A Roman mile is slightly shorter than our mile. It is about 1.5 kms. (1665 yards) while ours is 1.6 kms. (1760 yards).

 Draw a cross-section of a Roman road.

 List the inventions which have made travel so much faster today. Do you think the world has gained or lost by the increasing speed and its consequences?

CHAPTER XVI

Maecēnās, Quīntō arcessītō, 'amīce,'
inquit, 'tibi ōtiō opus est et
tranquillitāte, ut carmina compōnās.'

Maecēnās Quīntum ad collēs Sabīnōs
dūxit ut fundum īnspiceret.

QUINTUS RUSTICUS FIT

intereā Quīntus Rōmae vītam contentus agēbat. officia
in aerāriō dīligenter efficiēbat; carmina multa iam
scrīpserat, quae nōnnunquam amīcis apud Maecēnātem
recitābat. fāma ēius lātius ferēbātur. plērīque ingenium
ēius laudābant; paucī, invidiā adductī, eum rōdēbant
dīcēbantque sē poētās mālle antīquōs. Vergilius eum
hortābātur nē sollicitārētur hōrum iūdiciō; negāvit
poētam ūllum omnibus placēre posse.

    Quīntus iam multīs cīvibus nōtus erat quōs ipse
nōn cognōverat; nōnnūllī eī invidēbant, aliī eum
cognōscere volēbant quod spērābant eum sē adiūtūrum
esse. fābulam nārrat dē molestō quōdam quī ōlim eum
diū persequēbātur:

    ībam forte Viā Sacrā, sīcut meus est mōs,
    nescioquid meditāns nūgārum, tōtus in illīs.
    accurrit quīdam nōtus mihi nōmine tantum
    arreptāque manū, 'quid agis, dulcissime rērum?'

contentus contented

recitābat he recited
plērīque most people
rōdēbant disparage

sollicitārētur be worried

molestō bore

nescioquid nūgārum some trifle
meditāns thinking over, composing
tōtus wholly absorbed
tantum only
dulcissime rērum you dear old thing

161

'suāviter, ut nunc est,' inquam, 'et cupiō omnia quae vīs.'
cum adsectārētur, 'num quid vīs?' occupō. at ille
'nōrīs nōs,' inquit; 'doctī sumus.' hīc ego, 'plūris
hōc,' inquam, 'mihi eris.' miserē discēdere quaerēns,
īre modo ōcius, interdum cōnsistere, in aurem
dīcere nescioquid puerō, cum sūdor ad īmōs
mānāret tālōs. 'ō tē, Bōlāne, cerebrī
fēlīcem!' aiēbam tacitus, cum quidlibet ille
garrīret, vīcōs, urbem laudāret. ut illī
nīl respondēbam, 'miserē cupis' inquit 'abīre.
iamdūdum videō: sed nīl agis; usque tenēbō
persequar hinc quō nunc iter est tibi.' 'nīl opus est tē
circumagī: quendam volo vīsere nōn tibi nōtum:
trāns Tiberim longē cubat is, prope Caesaris hortōs.'
'nīl habeō quod agam et nōn sum piger; usque sequar tē.'
dēmittō auriculās, ut inīquae mentis asellus,
cum gravius dorsō subiit onus.

suāviter	nicely
ut nunc est	at present
adsectārētur = adsequerētur	
occupō	I put in, say
nōrīs nōs	(I want) you to know me
hīc	at this point
plūris mihi eris	you will be worth more to me
hōc	for this
īre. . .cōnsistere. . .dīcere: are all infinitives for indicatives, i.e. I went, I stopped, etc.	
modo	sometimes
ōcius	quickly
interdum	at times
puerō	to my slave
sūdor	sweat
mānāret	was dripping
ad īmōs tālōs	right down to my ankles
ō tē, Bōlāne . . . fēlīcem	o Bolanus happy in your quick temper
aiēbam	I said
quidlibet	something or other
garrīret	was gabbling
vīcōs	streets
iamdūdum	for ages
nīl agis	you are getting nowhere
circumagī	to be taken out of your way
cubat	he is in bed (ill)
piger	lazy; **usque** the whole way
dēmittō auriculās	I put back my ears
inīquae mentis	bad-tempered
gravius	too heavy
dorsō	on its back

trāns Tiberim

molestus ille, sīcut dīxerat, Quīntum usque
sequēbātur. Quīntus cōnātus est eum dīmittere sed
nihil ēgit. mox ille cōnātur Quīntō persuādēre ut sē
Maecēnātī commendet. cum Quīntus negāvisset sē hoc
facere posse, ille nōn eī crēdidit.

eō ipsō tempore Quīntī amīcus quīdam eīs
occurrit. Quīntus eum libenter salūtāvit; signum eī dare
cōnātus est, oculōs distorquēns, ut sē ēriperet. at
amīcus, quī tōtam rem sēnsit, simulāvit sē nōn
intellegere; Quīntum valēre iussit; fūgit improbus
Quīntumque relīquit in manibus molestī.

commendet	introduce
libenter	gladly
distorquēns	rolling
ēriperet	rescue
improbus	the villain

Quīntus ad summam dēspērātiōnem adductus erat, cum quīdam molestī adversārius ad eum accurrit magnāque vōce clāmāvit, 'quō īs, turpissime? venī in iūs.' eumque in iūdicium rapuit. 'sīc' inquit Quīntus 'mē servāvit Apollō.'

adversārius opponent in a law case

diē quōdam Maecēnās Quīntum arcessīvit. Quīntus, cum advēnisset, statim ā iānitōre in tablīnum ductus est. Maecēnās sōlus erat. surrēxit Quīntōque arrīsit. 'Quīnte,' inquit, 'tē arcessīvī quod tibi rem magnī mōmentī dīcere volō. dōnum quoddam oblātūrus sum, quod tū nōn dēbēs recūsāre. iam poēta factus es īnsignis. tibi opus est tranquillitāte et ōtiō, ut carmina compōnās, negōtiīs strepitūque urbis solūtus. parvum fundum igitur tibi ēmī. trīgintā mīlia passuum Rōmā abest, in collibus Sabīnīs situs. revenī crās tertiā hōrā ut eō simul eāmus fundumque īnspiciāmus.'

tablīnum study

magnī mōmentī of great importance
oblātūrus going to offer
recūsāre refuse
strepitū din
fundum farm

Quīntus vix sibi crēdere poterat. semper fundum optāverat sed vix spērābat sē unquam dominum rūris futūrum. postrīdiē cum prīmā hōrā convēnissent, Maecēnās Quīntusque profectī sunt, equīs vectī, ut fundum īnspicerent. cum in collēs Sabīnōs ascendissent, merīdiē vallem Digentiae ingressī, mox ad fundum advēnērunt. Quīntus attonitus erat; nōn erat fundus parvus, sīcut dīxerat Maecēnās, sed rūs modicum. in latere collis vīlla sita erat satis ampla; octō servī aderant, quī Quīntum cūrātūrī erant agrōsque exercitūrī; vīcīnus vīllae erat fōns aquae iūgis; locus amoenus erat, prōspectus pulcherrimus. Maecēnās Quīntum circum omnia dūxit, gāvīsus quod Quīntus dōnō adeō dēlectātus est.

optāverat had longed for
rūris of an estate

vallem Digentiae the valley of the Digentia

rūs estate
modicum fair-sized
ampla large
exercitūrī going to work
iūgis ever-flowing

adeō so much

Horace's Sabine farm

dēnique 'ego, Quīnte,' āit, 'iam dēbeō Rōmam redīre ut negōtia quaedam cōnficiam. vīsne tū hīc manēre paucōs diēs ut carmina compōnās ōtiōsus?' ille 'amīce cārissime,' inquit, 'numquam poterō tibi dignās grātiās agere. mihi dedistī id quod maximē optāvī. iam omnia habeō quae umquam cupīvī.' ille 'Quīnte,' inquit, 'omnia haec bene meruistī; amīcus fidēlis es et modestus.'

Quīntus, cum Maecēnātem valēre iussisset, in vīllam rediit ut omnia propius spectāret; deinde vīlicum arcessīvit, quī eum circum tōtum fundum dūxit. dēnique, cum cēnāvisset, in hortō sub arbore sēdit atque Sermōnem composuit, quem sīc incipit:

hoc erat in vōtīs: modus agrī nōn ita magnus,
hortus ubi et, tēctō vīcīnus, iūgis aquae fōns
et paulum silvae super hīs foret. auctius atque
dī melius fēcēre, bene est. nīl amplius ōrō,
Māiā nāte, nisi ut propria haec mihi mūnera fāxīs.

āit he said

ōtiōsus at leisure

modestus unassuming

vīlicum bailiff, farm-manager

Sermōnem Satire
vōtīs prayers
modus agrī a piece of land
ubi hortus foret where there would be a garden, etc.
paulum silvae a bit of woodland

auctius more generously
nīl amplius nothing more
Māiā nāte son of Maia, i.e. Mercury, god of good luck

nisi ut fāxīs except that you should make
propria my own, i.e. permanent
mūnera gifts

V

aestimō (1)	I value, judge	passus, -ūs, m.	pace
dēspērō (1)	I despair	mille passūs, m.pl.	a mile
dēspērātiō, dēspērātiōnis, f.	despair	regiō, regiōnis, f.	region, district
		sermō, sermōnis, m.	conversation, chat; Satire
negō (1)	I deny		
simulō (1)	I pretend	vīcīnus-a-um	neighbouring, near
exerceō (2)	I work at; I exercise		
invideō, invidēre, invīdī + dative	I envy	improbus-a-um	wicked
		tranquillus-a-um	calm
invidia, -ae, f.	envy, ill-will		
mereō (2)	I deserve	numquam/nunquam	never
fluō, fluere, fluxī	I flow	umquam/unquam	ever
vīsō, vīsere, vīsī	I visit, go to see; I see	nōnnunquam	sometimes
mālō, mālle, māluī	I prefer	nīl = nihil	nothing
auris, auris, f.	ear	simul	together
iūdex, iūdicis, m.	judge	dēnique	finally
iūdicium, iudiciī, n.	judgement, law-court	at	but
iūs, iūris, n.	right, justice	ita	so
iūstus-a-um	just		
opus est mihi + ablative (of thing needed)	I need		

Exercise 16.1

What is the meaning of the following pairs of verbs and nouns

gaudeō (2)	gaudium, -ī, *n.*	*These three nouns are formed from the
imperō (1)	imperium, -ī, *n.*	past participle passive; so **factum**
dēsīderō (1)	dēsīderium, -ī, *n.*	something done, a deed, etc.
iūdicō (1)	iūdicium, -ī, *n.*	
studeō (2)	studium, -i, *n.*	
faciō, facere	factum, -ī, *n.**	
dīcō (3)	dictum, -ī, *n.**	
respondeō (2)	respōnsum, -ī, *n.**	

G ## Three small points

1 negō = I deny

e.g. **fīlius negāvit sē patrem in oppidō vīdisse** The son denied that he had seen his father in the town.

In English we say 'The son said that he had not seen his father in the town.'

2 fīō = I become, happen, (fierī, factus)

This verb is slightly irregular. Its present tense is as follows:

fīō
fīs
fit
fīmus
fītis
fīunt

It is followed by a complement;
Quīntus rūsticus fit Quintus becomes a countryman.
Marcus quaestor factus est Marcus became (was made) quaestor.

The perfect tense is supplied by the perfect passive of **faciō**.

3 opus est mihi auxiliō = There is need to me of help (I need help)

The person who needs goes into the dative and the thing needed into the ablative.

Exercise 16.2

Translate

1 agricola iuvenem rogāvit ut equum sibi venderet; negāvit sē posse domum pedibus īre.
2 'domus longissimē abest,' inquit; 'opus est mihi equō.'
3 iuvenis īrātus fit; negat sē equum suum agricolae venditūrum esse.
4 agricola 'nōnne opus est tibi argentō?' inquit; 'sī onus meum in equō ferēs, ego tibi multum argentum dabō.'
5 iuvenis, tranquillior factus, argentō acceptō, agricolae onus decem mīlia passuum in equō suō vēxit.

Exercise 16.3

Translate into Latin

1 The girl said that she would not go home with the young man.
2 She told him to go away at once.
3 He became very sad and begged her not to be so cruel.
4 'I love you,' he said; 'I need your help.'
5 When she heard this, she became kind and asked him to lead her home.

Exercise 16.4

Translate and name the constructions used in each sentence
1 cum Quīntus intrāvisset, Maecēnās dīxit sē aliquid magnī mōmentī eī dīcere vellet.
2 Quīntus Maecēnātem rogāvit quid in animō habēret.
3 Maecēnās respondit sē dōnum Quīntō datūrum esse.
4 Quīntus eum rogāvit quāle dōnum sibi datūrus esset.
5 Maecēnās dīxit sē parvum fundum Quīntō ēmisse, ut carmina ōtiōsus compōneret.
6 Quīntus gāvīsus eī persuādet ut sē ad fundum statim dūcat.
7 tertiā hōrā profectī ut fundum īnspicerent, merīdiē advēnērunt.
8 Quīntus, fundō vīsō, mīrābātur; 'nōn fundus parvus est,' inquit, 'ut dīxistī, sed rūs modicum.'
9 Maecēnās Quīntum rogāvit utrum Rōmam sēcum reditūrus esset an in fundō mānsūrus.
10 Maecēnās, Quīntō in fundō relictō, domum festīnāvit, nē sērō redīret.

Exercise 16.5

Translate the first two paragraphs. Answer questions on the third and fourth paragraphs. Answer the questions on the poem after you have read it with your teacher

postrīdiē Quīntus prīmā lūce surrēxit ut fundum propius īnspiceret. fundus in valle fluviī Digentiae situs est in locō aprīcō; post eum surgunt montēs in omnibus partibus sed fundus ipse ad merīdiem versus sōle semper fruitur. vīlla satis ampla ad hortum aspicit mūrō conclūsum; circum latera hortī erat porticus et in mediō parva piscīna. hortus Quīntō valdē placēbat; sedēbat ibi cum vīlicō, quem arcessīverat ut omnia dē fundō cognōsceret.

aprīcō sunny
merīdiem South
ampla large
porticus colonnade
piscīna fish-pond

   mox profectī, prīmum ad vīneam advēnērunt quae sita est in colle super vīllam. Quīntus, vīneā īnspectā, vīlicum rogāvit quālēs ūvās ferret, num bonum vīnum facerent. vīlicus rīsit; 'vīnea,' inquit, 'ūvās fert plūrimas, domine, sed vīnum acerbius vidētur eīs quī Falernum bibere solent. sed vidē, domine, olīvētum, quod optimās fert olīvās.'

vīneam vineyard
ūvās grapes
acerbius rather bitter
Falernum Falernian
olīvētum olive grove

   super olīvētum erat parva silva in quā quercūs, īlicēs, castaneae ventō lēniter agitābantur. dum silvam īnspicit, duo iuvenēs Quīntum praetereunt, quī gregēs ad montem dūcunt; illī novum dominum cōmiter salūtant. silvā īnspectā, ad arva dēscendērunt ubi servī segetem metere incipiēbant. aliī bovēs plaustra

quercūs oaks
īlicēs holm-oaks
castaneae chestnuts
gregēs flocks
arva fields
segetem crop **metere** to reap
plaustra wagons

trahentēs magnā vōce excitant, aliī segetem falcibus iam metunt. vīlicus Quīntō dīxit bonam segetem esse; satis pluviārum fuisse et solum valdē ferāx esse.

Quīntus servōs labōrantēs paulīsper spectābat, deinde collem dēscendit ad fontem; gelida aqua, splendidior vitrō, ē cavīs saxīs dēsiliēbat in lacūnam, unde rīvus lēnī murmure in vallem fluēbat. prope fontem stetit īlex alta quae umbram grātam praebēbat et hominibus et pecoribus. hōc locō Quīntus valdē dēlectātus est. ad vīlicum versus 'quam amoenus est hic locus!' inquit. 'quod nōmen est fontī?' ille 'nōmen fontī est Bandusia, domine,' inquit; 'placetne tibi?' Quīntus 'valdē mihi placet,' inquit. 'ego paulīsper hīc manēbō. tū sine dubiō officia perficere dēbēs. valē.' cum sōlus esset, Quīntus sub īlice in umbrā cōnsēdit, plānē contentus. dum fontem spectat, novum carmen meditātur:

falcibus with scythes

pluviae rain
ferāx fertile
gelida ice-cold
splendidior vitrō brighter than glass
cavīs hollow
lacūnam pool
rīvus stream
amoenus pleasant

fōns Bandusiae

ō fōns Bandusiae, splendidior vitrō,
dulcī digne merō nōn sine flōribus,
    crās dōnāberis haedō,
      cui frōns turgida cornibus

prīmīs et Venerem et proelia dēstinat;
frūstrā: nam gelidōs īnficiet tibi
    rubrō sanguine rīvōs
      lascīvī subolēs gregis.

merō unmixed wine
dōnāberis you will be given (presented with)
haedō a kid
cui . . . dēstinat whose forehead, swelling with the tips of his horns, marks him out for battles of love
īnficiet will stain
rubrō red
lascīvī subolēs gregis the offspring of the playful flock, i.e. the kid (this is the subject)

167

tē flagrantis atrōx hōra Canīculae
nescit tangere, tū frīgus amābile
    fessīs vōmere taurīs
        praebēs et pecorī vagō.

fīes nōbilium tū quoque fontium,
mē dīcente cavīs impositam īlicem
    saxīs, unde loquācēs
        lymphae dēsiliunt tuae.

atrōx hōra the cruel hour
flagrantis Canīculae of the burning dog star (i.e. midday in the hottest part of summer)
amābile welcome
fessīs vōmere taurīs the oxen tired out by (pulling) the ploughshare
vagō wandering
nōbilium fontium (one of) the famous springs (e.g. like the Castalian spring)
loquācēs babbling
lymphae waters

Questions on the third and fourth paragraphs

1 What was happening on the ploughland?
2 What did the **vīlicus** say about the harvest?
3 Describe the **fōns Bandusiae**.
4 Why does Quintus tell the **vīlicus** to go?
5 'silvā īnspectā' (l.21): express this as a clause after **cum**.
6 'quī gregēs . . . dūcunt' (ll.19–20): replace **quī . . . dūcunt** with a present participle.

Questions on the poem

1 Springs were sacred and were often worshipped; what offerings does Quintus say he will give to the **fōns Bandusiae**?
2 **frūstrā** (l.6): what is the effect of this word in this position?
3 What seem to be Quintus's feelings towards the kid?
4 In line 1 the water was described as 'splendidior vitrō'. What is going to happen to the water tomorrow?
5 Why was the shade **amābile** to oxen and flocks?
6 Quintus says that the **fōns Bandusiae** will become one of the famous springs; how will this come about?
7 What do you think this poem is about apart from the **fōns Bandusiae**? Is it simply a descriptive 'nature' poem or has it some other dimension?

HOUSES

We have already taken you to an **insula**, one of those squalid, over-crowded blocks of flats where most people had to live in Roman cities. Not surprisingly, the rich lived in very different surroundings.

The wealthy Roman's town house became a by-word for luxury, but to begin with its design was based on the first Roman dwellings. These were humble one-roomed huts with a hole in the middle of the roof to let in the light and let out the smoke. The chief room of the later houses was called the **ātrium**, the black, i.e. the sooty room.

In earlier days the **ātrium** was the centre of a family's life. Here they ate, and the women spun and weaved. Here the family strong-box stood and the **Larārium**, the home of the household gods. The **ātrium** roof sloped downwards and inwards to a rectangular hole (the **compluvium**). There was a pool (the **impluvium**) beneath this to catch the rain and supply the household with water. The room would be pleasantly shady and cool. When darkness fell, it was lit by oil lamps, often on tall bronze stands. Charcoal braziers of bronze, iron or terracotta provided the heat when necessary.

This simple form of house developed into the slightly more elaborate arrangement shown in the House of Sallust at Pompeii (see Plan 1). No two Roman houses were quite the same, but this one is fairly characteristic of its time. Soon, however, the spread of Greek ideas transformed the Italian house. A whole new section was added at the back. This consisted of a pillared courtyard (the **peristȳlium**) enclosing a garden and surrounded by further rooms. Olives, lemons, pomegranates, walnuts, chestnuts and vines, as well as large trees and vegetables, grew in the garden, which had impressive statues. (See Plan 2 for a house of this kind.)

The **peristȳlium** area came to be the private part of the house and the statues of the gods moved back here with the family. The **ātrium** became comparatively unimportant and in some country houses ceased to exist altogether.

A peristȳlium

The outside of Roman houses tended to be dull, even forbidding, since they looked inward to their beautiful gardens. But the standard of interior decoration was extremely high with fine frescoes, stucco and mosaics. (Plan 3 brings together all the usual features of the layout of a Roman house.)

The Romans had a deep love of landscape. The country villas of the extremely rich would break away from the normal pattern, with terraces and garden rooms designed to face outwards towards the view. The seaside pleasure villas around the Bay of Naples, the playground of the rich, were elaborately and extravagantly built to take full advantage of their situation. The luxury villas of the very wealthy, with their beautiful gardens and breath-taking views, were

A reconstruction of a luxury villa

delightful and relaxing. Horace's villa, which has been excavated, was a substantial house. It had twelve rooms, including a hall, two dining rooms and a bath with a hypocaust (underground heating system). The walls still stand up to two feet high in places. It had a walled garden, covering about half an acre; the garden had a pool in the middle and a colonnade round the sides. The estate supported five families and the farm was worked by eight slaves under the supervision of a farm manager (**vīlicus**). There is a spring, which must be identified with the **fōns Bandusiae**, and a stream.

170

Most country villas, however, were working farms. When the owner visited from the city, he would have to fit in as well as he could. The **villa rūstica** at Boscoreale is characteristic of such buildings (see Plan 4). Here there were wine and oil presses and a threshing floor. The wine was taken from the presses to ferment in great vats (3 on the plan) which were open to the sun and air.

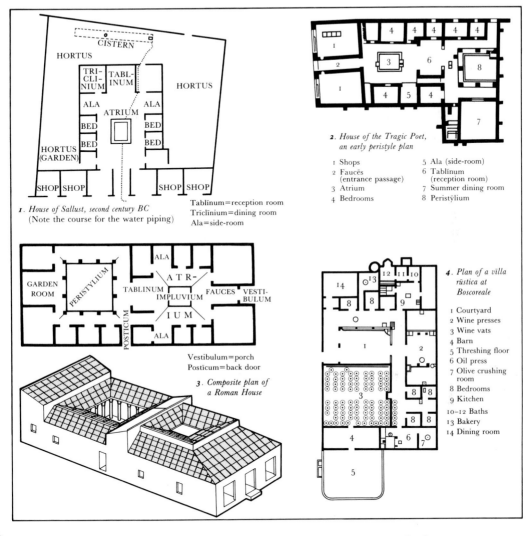

1. House of Sallust, second century BC
(Note the course for the water piping)

Tablinum=reception room
Triclinium=dining room
Ala=side-room

2. House of the Tragic Poet, an early peristyle plan

1 Shops
2 Faucēs (entrance passage)
3 Atrium
4 Bedrooms
5 Ala (side-room)
6 Tablinum (reception room)
7 Summer dining room
8 Peristȳlium

Vestibulum=porch
Postīcum=back door

3. Composite plan of a Roman House

4. Plan of a villa rūstica at Boscoreale

1 Courtyard
2 Wine presses
3 Wine vats
4 Barn
5 Threshing floor
6 Oil press
7 Olive crushing room
8 Bedrooms
9 Kitchen
10–12 Baths
13 Bakery
14 Dining room

❓ What room is there in the **villa rūstica** which you would expect to find in a normal house but cannot in our plans? Does this surprise you?

❓ Discuss some of the differences between the ways the very rich and the very poor lived in Italy. How far has the situation changed in the modern world?

CHAPTER XVII

Quīntus tam dīligenter labōrāverat ut valdē fessus esset.

tot saxa sustulerat ut ea numerāre nōn posset.

ACTIUM

ex eō tempore Quīntus modo Rōmae habitābat, modo ad fundum Sabīnum recēdēbat, ubi modicē vīvēbat, ipse suā manū agrōs colēbat, ipse vīnum in testīs conditum lēvit, carmina ōtiōsus scrībēbat. plānē contentus erat; neque dīvitiās cupiēbat neque glōriam; ut ipse dīcit:

> multa petentibus
> dēsunt multa; bene est, cui deus obtulit
> parcā quod satis est manū.

intereā bellum tamquam ātra nūbēs Italiae rūrsus imminēbat cīvēsque sentiēbant Octāviānum rempūblicam in novum certāmen rapere. namque et ille convīcia Antōniō ingerēbat et Antōnius Octāviānō; alter alterum scelerum accūsābat gravissimōrum.

tandem Octāviānus sē ad bellum apertē parāvit. iam populum tam firmē sibi conciliāverat ut omnēs cum eō cōnsentīrent eumque iuvāre vellent; tōta Italia in verba ēius iūrāvit atque eum ducem bellī poposcit. eī senātōrēs quī Octāviānō nōn favēbant, Rōmā ēgressī, ad Antōnium cōnfūgērunt. Antōnius autem furēbat; Octāviam, quam iamdūdum Rōmam remīserat,

recēdēbat retired
testīs jars
conditum stored
lēvit sealed
plānē contentus absolutely content
multa petentibus for those seeking much
bene est he is well off
parcā manū with sparing hand
quod satis est what is enough
tamquam like; ātra black
imminēbat (+ dat.) was hanging over
namque = nam
convīcia insults
ingerēbat was hurling
firmē firmly
cōnsentīrent were united with
in verba ēius an oath of allegiance (to him)
favēbant (+ dat.) supported
furēbat was wild
iamdūdum long ago

repudiāvit; Cleopātram uxōrem suam esse prōnūntiāvit. quibus Rōmam relātīs, senātus statim bellum Cleopātrae rītē indīxit.

Antōnius sine morā cōpiās plūrimās collēgit. decem legiōnibus in Asiā Aegyptōque praesidiō relictīs, legiōnēs vīgintī et nāvēs quīngentās ad Graeciam dūxit, ut Octāviānō cōpiīs occurreret. lītus Graeciae quod Italiae adversum est tōtum occupāvit.

Octāviānus, Maecēnāte Rōmae relictō ut Italiam administrāret, cum Agrippā, quī optimus erat ducum suōrum, Brundisium profectus est. paulum ibi morātī ut cōpiās colligerent, mare ad Graeciam trānsiērunt. classe ad Actium prōmunturium appulsā, Octāviānus cōpiās collocāvit haud procul ab Antōniī castrīs.

mox Agrippa, proeliō cum hostium classe commissō, haud dubiē vīcit atque marī dominātur. Antōnius, hāc clādē acceptā, frūmentum importāre nōn poterat; mīlitēs, terrā marīque obsessī, et famē et morbō moriēbantur. multī virī īnsignēs ē castrīs ēlāpsī ad Octāviānum fūgērunt.

tandem Antōnius nōn diūtius morārī potuit; cōnstituit ērumpere. legiōnēs ūndēvīgintī in lītore relīquit, in aciē īnstructās ut castra dēfenderent. omnēs nāvēs Aegyptiās iussit incendī, praeter sexāgintā, quae maximae erant optimaeque; hīs Cleopātra ipsa praeerat. Antōnius relīquam classem ē portū dūxit, Cleopātrā sequente.

quattuor diēs tantae erant tempestātēs ut proelium committere nōn possent; quīntō diē, cum mare esset tranquillum ventusque levis, classis utriusque ducis ad proelium prōdiit. Antōnius nāvēs māiōrēs habēbat sed tardiōrēs, quae nōn facile regī poterant. diū aequō Marte pugnābant, cum subitō Cleopātra nāvem suam

---

repudiāvit divorced
quibus relātīs which things having been reported = when this was reported
rītē formally
indīxit declared
praesidiō as a garrison
adversum opposite, facing
administrāret look after

prōmunturium promontory
haud procul not far from
proelium committere to join battle
haud dubiē decisively
dominātur (+ dat.) controls

praeter except for

praeerat was in command of

tardiōrēs slower
aequō Marte on equal terms

A Roman warship which fought at Actium.

173

vertit classemque Aegyptiam in fugam dūxit. quibus
vīsīs Antōnius quoque magistrō suō imperāvit ut
rēgīnam sequerētur; tantō amōre Cleopātrae ārdēbat ut
honōrem suum salūtemque suōrum minōris aestimāret
quam ūnam mulierem.

    classis Antōniī, ā duce dēserta, nihilōminus
hostibus diū resistēbat. tandem tamen, haud dubiē
victa, Octāviānō cessit, quī trecentās nāvēs in
dēditiōnem accēpit. Antōniī peditēs, cum cognōvissent
ducem fūgisse, fāmae vix crēdere poterant; tam
commōtī erant ut pugnāre nōllent; paucīs post diēbus
Octāviānō sē dēdidērunt.

    Vergilius in Aenēidis octāvō librō proelium ita
dēscrībit:

      (in mediō scūtō cernere erat classēs aerātās
      Actiumque proelium. hinc Augustus Caesar Italōs
      in proelium agēns cum patribus populōque,
      penātibus et magnīs dīs, stāns celsā in puppī . . .
      hinc Antōnius ope barbaricā variīsque armīs
      Aegyptiōs secum vehit vīrēsque Orientis et ultima
      Bactra, coniūnxque Aegyptia (nefās!) eum
      sequitur.

mediō scūtō the scene is represented on a magic shield,
which Vulcan had made for Aeneas, foreshowing the
future of Rome; the last scene is the Battle of Actium,
which decided the fate of the Roman empire.

cernere erat it was possible to see . . .

classēs aerātās the bronze-beaked ships; ancient war-
ships had a bronze beak under the waterline at the
bows, with which they tried to ram and sink opposing
ships.

Augustus Caesar is Octavian, who later took the
name Augustus.

patribus the fathers of the state, i.e. the senators
penātibus the native gods of Rome
celsā in puppī on the high poop: this was a platform at
the stern of the ship, where the helmsman and captain
stood.

ope barbaricā with the help, support of barbarians
vīrēs Orientis the strength of the East
ultima Bactra Bactra is modern Afghanistan; it
represents the Far East.
nefās! what wickedness!)

      in mediō classēs aerātās, Actia bella,
      cernere erat . . .
      hinc Augustus agēns Italōs in proelia Caesar

magistrō captain

minōris aestimāret valued less

nihilōminus nevertheless

Aenēidis of the *Aeneid*
octāvō eighth

Actia bella poetic use of plural
for singular; compare **proelia**
(1.3)

cum patribus populōque, penātibus et magnīs dīs,
stāns celsā in puppī. . . .
hinc ope barbaricā variīsque Antōnius armīs
Aegyptum vīrēsque Orientis et ultima sēcum
Bactra vehit, sequiturque (nefās!) Aegyptia coniūnx.

Octāviānus captīvōs hūmānē tractāvit. exīstimāvit   **tractāvit** treated
enim sē Antōnium haud dubiē vīcisse; neque Antōnium   **haud dubiē** decisively
neque Cleopātram sibi diūtius resistere posse; sē tōtum
orbem terrārum iam regere. occāsiōnem igitur quā
clēmentiam suam praebēret, nōn amīsit, sed omnēs quī   **clēmentiam** mercy
sē dēdiderant līberātōs in exercitum suum accēpit.

collocō (1)	I place
accūsō (1)	I accuse
exīstimō (1)	I judge, think
cbsideō, obsidēre, obsēdī, obsessus	I besiege
āmittō, āmittere, āmīsī, āmissus	I lose
mē dēdō, dēdere, dēdidī, dēditus	I surrender
dēditiō, dēditiōnis, *f.*	surrender
incendō, incendere, incendī, incēnsus	I set on fire
incendium, -ī, *n.*	fire
īnstruō, īnstruere, īnstrūxī, īnstrūctus	I draw up (of troops)
vereor (2)	I fear
captīvus, -ī, *m.*	captive
morbus, -ī, *m.*	disease
nūbēs, nūbis, *f.*	cloud
occāsiō, occāsiōnis, *f.*	opportunity
pedes, peditis, *m.*	a footsoldier
peditēs, peditum, *m.pl.*	infantry
orbis, orbis, *m.*	circle, globe
orbis terrārum	the world
agmen, agminis, *n.*	column
scelus, sceleris, *n.*	crime
flūctus, -ūs, *m.*	wave
impetus, -ūs, *m.*	attack
aciēs, aciēī, *f.*	line of battle
vīs (accusative **vim**, ablative **vī**), *f.*	force
vīrēs, vīrium, *f.pl.*	strength, might
falsus-a-um	false
hūmānus-a-um	humane, decent
relīquus-a-um	remaining, the rest of
aeger, aegra, aegrum	sick
modo . . . modo	at one time . . . at another time

175

G Clauses of consequence (result)

'I am so tired that I cannot work'; 'that I cannot work' is the *consequence* of 'I am so tired'.

Latin: **tam fessus sum ut labōrāre nōn possim**.

Latin uses **ut** (**ut nōn** if negative) + subjunctive.

Such clauses will be found after the following words meaning *so*:

tam	so, with adjective (**tam fortis**) or adverb (**tam fortiter**)
tantus-a-um	so great
tot (indeclinable)	so many
tālis, tāle	of such a kind, such
adeō	to such an extent, so (with verbs: **adeō timēbat**)
ita	in such a way, so (with verbs: **ita hoc fēcit ut . . .** he did this in such a way that . . .)

Exercise 17.1

Analyse and translate

1 Octāviānī classis impetum tam ācrem fēcit ut Cleopātra timēret.
2 tot nāvēs erant ut flūctūs vix vidēre possēs.
3 Cleopātra adeō verita est ut nōn restiterit sed statim fūgerit.
4 Antōnius Cleopātram adeō amābat ut ipse eam sequerētur.
5 Octāviānus tam hūmānum sē praebuit ut omnibus captīvīs parceret.
6 hunc librum ita scrīpsimus ut omnia facile intellegere possīs.

Exercise 17.2

Translate into Latin

1 The boys are so tired that they cannot work.
2 The master was so angry that the boys were all afraid.
3 Mother offered the girls so great a reward that they finished the work quickly.
4 They had carried so many jars of water that they were worn out.
   jar **urna, -ae,** *f.*
5 Mother was so pleased that she praised them all.

G Numerals: 200 to 1000

Learn the following numbers

200	CC	ducentī-ae-a
300	CCC	trecentī-ae-a
400	CCCC	quadringentī-ae-a
500	D	quīngentī-ae-a
600	DC	sescentī-ae-a
700	DCC	septingentī-ae-a
800	DCCC	octingentī-ae-a
900	CM	nōngentī-ae-a
1000	M	mīlle

G Connecting relative

Latin often uses a relative pronoun to connect two sentences together, e.g.

Antōnius Octāviam repudiāvit et Cleopātram uxōrem suam esse prōnūntiāvit; quibus audītīs . . . which things having been heard, i.e. when this was heard.

Agrippa classem Antōniī vīcit. quā clādē acceptā, Antōnius . . . Antonius, which disaster having been received, i.e. when he had sustained this disaster.

Quīntus Rōmam festīnāvit. quō cum advēnisset, statim ad Maecēnātem iit; whither when he had arrived, i.e. when he had got there.

Maecēnās Quīntum arcessīvit. quem cum vīdisset, salūtāvit; whom when he had seen, i.e. when he had seen him.

Exercise 17.3

Translate

1 Quīntus, portā apertā, intrāvit; quem cum vīdisset,
   Maecēnās surrēxit ut eum salūtāret.
2 Quīntum rogāvit ut iter sēcum faceret; quibus
   audītīs, Quīntus gaudēbat.
3 Octāviānus ad Actium nāvigāvit; quō cum
   advēnisset, castra in lītore posuit.
4 ante proelium dux mīlitēs suōs hortātus est; quae
   cum audīvissent, proelium ācriter iniērunt.
5 Octāviānus nūntium Rōmam mīsit; quī cum
   advēnisset, senātuī victōriam nūntiāvit.

Exercise 17.4

Translate the first two paragraphs and answer the questions on the whole of the passage without translating

cum Quīntus in fundō manēret, ōlim epistolam accēpit
quae nūntium trīstem attulit; scrība enim Maecēnātis
nūntiāvit dominum suum valdē aegrum fuisse;
Quīntum rogāvit ut Rōmam quam prīmum regressus   **quam prīmum** as soon as
Maecēnātem vīseret. Quīntus, statim profectus, eōdem   possible
diē Rōmam advēnit festīnāvitque ad aedēs Maecēnātis.
    ingressus fāmam laetiōrem accēpit; medicus enim   **medicus** the doctor
eī dīxit Maecēnātem, morbō superātō, iam
convalēscere. ille imperāverat ut Quīntus ad sē statim
admitterētur. Quīntus amīcum invēnit in lectō   **lectō** bed
cubantem librumque legentem; ūvās dulcēs edēbat.   **ūvās** grapes
Quīntum hilariter salūtāvit; 'tibi grātiās agō, Quīnte,'   **hilariter** cheerfully

inquit, 'quod statim vēnistī. sed tam celeriter convaluī ut iam nōlim tē Rōmae retinēre. manē paulīsper ut colloquāmur; deinde ad fundum tuum dīlēctum redī.'

Quīntus tamen cōnstituit Rōmae manēre, nē morbus iterum ingravēsceret. paucīs post diēbus epistolam accēpit in quā Maecēnās dīxit sē iam rēctē valēre; Quīntum rogāvit ut posterō diē sēcum ad theātrum venīret.

postrīdiē cum Maecēnās comitēsque theātrum Pompēiī intrāvissent, omnēs spectātōrēs surrēxērunt plausumque tantum dedērunt, ut Tiberis rīpae atque mōns Vāticānus imāginem laetam redderent; adeō gaudēbant Maecēnātem recreātum vidēre.

paucīs post annīs Quīntus, cum in fundō manēret, Maecēnātī scrīpsit ut eum ad cēnam invītāret; in hōc carmine negat sē posse vīnum nōbile Maecēnātī praebēre; sī ad cēnam vēnerit, sē vīnum Sabīnum eī datūrum, quod ipse condiderit eō annō quō Maecēnātī plausus in theātrō datus est:

> vīle pōtābis modicīs Sabīnum
> cantharīs, Graecā quod ego ipse testā
> conditum lēvī, datus in theātrō
>   cum tibi plausus,

paulīsper for a little
dīlēctum beloved

ingravēsceret get worse
rēctē valēre was quite well

plausum applause
imāginem echo
recreātum recovered

nōbile great, fine

condiderit stored away
vīle Sabīnum cheap Sabine wine
modicīs cantharīs from modest cups
testā wine jar
lēvī I sealed
datus . . . plausus = cum tibi plausus datus est

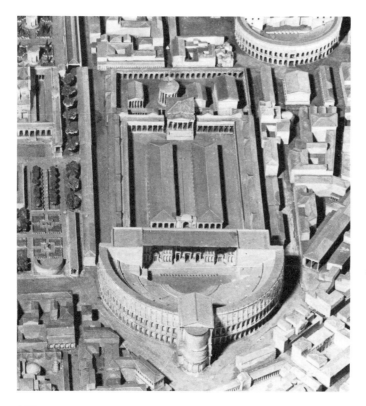

A model of the Theatre of Pompey

cāre Maecēnās eques, ut paternī
flūminis rīpae simul et iocōsa
redderet laudēs tibi Vāticānī
    montis imāgō.

eques Maecenas chose never
to become a senator and
remained a knight

paternī flūminis the river of
your fathers

rīpae first subject;

iocōsa imāgō joyful echo
(second subject)

1 What did Maecenas say in his first letter to Quintus?
2 What happened when they entered the theatre?
3 What wine did Quintus say he would give Maecenas for dinner?
4 In the poem how does Quintus (a) show his affection for Maecenas,
  and (b) show how grateful he is without actually saying it?
5 Put the words spoken into direct speech: (a) Maecēnās dīxit sē iam
  rēctē valēre; (b) Quīntum rogāvit ut posterō diē sēcum ad theātrum
  venīret.
6 'cum Maecēnās comitēsque . . . intrāvissent': rewrite this clause
  using the participle (of a deponent verb) instead of **cum**.
7 Give one example each from the passage of: a purpose clause; a
  consequence clause.

Exercise 17.5 (Revision)

Translate, and say what constructions occur in each sentence
1 Maecēnās dīxit sē aegrum fuisse sed iam rēctē valēre.
2 Quīntum rogāvit ut sēcum ad theātrum posterō diē venīret.
3 Quīntus rogāvit quandō ad theātrum profectūrī essent.
4 cum theātrum intrāvissent, spectātōrēs tantum plausum dedērunt
  ut Maecēnās mīrārētur.
5 Quīntus negāvit sē unquam tantum plausum audīvisse.
6 Quīntus Maecēnātem rogat ut apud sē cēnet; negat tamen sē
  vīnum nōbile eī datūrum esse.
7 vīnum, quod Quīntus amīcō dedit, ipse suō in fundō fēcerat.
8 Maecēnās vīnō gustātō negāvit sē unquam melius vīnum bibisse. **gustāre** to taste
9 Quīntus amīcum rogāvit nē falsa dīceret; scīvit enim Maecēnātem
  vīna multō meliōra domī bibere.
10 cēnā cōnfectā, Maecēnās Quīntum valēre iussit domumque
   festīnāvit, nē sērō redīret.

TWO TRANSLATIONS

The Romans learnt how to write poetry from the Greeks. Many great
English poets have owed an enormous debt to the Romans. The
works of Horace are part of a great tradition of poetry which is still
very much alive.

Look back at the **fōns Bandusiae** Ode (pp.167–8). Then read these two English versions. How successfully does each of them convey the spirit and meaning of the original? Do you prefer one to the other? If so, explain why.

FOUNTAIN, whose waters far surpass
The shining face of polish'd glass,
To thee, the goblet, crown'd with flowers,
Grateful the rich libation pours;
A goat, whose horns begin to spread,
And bending arm his swelling head,
Whose bosom glows with young desires,
Which war, or kindling love inspires,
Now meditates his blow in vain, –
His blood shall thy fair fountain stain.
When the fierce dog-star's fervid ray
Flames forth, and sets on fire the day,
To vagrant flocks that range the field,
You a refreshing coolness yield,
Or to the labour-wearied team
Pour forth the freshness of thy stream.
Soon shalt thou flow a noble spring,
While in immortal verse I sing
The oak, that spreads thy rocks around,
From whence thy babbling waters bound.
                         Philip Francis (1743)

Bandusia's spring, your pool like glass,
well you deserve an offering of sweet wine,
a garland of flowers, and tomorrow a kid
with the new horns bulging its forehead.

A girl picking flowers

This young billy
would have fought his wars and won his mates,
but no, his red blood
will dye your icy water.

You are untouched by the scorching heat
of the dog-days. When the oxen weary
of the plough and the cattle of their grazing,
you give them the coolness they love.

Now you will join the list of famous fountains
and I shall celebrate the holm-oak
over your cave in the rock,
and your water chattering as it leaps.
                         David West (1986)

180

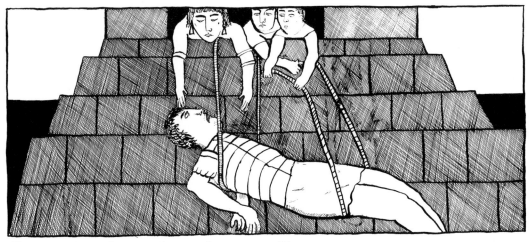

CHAPTER XVIII

Cleopātra Antōnium morientem in turrem tollit.

BELLUM ALEXANDRINUM

Octāviānus, postquam Antōnius cum Cleopātrā ad
Aegyptum fūgit, nōn statim eōs persecūtus est sed iter
per Graeciam īnsulāsque lentē faciēbat. proximō annō
classem iussit ad Aegyptum nāvigāre; ipse exercitum
per Syriam dūxit.

Antōnius spem adeō abiēcerat ut vix sē ad
proelium excitāre posset. nōn cōnātus erat Octāviānum
prohibēre in Aegyptum prōgredī, nūllās īnsidiās
exercituī prōcēdentī posuerat, urbem Alexandrīam nōn
satis mūnīverat. Octāviānus igitur exercitum, nūllō **nūllō** no-one
resistente, Alexandrīam ductum iussit castra pōnere
prope urbem.

tum vērō Antōnius ad sē tardus rediit. ex urbe **vērō** indeed
ērūpit, Octāviānī equitēs in fugam vertit, peditēs usque **usque ad** right up to
ad vāllum castrōrum pepulit. sed virtūs eī nihil prōfuit;
mīlitēs disciplīnā carēbant invītīque pugnābant.
proximō diē Antōnius cōpiās ex urbe ductās in locō
ēditō collocāvit, unde vidēret classem suam cum **ēditō** high
hostibus proelium committentem. sed nautae, ubi ad **committere** to join
classem Octāviānī accessērunt, nōn oppugnāvērunt
hostēs sed ante oculōs ipsīus Antōnī cum hostibus
coniūnctī Alexandrīam agmine īnfestō petīvērunt. **īnfestō** hostile
quibus vīsīs equitēs ad Octāviānum trānsfūgērunt; **trānsfūgērunt** deserted
peditēs, quī iam proelium commīserant, brevī tempore

victī sunt. tum dēmum Antōnius ad summam
dēspērātiōnem adductus est. ad urbem regressō eī
nūntiātum est Cleopātram mortuam esse suā manū.
Antōnius sine morā armigerum arcessītum iussit sē
occīdere. ille autem, adulēscēns fidēlis, gladiō strictō,
nōn Antōnium sed sē ipsum occīdit. Antōnius
adulēscentem intuitus in terrā iacentem, 'bene fēcistī,'
inquit, 'quī exemplum mihi praebuistī.' et gladium
strictum in ventrem pepulit.

ad terram cecidit, graviter vulnerātus sed nōndum
mortuus. dum ibi iacet, accurrit Cleopātrae scrība;
rēgīna rē vērā nōn mortua erat; et, cum audīvisset quid
accidisset, imperāverat ut Antōnius ad sē ferrētur. in
altā turre sē inclūserat, quam relinquere nōlēbat. cum
servī eō advēnissent Antōnium ferentēs, nōluit iānuam
aperīre, verita nē prōderētur. fūnēs igitur per
fenestram dēmīsit servōsque suōs iussit Antōnium per
fenestram ad sē tollere. sīc Antōnius in gremiō
Cleopātrae mortuus est.

dēmum finally

nūntiātum est it was announced

armigerum armour-bearer

strictō drawn

intuitus looking at

ventrem stomach

scrība secretary

rē vērā in fact

fūnēs ropes

fenestram window

in gremiō in the arms

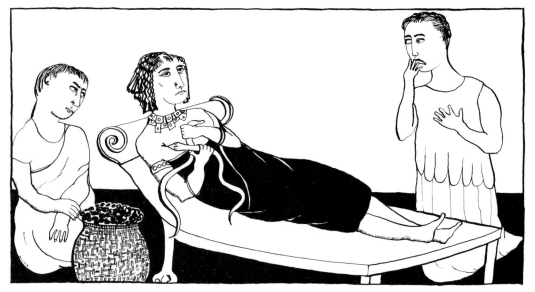

Cleopātra serpentēs ad pectus applicuit.

eō ipsō tempore nūntius advēnit ab Octāviānō
missus. Cleopātrae persuādēre volēbat ut turre relictā
sē dēderet; prōmīsit sē eā ūsūrum esse summā
hūmānitāte. Cleopātra autem eī nōn crēdidit nōluitque
turrem relinquere; metuēbat enim nē Octāviānus vellet
sē captīvam per viās Rōmae dūcere, cum triumphum
ageret; tāle dēdecus ferre nōn potuit.

triumphum agere to hold a triumph
dēdecus, *n.* disgrace

182

Octāviānus iam urbem Alexandrīam occupāverat.
lēgātīs missīs quī iterum cum Cleopātrā colloquerentur,
īnsidiās parāvit. dum Cleopātra lēgātīs loquitur, duo
hominēs scālam ad turrem admōvērunt; celeriter
ascendērunt, per fenestram irrūpērunt, in Cleopātram
irruērunt. sīc rēgīna capta est.

    paucīs post diēbus Octāviānus ipse ad eam vēnit ut
metūs ēius sēdāre cōnārētur. ubi intrāvit, Cleopātra sē
ad pedēs ēius iēcit, eum precāta ut sibi parceret. ille
coepit eam mulcēre, 'bonō animō estō, rēgīna,' inquit;
'nūllam poenam volō dē tē sūmere, nūllum supplicium.
hoc polliceor: cum Rōmam mēcum vēneris, tū omnibus
rēbus fruēris quae rēgīnae idōneae sunt.' illa grātiās eī
ēgit. Octāviānus discessit, ratus sē Cleopātram
fefellisse; at rē vērā ipse ā rēgīnā falsus erat.

    Cleopātra summā dīligentiā custōdiēbātur nē sē
occīderet. diū cōgitābat quōmodo custōdēs fallere
posset; tandem viam mortis invēnit. diē quōdam
colōnus senex carcerem ingressus custōdēs rogāvit ut sē
ad rēgīnam admitterent; dīxit sē velle aliquid
Cleopātrae dōnāre. illī rogāvērunt quāle dōnum ferret.
senex eīs ostendit calathum fīcīs plēnum eōsque iussit
fīcōs gustāre. illī nihil suspicātī senem ad rēgīnam

scālam ladder

sēdāre to soothe

mulcēre calm, soothe
bonō animō estō be of good
cheer

fruēris (+ abl.) you will enjoy
ratus thinking
rē vērā in fact

viam mortis a way to death
colōnus peasant
carcerem prison

calathum basket
fīcīs figs
gustāre to taste

calathus fīcīs plēnus

A coin commemorating the
capture of Egypt by Octavian

admīsērunt. Cleopātra, dōnō acceptō, senem dīmīsit.
    cum sōla esset, calathum dīligenter īnspexit; sub
fīcīs latēbant duo parvī serpentēs. omnibus dīmissīs
praeter duās servās fidēlēs, vestīmenta pulcherrima
induit omniaque īnsignia rēgālia; in lectō recumbit. tum
serpentēs ē calathō sublātōs ad pectus applicuit;
venēnum celeriter in vēnās accēpit. sīc mortua est
ultima rēgīna Aegyptī, mulier et pulcherrima et valdē
superba.

latēbant were hidden
serpentēs serpents

induit put on
īnsignia rēgālia royal
decorations
applicuit applied
vēnās her veins
ultima the last

V

cōgitō (1)	I consider, reflect	**exemplum, -ī,** *n.*	example
careō (2) + ablative	I lack, am without	**supplicium, -ī,** *n.*	punishment
fallō, fallere, fefellī, falsus	I deceive	**vāllum, -ī,** *n.*	rampart
metuō, metuere, metuī	I fear	**venēnum, ī,** *n.*	poison
metus, -ūs, *m.*	fear	**adulēscēns,**	young man
ruō, ruere, ruī	I rush	**adulēscentis,** *m.*	
irruō, irruere, irruī	I rush in, into	**turris, turris,** *f.*	tower
mūniō (4)	I fortify	**idōneus-a-um**	suitable
precor (1)	I pray, beg	**invītus-a-um**	unwilling
suspicor (1)	I suspect	**proximus-a-um**	nearest, next
polliceor (2)	I promise	**tardus-a-um**	slow
fruor, fruī, frūctus + ablative	I enjoy		
ūtor, ūtī, ūsus + ablative	I use		
prōsum, prōdesse, prōfuī	I benefit		
+ dative			
coepī, coepisse	I began ⎫ see		
ōdī, odisse	I hate ⎭ Grammar 2		
disciplīna, -ae, *f.*	learning, discipline		
poena, -ae, *f.*	punishment, penalty		
īnsidiae, -ārum, *f.pl.*	ambush; treachery		

Exercise 18.1

Give the meaning of the following pairs of verbs and nouns. Where you can, give an English word derived from them

adveniō (4)	adventus, -ūs, *m.*	moneō (2)	monitus, -ūs, *m.*
cadō (3)	cāsus, -ūs, *m.*	moveō (2)	mōtus, -ūs, *m.*
cōnor (1)	cōnātus, -ūs, *m.*	ūtor (3)	ūsus, -ūs, *m.*
cōnspiciō	cōnspectus, -ūs, *m.*	orior (4)	ortus, -ūs, *m.*
currō (3)	cursus, -ūs, *m.*	metuō (3)	metus, -ūs, *m.*
exeō	exitus, -ūs, *m.*		

G Verbs without a present

The following verbs have no present stem and have perfect and pluperfect forms only:

coepī I began	*infinitive* **coepisse**	**coeperam** I had begun
meminī I remember	*infinitive* **meminisse**	**memineram** I remembered
ōdī I hate	*infinitive* **ōdisse**	**ōderam** I hated

G Verbs and adjectives with ablative

ūtor, **ūtī**, **ūsus**	I use
fruor, **fruī**, **frūctus**	I enjoy
careō (2)	I lack, am without

These verbs are followed by the *ablative* case, e.g.
gladiō ūtor I use my sword; **dīvitiīs fruor** I enjoy riches; **cibō careō** I
am without food

Some *adjectives* also are followed by the ablative, e.g.

contentus-a-um	content with
vacuus-a-um	free from
plēnus-a-um	full of
dignus-a-um	worthy of

So: **rēbus suīs contentus** content with his own situation
      labōre vacuus free from work

G cum = when

You have often met **cum** = when, followed by the subjunctive (in past
time):

cum Rōmam īrem, patrī occurrī.
cūm Rōmam advēnissem, patrī occurrī.

If the time is future, it is followed by the indicative (usually the future
perfect):

cum Rōmam advēnerō, patrī occurram.

Compare: sī domum redieris, patrī occurrēs.

Exercise 18.2

Translate
1 Octāviānus negāvit sē Cleopātram ōdisse.
2 'cum Rōmam tē dūxerō,' inquit, 'lībertāte fruēris.'
3 nōnne meī meministī? mihi Rōmae occurristī abhinc duōs annōs.
4 eī quī dīvitiīs fruuntur paupertātem ōdērunt.
5 cum domum revēnerimus, parentibus grātiās agēmus.
6 castrīs obsessīs, Antōniī cōpiae frūmentō carēre coepērunt.
7 nōnne sorte contentus es? quibus rēbus carēs?
8 cūr bonā fortūnā nōn ūteris? quid metuis?
9 sī deī tē ōdērunt, virtūs tibi nihil prōderit.
10 iuvenis nōn meminerat quid pater monuisset.

Exercise 18.3

Translate into Latin
1 Don't you remember Apollo's words? Don't fight against fate.
2 When we reach home, we shall enjoy leisure.
3 When the soldiers had thrown their spears they began to use their swords.
4 The Greeks, having long enjoyed liberty, hated tyrants.
5 When we see your parents, we will ask whether they are short of food.

Exercise 18.4

Translate and name the constructions used in each sentence
1 Antōnius, cum audīvisset Cleopātram mortuam esse, sē occīdere cōnstituit.
2 Cleopātra, cum cognōvisset Antōnium graviter vulnerātum esse, imperāvit ut ad sē ferrētur.
3 Cleopātra, īnsidiās verita, turrem relinquere nōluit, nē ab Octāviānō comprehenderētur.
4 Cleopātra, īnsidiīs capta, Octāviānum rogāvit num sē punītūrus esset.
5 Octāviānus respondit sē Cleopātrā hūmānē ūsūrum esse.
6 Octāviānus putābat sē rēgīnam fefellisse; nesciēbat sē ipsum falsum esse.
7 Cleopātra tam superba erat ut morī māllet quam captīva per viās Rōmae dūcī.
8 diū in animō volvēbat quōmodo mortis viam invenīre posset.
9 custōdēs, nihil suspicātī, senem ad rēgīnam admīsērunt, quī calathum eī dedit.
10 illa serpentēs ē calathō sublātōs ad pectus ita applicuit ut brevī tempore mortua esset.

Exercise 18.5

Translate the first paragraph. Summarise the meaning of the second paragraph in about thirty words. Answer the questions on the poem

Quīntus, ut senior fiēbat, plūs temporis in fundō suō
manēbat. nam per aestātem in collibus habitāre
mālēbat, veritus nē aeger fieret, sī Rōmae habitāret.
plūrimī enim febre corripiēbantur, sī calōrēs aestātis in
urbe patiēbantur; puerī praecipuē febre superārī
solēbant multīque aestāte moriēbantur; omnēs igitur

febre by fever
calōrēs heat
puerī children
praecipuē especially

Quīntus Horātius Flaccus

lūdī clausī sunt parentēsque ānxiī puerōs in collēs
mittēbant nē aegrōtārent. Quīntus, cum vēnerat
brūma, ad mare dēscendēbat ut apud Vergilium prope
Neāpolim hiemāret; ibi tempestāte serēnā fruēbātur
quae illam regiōnem tepefacere solet. ubi vēr aderat
flābantque Zephyrī et prīma hirundō Italiam revīserat,
Quīntus Rōmam redībat.

    aestāte quādam Quīntus, ad fundum suum
discessūrus, Maecēnātī pollicitus erat sē rūre quīnque
diēs tantum futūrum esse; deinde Rōmam regressum
Maecēnātem vīsūrum esse. cum tamen ad fundum
advēnisset, tam contentus erat ut redīre nōllet
tōtumque Sextīlem rūre manēbat. Maecēnātī igitur
epistolam mīsit, in quā cōnfitētur sē mendācem fuisse;
amīcum ōrat ut veniam sibi det; dīcit sē aegrōtāre
timēre, sī calōrēs aestātis in urbe subeat:

brūma winter
hiemāret spend the winter
tempestāte serēnā fine
weather
tepefacere to warm
flābant were blowing
hirundō, *f.* swallow

tantum only

Sextīlem August
cōnfitētur he confesses
mendācem a liar
veniam pardon

187

quīnque diēs tibi pollicitus mē rūre futūrum,
Sextīlem tōtum mendāx dēsīderor. atquī
sī mē vīvere vīs sānum rēctēque valentem,
quam mihi dās aegrō, dabis aegrōtāre timentī,
Maecēnās, veniam . . .
dum puerīs omnis pater et mātercula pallet.
quodsī brūma nivēs Albānīs illinet agrīs,
ad mare dēscendet vātēs tuus et sibi parcet
contractusque leget; tē dulcis amīce, revīset
cum Zephyrīs, sī concēdēs, et hirundine prīmā.

1 Why does Horace describe himself as 'mendāx'?
2 On what grounds does he ask Maecenas to excuse him?
3 'omnis pater et mātercula pallet': why do they go pale?
4 What does Horace intend to do when winter comes? Explain the phrase 'sibi parcet'.
5 When will he revisit Maecenas? For about how long will he have failed to keep his promise to Maecenas?
6 What three seasons of the year does Horace mention? How does he characterize each?
7 Do you think Maecenas would have been placated by this letter? If so, why? If not, why?

CLEOPATRA

Cleopatra was born in 69 BC. She was to be the last ruler of Egypt descended from Alexander's general Ptolemy. She was lively, charming, intelligent, civilized, and a brilliant linguist. Such a combination of qualities proved irresistible.

When she was fourteen, her elder sister seized the throne of Egypt from her father. The Roman army regained it for him, the sister was executed, and Cleopatra was now joint heir to the kingdom.

When she was seventeen, her father died and she succeeded to his throne together with her brother Ptolemy, who was only ten. They were forced to marry, following their family's custom, but they heartily detested each other. Cleopatra's brother's supporters drove her out of Egypt three years later.

She fled to Syria, gathered an army and returned to Egypt to regain her kingdom. Ptolemy's advisers made a bid for the good will of Caesar, but, when Caesar arrived in Alexandria, he quarrelled with them. He soon found himself besieged in the palace by the angry mob.

Meanwhile, Cleopatra, who wished to put her case to him in person, had herself smuggled to him rolled up in a carpet.

Caesar was captivated by the enchanting queen who crawled from the bundle at his feet. They became lovers, he gave her back the throne of Egypt, and before long she bore him a child, known as Caesarion.

Cleopatra

The next year (46 BC) Caesar, now back in Rome, summoned Cleopatra and Caesarion to the city and installed them in a villa near the Tiber. He went so far as to have a golden statue of her set up in the temple of Venus. But he did not divorce his wife, and, when he was assassinated in 44 BC, Cleopatra found herself without a friend in Rome. She returned to Egypt.

Then in 41 BC Mark Antony called her to meet him at Tarsus. It was a fateful occasion, and Shakespeare describes the magic of Cleopatra as she arrived on her elaborate barge:

> The barge she sat in, like a burnish'd throne,
> Burn'd on the water; the poop was beaten gold,
> Purple the sails, and so perfumed, that
> The winds were love-sick with them; the oars were silver,
> Which to the tune of flutes kept stroke, and made
> The water which they beat to follow faster,
> As amorous of their strokes. For her own person,
> It beggar'd all description; she did lie
> In her pavilion, – cloth-of-gold of tissue, –
> O'er-picturing that Venus where we see
> The fancy outwork nature.

Once again Cleopatra must have felt herself close to real political power. She soon became Antony's mistress and they passed the winter in a round of wild parties and lively pranks. She bore him twins, but it is impossible to say how deep their feelings were for each other at this stage. As we have seen, Antony returned to Italy in 40 BC and married Octavian's sister. Cleopatra did not see him again for nearly four years.

However, in 37 BC Antony abandoned Octavia and renewed his affair with Cleopatra. We cannot be sure if they married, but certainly he was now passionately in love with her and soon they had a third child.

Antony, under the spell of Cleopatra, declared her and her son by Caesar not only rulers of Egypt and Cyprus but 'Queen of Queens' and 'King of Kings'. This may not have meant very much, but Octavian was quick to seize on such un-Roman acts as useful propaganda. Antony, he declared, was 'bewitched by that accursed Egyptian' and wanted to move the capital of the empire from Rome to Alexandria.

Public opinion in Italy rallied behind Octavian and late in 32 BC he declared war on Cleopatra. You have read the rest of the story earlier in Latin. Cleopatra died on 10 August at the age of thirty-nine. Octavian killed Caesarion. It was not safe to allow a possible rival to live.

❓ It has been said that if Cleopatra's nose had been shorter, the whole history of the world would have been different. What do you think this means?

❓ Many people have thought that Antony threw away supreme power over the Roman world because of his love for Cleopatra. If this is true, do you feel that he made the right choice?

senātōrēs Augustum ōrāvērunt nē patriae deesset.

CAESAR AUGUSTUS

Octāviānus, mortuīs Antōniō et Cleopātrā, nōn statim
Rōmam festīnāvit sed in Oriente manēbat ut rēs ibi
compōneret. prīmum omnēs thēsaurōs rēgum
Aegyptiōrum, praedam ingentem, collēctōs Rōmam
remīsit. deinde, cum amīcum quendam Aegyptō
praefēcisset, ad cēterās terrās Orientis profectus,
prōvinciās imperiī Rōmānī praesidiīs validīs
cōnfirmāvit; cum rēgibus fīnitimīs foedera fēcit, nē
bella in fīnibus imperiī fierent. proximō annō, diū
exspectātus, Rōmam rediit.

    senātus populusque eum summō gaudiō
summīsque honōribus excēpērunt; in prīmīs Maecēnās,
quī rēs in Italiā tam diū administrāverat, gaudēbat quod
tantum onus dēpōnere potuit. omnēs crēdēbant bella
cōnfecta esse spērābantque numquam posteā cīvēs cum
cīvibus pugnātūrōs esse. senātus imperāverat ut portae
templī Iānī clauderentur, quod numquam factum est
nisi cum pāx erat per tōtum imperium Rōmānum.

    omnēs Octāviānum mīrō modō adūlābantur, ratī

compōneret put in order
thēsaurōs treasures

praefēcisset had put in charge of
fīnitimīs neighbouring
foedera treaties

in prīmīs above all
administrāverat had managed

quod which
nisi except, unless
adūlābantur flattered
ratī thinking

191

nēminem nisi illum posse pācem perennem efficere. multī eum quasi deum colēbant; aliī dīcēbant eum Rōmulum esse, ad terrās ē caelō regressum. paucī ē nōbilibus eī invidēbant, suspicātī eum rēgem fierī velle. ex senātūs cōnsultō prīnceps senātūs factus est; patrēs etiam cēnsuērunt ut nōmine Augustō appellārētur; quod eī adeō placuit ut ex hōc tempore nōn Octāviānum sē vocāret sed Caesarem Augustum.

triumphum triplicem ēgit ob victōriās in bellīs reportātās. cīvēs fēriās agēbant frequentēsque in viīs stābant dum pompa praeterībat. Octāviānus ipse, contrā mōrem māiōrum, hanc pompam dūxit. Rōmam intrāvit per portam triumphālem, in currū vectus quattuor equīs candidīs tractō, palūdāmentum purpureum gerēns et in capite corōnam lauream. post eum cōnsulēs cum līctōribus prōcessērunt cēterīque magistrātūs, tībīcinibus sequentibus. deinde thēsaurī magnificī, praeda ingēns ab omnibus partibus Orientis collēcta, in plaustrīs praetervectī sunt et imāginēs urbium terrārumque victārum. quōs sequēbantur sacerdōtēs, quī bovēs candidās, corōnīs cultās, ad sacrificium dūcēbant. post eōs captīvī dūcēbantur, rēgēs victī prīncipēsque cum uxōribus līberīsque, catēnīs vinctī. plūrimī mīlitēs in pompā inerant, ē tōtō exercitū ēlēctī, armīs signīsque fulgentibus. cīvēs plausum ingentem dedērunt dum pompa praeterit. Octāviānus, viā sacrā per forum vectus, ad Capitōlium ascendit ut Iovī Optimō Maximō cēterīsque dīs grātiās ageret ob patriam servātam. illō diē rē vērā deō similis vīsus est.

perennem lasting
quasi like

ex senātūs cōnsultō by decree of the senate
cēnsuērunt voted

triumphum triplicem a triple triumph
fēriās holiday
pompam procession
contrā against
candidīs white
palūdāmentum general's cloak
tībīcinibus flute players

plaustrīs wagons
imāginēs pictures
cultās adorned

līberīs children
catēnīs vinctī bound in chains
ēlēctī chosen
fulgentibus shining

A Roman Triumph

Augustus tamen nōn deus vidērī volēbat, nōn dictātor vocārī, nōn rēx fierī. dīxit in senātū sē velle rempūblicam restituere populōque lībertātem reddere. ipse multīs post annīs, cum aetāte prōvectus moritūrus esset, testāmentum ēdidit in quō haec verba scrīpsit: 'in cōnsulātū sextō et septimō, postquam bella cīvīlia exstīnxeram, per cōnsēnsum ūniversōrum potītus omnium rērum, rempūblicam ex meā potestāte in senātūs populīque Rōmānī arbitrium trānstulī.'

senātōrēs eī plūrimās grātiās ēgērunt sed eum ōrāvērunt nē patriae deesset nēve imperium dēpōneret. at ille, quamquam verbīs rempūblicam restituit, rē vērā omnibus auctōritāte adeō praestitit ut semper potentior fieret. quadrāgintā annōs posteā vīxit et, cum tandem moritūrus esset, potestātem nōn modo apud vulgus sed etiam apud nōbilēs adeō cōnfirmāverat ut imperium prīvīgnō, Tiberiō, trādere posset.

restituere to restore
prōvectus advanced
testāmentum testament
in cōnsulātū sextō et septimō i.e. in 28 and 27 BC
exstīnxeram had put an end to
cōnsēnsum ūniversōrum agreement of all
potītus (+ gen.) having control of
arbitrium rule
nēve and not to
auctōritāte in authority
praestitit excelled
vīxit lived
prīvīgnō stepson

V

cōnfirmō (1)	I strengthen
mūtō (1)	I change
excipiō, excipere, excēpī, exceptus	I receive, greet
committō, committere, commīsī, commissus	I entrust; join (battle)
oblīvīscor, oblīvīscī, oblītus + genitive	I forget
meminī, meminisse + genitive	I remember
praeda, -ae, *f.*	booty
prōvincia, -ae, *f.*	province
vulgus, -ī, *n.*	the people, crowd
fīnis, fīnis, *m.*	end
fīnēs, fīnium, *m.pl.*	territory, borders
frīgus, frīgoris, *n.*	cold
potestās, potestātis, *f.*	power
potēns, potentis	powerful
quiēs, quiētis, *f.*	rest, quiet
maiōrēs, maiōrum, *m.pl.*	ancestors
currus, -ūs, *m.*	chariot
frequēns, frequentis	frequent, crowded
similis, simile	like
ob + accusative	on account of
praeter + accusative	past, beyond, except
praetereō, praeterīre, praeteriī	I go past
praetervehō, praetervehere, praetervēxī, praetervectus	I carry past

Exercise 19.1

What is the meaning of the following pairs of verbs and nouns

lātus-a-um	lātitūdō, lātitūdinis, *f.*
longus-a-um	longitūdō, longitūdinis, *f.*
magnus-a-um	magnitūdō, magnitūdinis, *f.*
multus-a-um	multitūdō, multitūdinis, *f.*

G Verbs of fearing

timeō, **metuō**, **vereor** all mean 'I fear, I am afraid (of)'.
timeō nē sērō adveniāmus
Either I am afraid lest we arrive late.
or   I am afraid that we may/shall arrive late.
or   I am afraid we may/shall arrive late.
Latin always uses **nē** + subjunctive, or, if negative, **nē nōn**, e.g.

timeō nē nōn hodiē adveniāmus I am afraid lest/that we may/shall not arrive today.

If the main verb is past, the **nē** clause has the imperfect subjunctive, as in purpose clauses, e.g.

metuēbant nē ab hostibus vincerentur They feared that they might be conquered by the enemy.

NB **timeō hoc facere** I am afraid to do this.
Latin, like English, uses the infinitive in sentences meaning 'afraid <u>to</u>'.

Exercise 19.2

Translate

1 puella timēbat, nē māter sibi īrāscerētur.
2 puerī, veritī nē ad lūdum sērō advenīrent, festīnābant.
3 nōnne metuis Rōmae aestāte manēre? nōnne timēs nē aeger fīās?
4 Augustus, veritus nē bella in fīnibus imperiī fierent, prōvinciās praesidiīs validīs cōnfirmāvit.
5 nōbilēs metuēbant nē Augustus lībertātem populō nōn redderet.
6 timēmus nē nōn satis pecūniae habeāmus.

G Note that in all forms of indirect speech (indirect statements, questions and commands), in purpose clauses and in fearing clauses, the reflexives **sē** and **suus** refer to the subject of the leading verb, e.g.

> **Maecēnās, Quīntō arcessītō, dīxit sē dōnum eī datūrum esse** Maecenas summoned Quintus and said he was going to give him a present.

Exercise 19.3

Translate the following sentences. Say to whom each of the pronouns underlined refers

1 puerī iuvenem rogāvērunt num patrem suum vīdisset; <u>ille</u> negāvit <u>sē</u> <u>eum</u> vīdisse.
2 puellae patrī dīxērunt mātrem <u>sibi</u> praemium dedisse; <u>ille eās</u> laudāvit.
3 servus fūgit nē dominus <u>sē</u> pūnīret; at <u>ille</u> <u>eī</u> ignōvit.
4 senex, veritus nē uxor <u>sibi</u> īrāsceretur, dōnum <u>eī</u> tulit.
5 Maecēnās Octāviānum rogāvit cūr tantum onus <u>sibi</u> impōneret; ille respondit <u>sē</u> <u>eī</u> sōlī cōnfīdere.

Exercise 19.4

1 The boys were afraid the master would not receive them kindly.
2 They stood near the door of the school, fearing to enter.
3 The master, having come out, told them to go in at once and show him their tablets.
4 When he had looked at the tablets, he asked why they had not completed the work.
5 The boys were afraid to tell the truth and said that they had been ill.
6 Horatia was afraid her mother would call her.
7 'I fear,' she said, 'that mother will tell me to carry water from the spring.'
8 Since she did not want to do this, she hid in the wood.
9 When her mother found her, she was very angry and said that she would not give her dinner.
10 I am afraid that not all girls are good.

Exercise 19.5

Translate the first paragraph. Answer the questions on the poem after you have read it with your teacher

Quīntus iam senior fīēbat. numquam uxōrem dūxerat sed caelebs manēbat, quamquam multās puellās amāverat, ā multīs amātus est, multa carmina scrīpserat amātōria. in hīs carminibus nunquam amōre flagrāre vidētur, sed aut puellam aut aliōs amātōrēs aut sē ipsum lēniter arrīdet. nam rēs hūmānās spectat sīcut cōmoediam, quae rīsum potius quam lacrimās excitāre dēbet, sī locum graviter tractāre incipit, saepe trīstitiā expulsā in iocum rem vertit. nōnnunquam lēctōrēs ēlūdit; simulat sē sēria dīcere sed rē vērā iocātur. cum

dūxerat had married
caelebs a bachelor

flagrāre to be on fire with

cōmoediam comedy
potius quam rather than
locum a theme
tractāre to handle, treat
iocum joke
ēlūdit mocks
sēria serious things
iocātur jokes

carmen legere incipis, scīre nōn potes quō tē ductūrus
sit. multīs post annīs, cum iam senior fieret, puellās
valēre iubet in hōc carmine:

> vīxī puellīs nūper idōneus
> et mīlitāvī nōn sine glōriā.
> > nunc arma dēfūnctumque bellō
> > > barbiton hic pariēs habēbit,
>
> laevum marīnae quī Veneris latus
> custōdit. hīc, hīc pōnite lūcida
> > fūnālia et vectēs et arcūs
> > > oppositīs foribus minācēs.
>
> ō quae beātam dīva tenēs Cyprum et
> Memphim carentem Sīthoniā nive,
> > rēgīna, sublīmī flagellō
> > > tange Chloēn semel arrogantem.

puellīs idōneus suitable for
girls, i.e. a lad for the girls

dēfūnctum bellō which has
finished its warfare

barbiton (*n.acc.*) lyre (for
serenading)

hic pariēs this wall, i.e. the
wall of the temple of Venus,
where he is hanging up his
weapons

laevum latus left side

marīnae sea-born (Venus was
born from the foam of the sea)

lūcida fūnālia shining torches

vectēs crowbars

arcūs bows

oppositīs foribus minācēs
threatening (i.e. which
threatened) closed doors

ō . . . Cyprum = ō dīva
(goddess) quae tenēs Cyprum:
Cyprus was Venus's
birthplace, a centre of her
worship

Memphis: in Egypt, a centre
of Venus's worship

Sīthoniā nive Scythian
(Northern) snow

sublīmī flagellō with uplifted
whip

Chloēn: acc. of Chloe, the girl
who had been proud
(arrogantem) towards Horace

vīxī puellīs nūper idōneus.

1 In what terms does Horace describe his life as a lover?
2 When a soldier retired, he dedicated his weapons to Mars, by
   hanging them on the wall of a temple of Mars. To whom does
   Horace dedicate *his* weapons? What were the weapons and how do
   you suppose he used them?
3 'hīc, hīc pōnite. . . .' To whom do you suppose he is speaking?
4 In the last verse he makes a prayer to Venus. What is this prayer?
   How do you think Chloe showed arrogance towards Horace?
5 How does the last verse show a sudden change of direction? How
   seriously do you think this poem is intended?
6 The poem takes a form Horace is rather fond of, a dramatic
   monologue; that is to say only the poet speaks but a little drama
   with other actors is suggested. Describe what is happening in the
   course of this poem.

THE ROMAN TRIUMPH

One of the most sensational events to be seen in ancient Rome was
the Triumph of a victorious general. This was not an honour which
could easily be won. The **triumphātor** had to be dictator, a consul or a
praetor (Octavian was a consul). He must have conquered in person,
and so completely that his troops could safely leave for Rome; he
must have killed at least 5,000 of the enemy and added new territory
to the empire.

The day of triumph was a holiday for the whole city. Flowers
bedecked the buildings and statues, and every altar blazed with fire.
The people, wild with excitement, poured forth to line the streets.

The **triumphātor** had spent the previous night with his troops on
the Campus Martius. From here the vast triumphal procession
entered the city by a special gate used only on these occasions, the
Porta Triumphālis.

The city magistrates led the way, followed by trumpeters
sounding the charge. After them came the plunder taken in the
campaign, and pictures of the forts, cities, mountains, lakes and seas
of the captured territory. Next priests walked, leading the richly
adorned white oxen to the sacrifice. And then there were the captives,
with the king and his family and chief nobles at their head. Behind
them, musicians played and danced. It was a spectacular scene,
greeted with deafening applause.

But the cheers redoubled when the **triumphātor** himself came
into view, riding in a strange turret-shaped chariot drawn by four
white horses. He was robed in gold and purple, his face was painted
red, and he was crowned with a laurel wreath. He carried a laurel
branch in his right hand and an ivory sceptre in his left. A public slave
stood behind him on the chariot holding over his head the crown of

Jupiter, an oak wreath made of gold and studded with jewels. The slave continually repeated the words, 'Remember that you are a mortal,' amid the hysterical shouting. Since the **triumphātor** was the earthly representative of Capitoline Jupiter, he needed to be reminded that he was also a mere man.

The victorious soldiers came behind their general wearing olive wreaths, shouting 'Iō Triumphe!' (Behold the triumph!) and singing lively songs.

The procession went through the Circus Maximus, round the Palatine, and then followed the Sacred Way to the Forum. From there the procession climbed the Capitoline Hill to the Temple of Jupiter. Meanwhile the chief captives were being put to death in a prison next to the Forum.

The oxen were sacrificed outside the temple and the **triumphātor** set his laurel wreath on the lap of the god. Afterwards there was a great banquet in his honour, and then, as evening approached, he went to his home accompanied by the music of flutes and pipes.

So ended a day in which the jubilant Romans celebrated with uncontrolled emotion the military qualities which had made their nation great.

PS (**post scrīptum**) Octavian entered Rome in triumph on 13 August 29 BC. As we have seen he broke with tradition by riding at the head of the procession in front of the city magistrates. He had won three victories (two of them were at Actium and Alexandria) and his triumph lasted three days.

❓ Think of any great parade or procession that has taken place in modern times. In what ways, if any, is it like a Roman triumph?

CHAPTER XX

Augustus

PAX ET PRINCEPS

Augustus quamquam, bellīs cīvīlibus exstinctīs, pācem
populō Rōmānō reddiderat, ipse nec pāce nec ōtiō fruī
poterat; nam bella multīs cum gentibus externīs
suscipere coāctus est. ultrā fīnēs enim imperiī Rōmanī
habitābant gentēs barbarae, quae prōvinciīs semper
minābantur.

    Augustus, postquam Antōniī cōpiae sē eī
dēdidērunt, sexāgintā legiōnēs in exercitū habēbat;
mīlitum ducentīs mīlibus missiōnem dare cōnstituit;
tantum octō et vīgintī legiōnēs in exercitū retinēbat,
quās in fīnibus imperiī collocāvit. ubi tamen rem cum
Agrippā diū cōgitāvit, sēnsit imperium Rōmānum
numquam tūtum fore, nisi fīnēs ad flūmina Rhēnum
Dānuviumque prōtulisset. uh haec efficeret, multōs
annōs aut ipse aut aliī ducēs mīlitābant multāsque
gentēs imperiō adiēcērunt.

    poētae semper canēbant Augustum et mare
trānsgressūrum ut gentēs Britanniae vinceret et cōpiās

exstinctīs finished

externīs foreign

missiōnem discharge
tantum only

Rhēnum the Rhine
Dānuvium the Danube
adiēcērunt added

199

in Parthōs ductūrum esse, nē clādem ā Crassō acceptam
relinqueret inultam. sīc scrīpsit Horātius ipse:
  caelō tonantem crēdidimus Iovem
  rēgnāre: praesēns dīvus habēbitur
    Augustus, adiectīs Britannīs
      imperiō gravibusque Persīs.

Augustus autem nōn dēsiit pācem petere neque
ūllum bellum iniit nisi pugnāre necesse erat. foedus
cum Parthīs fēcit, signīs quae Crassō duce āmissa erant
receptīs. nūllam clādem accēpit nisi in Germāniā, ubi
trēs legiōnēs duce Vārō in īnsidiās lāpsae omnīnō
dēlētae sunt. huius clādis semper meminerat Augustus;
saepe in somnō, ut dīcunt, clāmāvit, 'ō Vāre, redde
legiōnēs!'

intereā Horātius Vergiliusque vītam tranquillam
agēbant. Augustum ob merita valdē admīrātī, saepe in
carminibus laudābant. Vergilius, Geōrgicīs iam
cōnfectīs, opus et māius et multō difficilius incēperat.
Augustus enim eum rogāverat ut dē rēbus Rōmānīs
scrīberet. at ille sciēbat sē nōn posse carmen dē rēbus
recentibus compōnere, sed fābulam antīquam Aenēae,
quī Trōiā ārdentī relictā ad Italiam vēnerat
Rōmānamque condiderat gentem, ita tractābat ut rēs
recentēs mīrō modō īnsereret.

in librō prīmō Aenēidis Iuppiter Venerī, mātrī
Aenēae, arcāna fātōrum reclūdit; dīcit oritūrōs esse ab
Aenēā Rōmānōs, 'rērum dominōs gentemque
togātam': 'tandem' inquit 'nāscētur Augustus Caesar,
ab Aenēae stirpe ortus, quī imperium Oceanō
terminābit:
  aspera tum positīs mītēscent saecula bellīs. . . .
  claudentur Bellī portae.

Quīntus intereā trēs librōs carminum cōnfēcerat;
sciēbat sē opus mīrum effēcisse cum carmen lyricum
poētārum Graecōrum ad linguam mōrēsque Latīnōs
dēdūxisset. in ultimō carmine praemium sibi superbē
vindicat Mūsamque rogat ut suum caput laureā
Delphicā corōnet:
  exēgī monumentum aere perennius
  rēgālīque sitū pȳramidum altius,
  quod nōn imber edāx, nōn Aquilō impotēns
  possit dīruere aut innumerābilis
  annōrum seriēs et fuga temporum.
  nōn omnis moriar.

inultam unavenged

tonantem thundering, when
he thundered

praesēns dīvus a present
deity, i.e. a god on earth

necesse necessary

ut dīcunt as men say

merita his merits,
achievements

condiderat had founded
tractābat was treating
īnsereret he brought in
arcāna the secrets
reclūdit reveals
stirpe stock
terminābit will bound
aspera harsh, cruel
mītēscent will grow kind
positīs laid aside, ended
saecula the age(s)
lyricum lyric
dēdūxisset had brought,
adapted
vindicat claims
laurā Delphicā with Apollo's
laurel
exēgī I have raised
aere perennius more lasting
than bronze
rēgālī sitū the royal pile
imber edāx biting rain
Aquilō impotēns the wild
North Wind
dīruere overthrow
innumerābilis seriēs the
uncountable procession

tempus fugiēbat; et Quīntus et Vergilius seniōrēs
erant; Vergilius, quī numquam rēctē valuerat, iam
saepe aeger erat. in Graeciam iter fēcit ut monumenta
vīseret Aenēidemque cōnficeret. cum tamen Athēnās
advēnisset, Augustō occurrit ab Oriente redeuntī, quī
eī persuāsit ut sēcum Rōmam redīret. in itinere morbō
correptus Brundisiī mortuus est. corpus ēius ad
Campāniam relātum Neāpolī sepultum est.

    Quīntus, cum Vergilius ad Graeciam profectūrus
esset, carmen scrīpserat in quō deōs ōrābat ut
Vergilium servārent. nāvem quae Vergilium ferēbat
invocat:

      nāvis, Vergilium fīnibus Atticīs
        reddās incolumem precor
      et servēs animae dīmidium meae.
Vergilius ad Graeciam incolumis advēnerat, numquam
reditūrus; precēs Quīntī vānae fuerant. mortem amīcī
cārissimī sine fīne lūgēbat.

    Maecēnās Quīntum Augustō iamdūdum
commendāverat; ille carmina Quīntī valdē admīrābātur
eumque in numerō amīcōrum habēbat. diē quōdam
Maecēnās epistolam ab Augustō scrīptam accēpit, in
quā ille haec dīcit: 'anteā ego ipse epistolās amīcīs
scrībere poteram: nunc occupātissimus et īnfirmus
Horātium nostrum ā tē cupiō abdūcere. veniet ergō et
mē adiuvābit ut epistolās scrībam.'

    Maecēnās Quīntō arcessītō dīxit quid vellet
prīnceps. ille obstupefactus est; gaudēbat quod
Augustus sibi tantopere cōnfīderet tantumque
honōrem sibi obtulisset, sed praesentem cursum vītae
mūtāre nūllō modō volēbat. Maecēnātī, 'cāre amīce,'
inquit, 'nōn possum prīncipī pārēre. nōn satis ōtiī
habēbō ut carmina compōnam; nōn poterō fundum
meum revīsere cum voluerō.'

    ille 'nōlī tē vexāre, amīce,' inquit; 'ego nōn
putābam tē haec acceptūrum esse. dīc eī tē tantō
honōre nōn dignum esse; dīc tē nōn satis valēre ut
tantum onus suscipiās. vir prūdēns est et hūmānus; rem
intelleget; non tibi īrāscētur.'

    Quīntus igitur prīncipī respondit sīcut Maecēnās
monuerat. ille excūsātiōnem Quīntī aequō animō
accēpit; nōn eī īrātus erat neque dēsiit eum in numerō
amīcōrum habēre. proximō annō Quīntum summō
honōre affēcit.

    omnia bella iam tandem cōnfecta erant; pāx erat
per tōtum imperium Rōmānum. Augustō placuit ut

Neāpolī at Naples

Atticīs of Greece
animae dīmidium half of my
soul

vānae in vain
lūgēbat he mourned

commendāverat had
introduced

īnfirmus weak, infirm
ergō and so

tantopere so greatly

revīsere to revisit
tē vexāre vex yourself, get
upset
valēre to be well

excūsātiōnem excuse
aequō animō calmly

affēcit treated

Augustō placuit it pleased
Augustus, Augustus decided

novum saeculum cōnsecrāret lūdīs saeculāribus celebrandīs. Quīntum rogāvit ut carmen compōneret huic celebrātiōnī idōneum.

trēs diēs tōtus populus Rōmānus fēriās agebat. lūdī summā religiōne summāque sānctitāte celebrātī sunt. Augustus cum Agrippā sacrificia fēcit in monte Capitōlīnō Iovī Optimō Maximō Iūnōnīque rēgīnae. tertiō diē sacrificia Apollinī Diānaeque facta sunt in Palātīnō; eā nocte, ubi sacerdōtēs sacrificia rītē cōnfēcērunt, tōtō populō spectante, chorus puerōrum puellārumque carmen Horātiī cantāvit:

saeculum age
lūdīs . . . celebrandīs by celebrating the secular games

fēriās holiday

rītē duly

The breastplate of Augustus

Phoebe silvārumque potēns Diāna,
lūcidum caelī decus, ō colendī
semper et cultī, date quae precāmur
    tempore sacrō,

quō Sibyllīnī monuēre versūs
virginēs lēctās puerōsque castōs
dīs, quibus septem placuēre collēs,
    dīcere carmen.

Phoebus Apollo
potēns (+ gen.) ruling
Diāna was goddess of hunting and the forest and the moon
lūcidum caelī decus shining glory of the heavens
ō colendī semper o, ever to be worshipped
quō at which
Sibyllīnī versūs books of prophecy written in verse
virginēs lēctās chosen maidens
castōs spotless, virtuous
placuēre = placuērunt

paucīs post annīs Maecēnās, quī diū aegrōtāverat, mortuus est. in testāmentō suō Quīntum Augustō commīsit. namque hoc scrīpsit: 'Horātiī Flaccī ut meī estō memor.' sed brevī tempore Quīntus quoque diem obiit; sepultus est in monte Esquilīnō prope tumulum Maecēnātis.

aegrōtāverat had been ill
testāmentō will
estō memor be mindful of (remember)
diem obiit met his day, i.e. died
sepultus est was buried
tumulum tomb

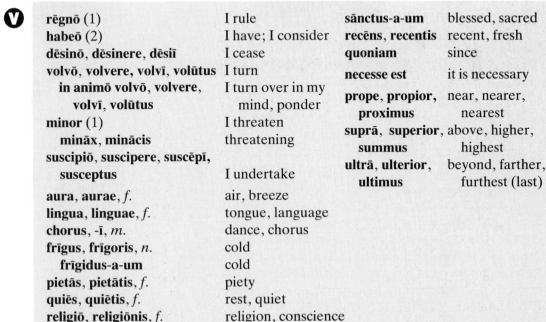

D · M
Q · HORATIVS · FLACCVS
ANNOS · VIXIT · LVII
MVLTIS · ILLE · BONIS · FLEBILIS
OCCIDIT

rēgnō (1)	I rule	**sānctus-a-um**	blessed, sacred
habeō (2)	I have; I consider	**recēns, recentis**	recent, fresh
dēsinō, dēsinere, dēsiī	I cease	**quoniam**	since
volvō, volvere, volvī, volūtus	I turn	**necesse est**	it is necessary
in animō volvō, volvere, volvī, volūtus	I turn over in my mind, ponder	**prope, propior, proximus**	near, nearer, nearest
minor (1)	I threaten	**suprā, superior, summus**	above, higher, highest
mināx, minācis	threatening		
suscipiō, suscipere, suscēpī, susceptus	I undertake	**ultrā, ulterior, ultimus**	beyond, farther, furthest (last)
aura, aurae, *f.*	air, breeze		
lingua, linguae, *f.*	tongue, language		
chorus, -ī, *m.*	dance, chorus		
frīgus, frīgoris, *n.*	cold		
frīgidus-a-um	cold		
pietās, pietātis, *f.*	piety		
quiēs, quiētis, *f.*	rest, quiet		
religiō, religiōnis, *f.*	religion, conscience		
ratiō, ratiōnis, *f.*	reason, way, method		

Exercise 20.1

What are the meanings of the following words

amō	amātor, amātōris, *m.*		
moneō	monitor	monitiō, monitiōnis, *f.*	monitus, monitūs, *m.*
regō	rēctor		
audiō	audītor	audītiō	
accūsō	accūsātor	accūsātiō	
cōnor			cōnātus
nārrō	nārrātor	nārrātiō	
nāvigō	nāvigātor	nāvigātiō	
mūtō		mūtātiō	
ōrō	ōrātor	ōrātiō	
hortor	hortātor	hortātiō	
moveō			mōtus
canō	cantor		cantus
colō	cultor		cultus
currō	cursor		cursus
legō	lēctor	lēctiō	
prōdō	prōditor	prōditiō	
scrībō	scrīptor	scrīptiō	
mūniō		mūnītiō	
orior			ortus
adveniō			adventus
adeō			aditus

Exercise 20.2

Translate and name the construction used in each sentence

1 Augustus, bellīs cīvīlibus exstīnctīs, pācem populō Rōmānō reddidit.
2 sēnsit autem imperium Rōmānum numquam tūtum fore, nisi fīnēs ad flūmina Rhēnum Dānuviumque prōtulisset.
3 ut haec efficeret, multōs annōs aut ipse aut ducēs ēius mīlitābant multāsque gentēs externās imperiō adiēcērunt.
4 poētae canēbant Augustum cōpiās in Parthōs ductūrum esse, nē clādem ā Crassō acceptam relinqueret inultam.
5 nesciēbant tamen quae Augustus in animō habēret; ille enim nūllum bellum iniit, nisi pugnāre necesse erat.
6 ūnam clādem accēpit cum Vārus cum tribus legiōnibus in Germāniā dēlētus est; cuius clādis numquam oblītus est.
7 Augustus Vergilium rogāvit ut dē rēbus Rōmānīs scrīberet; at ille negāvit sē posse carmen compōnere de rēbus recentibus.
8 sed fābulam Aenēae ita tractāvit ut futūra mīrō modō īnsereret.
9 Vergilius Brundisiī mortuus est, Aenēide nōndum cōnfectā.
10 Quīntus, Vergiliō mortuō, tam trīstis erat ut semper eum lūgēret.

Exercise 20.3

Below there are six extracts from the *Rēs Gestae* (= achievements) *Dīvī Augustī*. This was the testament which Augustus wrote shortly before his death, in which he outlined his career and all that he claimed he had achieved for Rome. This testament was read out in the Senate after his death; it was then engraved on two bronze pillars set up in Rome. These have been lost, but copies were made in many parts of the Empire and some of these have been preserved. The most complete is from Ancyra in Southern Turkey, engraved on the wall of a mosque, which had previously been the temple of Rome and Augustus. (Augustus was made a god after his death; hence he is called Dīvus Augustus.)

The *Rēs Gestae* of Augustus

Translate these extracts and write a short explanatory commentary on each
Most of the events Augustus refers to have been described in our
story, but for some you may have to use a history of Rome to help you.

1 eōs quī parentem meum trucīdāvērunt in exsilium
  expulī et posteā, cum bellum īnferrent reīpūblicae,
  vīcī bis aciē.
  (Here explain whom Augustus means by 'parentem
  meum', who are 'eī quī . . . trucīdāvērunt', and what
  battles he is talking about. How true is what he
  writes?)

trucīdāvērunt murdered

bis twice

2 bella terrā et marī cīvīlia externaque tōtō in orbe
  terrārum saepe gessī, victorque omnibus veniam
  petentibus cīvibus pepercī. externās gentēs, quibus
  tūtō ignōscere potuī, cōnservāre quam dēlēre māluī.

3 templum Iānī, quod clausum esse māiōrēs nostrī
  voluērunt cum per tōtum imperium populī Rōmānī
  terrā marīque esset parta pāx, ter mē prīncipe
  senātus claudendum esse cēnsuit.

esset parta had been won
ter three times
claudendum esse should be shut
cēnsuit voted
fīnitimae bordering

4 omnium prōvinciārum populī Rōmānī, quibus
  fīnitimae fuērunt gentēs quae nōn pārērent imperiō
  nostrō, fīnēs auxī. Aegyptum imperiō populī Rōmānī
  adiēcī. quō prō meritō meō senātūs cōnsultō
  Augustus appellātus sum.

5 in cōnsulātū sextō et septimō (i.e. 28 and 27 BC),
  postquam bella cīvīlia exstīnxeram, per cōnsēnsum
  ūniversōrum potītus omnium rērum, rempūblicam
  ex meā potestāte in senātūs populīque Romānī
  arbitrium trānstulī.

potītus (+ gen.) controlling
arbitrium rule
praestitī (+ dat.) excelled
nihil amplius no more

6 post id tempus auctōritāte omnibus praestitī,
  potestātis autem nihil amplius habuī quam cēterī quī
  mihi in magistrātū quōque conlēgae fuērunt.

  cum scrīpsī haec annum agēbam septuāgēnsimum
  sextum.

in magistrātū quōque in each magistracy
conlēgae colleagues
septuāgēnsimum seventieth

Exercise 20.4

*Translate the first paragraph. Answer the questions on the second
paragraph. Answer the questions on the poem*
Quīntus sub īlice sedēbat prope fontem Bandusiae;
tempora praeterita in animō volvēbat. amīcōs veterēs
in animum revocābat; vīvōrum meminerat,
Maecēnātis, quī im aegrōtābat, Pompēiī, quī in vīllā
marī vīcīnā senēscēbat; neque vērō mortuōrum

īlex, īlicis holm-oak
praeterita past

senēscēbat was growing old
vērō indeed

oblivīscēbātur, Marcī Cicerōnis, quī cōnsul factus erat atque prōcōnsul Asiae, Vergiliī, quī diem obierat Aenēide nōndum cōnfectā, sorōris parentumque, quōs etiam nunc dēsīderābat, amīcōrum multōrum, quī in bellīs cīvīlibus perierant.

    vēr aderat; sōl fulgēbat; aura levis arborēs agitābat; aqua frīgida lēnī murmure ē fonte fluēbat. omnia pulchra erant; omnia quiētem atque tranquillitātem fovēbant. sed Quīntus trīstis erat. id carmen cōnficere cōnābātur quod multōs abhinc annōs dē reditū vēris scrībēbat et dē gaudiīs quae vēr sēcum fert. nunc senior erat et sapientior. cognōverat omnia pulchra celeriter praeterīre, vītam brevem esse, mortem ūniversōs manēre, nēminem ex īnferīs redīre:

> diffūgēre nivēs; redeunt iam grāmina campīs
>   arboribusque comae;
> mūtat terra vicēs, et dēcrēscentia rīpās
>   flūmina praetereunt.

> Grātia cum Nymphīs geminīsque sorōribus audet
>   dūcere nūda chorōs.
> immortālia nē spērēs, monet annus et almum
>   quae rapit hōra diem.

prōcōnsul governor

fulgēbat was shining
agitābat was stirring
lēnī gentle
fovēbant encouraged

ūniversōs everyone
īnferīs the underworld
diffūgēre = **diffūgērunt**
nivēs snows
grāmina grasses
comae leaves
vicēs seasons
dēcrēscentia growing smaller
praetereunt run between (instead of flooding with melted snow)
Grātia Grace (there were three Graces who represented beauty and charm)
cum geminīs sorōribus with her two sisters
nūda naked (the weather is warmer)
immortālia . . . diem: annus (tē) monet et hōra quae rapit almum (= beautiful) **diem, nē immortālia spērēs**

The Three Graces, a wall-painting from Pompeii

207

frīgora mītēscunt Zephyrīs, vēr prōterit aestās
    interitūra simul
pōmifer autumnus frūgēs effūderit, et mox
    brūma recurrit iners.

damna tamen celerēs reparant caelestia lūnae:
    nōs ubi dēcidimus
quō pater Aenēās, quō Tullus dīves et Ancus,
    pulvis et umbra sumus.

cum semel occideris et dē tē splendida Mīnōs
    fēcerit arbitria,
nōn, Torquāte, genus, nōn tē fācundia, nōn tē
    restituet pietās.

mītēscunt thaw
Zephyrīs before the West Winds (of spring)
prōterit comes on the heels of
vēr: object, **aestās** subject
interitūra doomed to die
simul as soon as
pōmifer apple-bringing
frūgēs fruits
brūma winter
iners sluggish
celerēs lūnae: = months (subject)
damna caelestia losses in the sky
dēcidimus go down
restituet will bring you back

Tullus et Ancus: early kings of Rome
pulvis dust
semel once
occideris you die
Mīnōs was one of the judges of the underworld

splendida arbitria stately judgements
Torquātus is the friend to whom the poem is addressed
genus your family, i.e. high birth
fācundia eloquence

Questions on second paragraph

1 Describe what the day was like. What feelings did the day and place encourage?
2 'Quīntus trīstis erat'. Why?
3 When had Quintus started this poem? What did he write about then? Why was he treating the subject differently now?
4 Put into direct speech: 'nēminem ex īnferīs redīre.' Put into indirect speech after **Quīntus dīxit**: 'Quīntus trīstis erat.'

Questions on the poem

1 What is the mood of the first six lines? Happy, sad, excited, indifferent, or what? Which two lines particularly make the mood clear?
2 What is the message which the coming of spring brings to Horace? Does it seem to you a strange message?
3 Explain what is meant by: 'damna tamen reparant caelestia lūnae.'
4 Aeneas, Ancus, Tullus: why should Horace have chosen these names?
5 'nōn . . . nōn . . . nōn': what is the effect of this repetition?
6 How far do you sympathize with the attitudes Horace expresses in this poem? If you don't do so now, do you think you might some day?

AUGUSTUS

When Octavian returned from the East in 29 BC, the undisputed master of the Roman world, he stopped at Atella near Naples on his way to Rome. It was here that Virgil read him the four books of the *Georgics*, with Maecenas taking over when his voice gave out.

Virgil lamented, in a great passage at the end of the first book of this poem, the decades of civil strife which you have read so much of in this course. Warfare had taken the farmers from the land and made them soldiers, straightening their scythes into hard swords and choking the abandoned fields with weeds. Right and wrong were turned upside down and countless wars tore the world apart. Evil was everywhere rampant and impious Mars raged throughout the world. It was as if a driver had lost control of his horses and his chariot was hurtling him along to destruction.

Virgil here captures the desperation felt by his generation in these years of apparently endless slaughter of Roman by Roman. He brilliantly conveys the impression of a world on the brink of chaos.

By the time he read these lines to Octavian, the Gates of War in the Temple of Janus had been closed for the first time in more than 200 years. Peace had now been established throughout the empire. It must have seemed almost too good to be true to Virgil and his contemporaries.

Soon the Senate voted Octavian the name of Augustus (which means 'worthy of honour and reverence'). In 17 BC Horace wrote his *Carmen Saeculāre*, ushering in a new golden age. Eight years later the Ara Pācis (the Altar of Peace) was dedicated on the banks of the Tiber. This magnificent sculptured monument shows not only the

The Ara Pācis

people of Rome with the family of Augustus in solemn procession, but also the Italian countryside restored to fertility in a new era. A contemporary poet wrote:

> My poem leads us to the Altar of Peace. . . .
> Peace, be present, your hair elegantly bound with the garland of Actium:
>> Remain in gentleness throughout the world.
> Let us have no enemies: we shall gladly do without a reason for a triumph.
>> You, Peace, will bring our generals greater glory than war.
> Let soldiers carry arms only to keep arms in check,
>> And let the savage trumpet never be blown except in ceremonies.
> Let the ends of the earth shudder in fear of the descendants of Aeneas;
>> If any land does not fear Rome very much, then let it love her.
> Priests, add incense to the flames on the Altar of Peace
>> And let the white victim fall, its forehead stained with blood;
> And ask the gods, who are eager to grant pious prayers,
>> To make the house which guarantees peace, last in peace for ever.
>
> Ovid, *Fastī*, 1, 709–22

The celebration is sincere. But Rome was no longer a republic. Augustus was called not **rēx** but **prīnceps** (leading citizen). But total power lay in his hands and in his hands alone; and a dynasty had been established ('the house which guarantees peace'). A hundred years later Tacitus, the greatest of the Roman historians, wrote:

> When he had seduced the soldiers with gifts, the people with cheap food and everyone with the sweet delights of peace, he increased his power little by little, taking into his own hands the functions of the senate, the magistrates and the laws. Nobody opposed him, since the boldest spirits had died in the wars or in the proscriptions, and the rest of the aristocracy were rewarded with wealth and rank in proportion to their eagerness to become slaves. They had done well out of the new political situation and preferred the present state of affairs which brought safety, to the old system with all its dangers.
>
> So the state had been completely transformed. There was no trace anywhere of the old free Roman character. Equality no longer meant anything. Everyone was at the Emperor's beck and call.
>
> Tacitus, *Annals* 1

Augustus and Rome

What do you think of Augustus? What aspects of his personality have come across to you?

Do you think that the establishment of peace compensated for the loss of liberty?

Would you rather live in a peaceful and well-ordered monarchy or a war-torn and disordered democracy?
If you prefer to live in a democracy, with political equality and freedom, what lessons can you learn from the fall of the Roman republic?

SUMMARY OF GRAMMAR

NOUNS

1st declension	2nd declension		3rd declension	
stems in **-a**	stems in **-o**		stems in consonants	
feminine	*masculine*	*neuter*	*masc. & fem.*	*neuter*
singular				
nom. domin-a	domin-us	bell-um	dux	caput
acc. domin-am	domin-um	bell-um	duc-em	caput
gen. domin-ae	domin-ī	bell-ī	duc-is	capit-is
dat. domin-ae	domin-ō	bell-ō	duc-ī	capit-ī
abl. domin-ā	domin-ō	bell-ō	duc-e	capit-e
plural				
nom. domin-ae	domin-ī	bell-a	duc-ēs	capit-a
acc. domin-ās	domin-ōs	bell-a	duc-ēs	capit-a
gen. domin-ārum	domin-ōrum	bell-ōrum	duc-um	capit-um
dat. domin-īs	domin-īs	bell-īs	duc-ibus	capit-ibus
abl. domin-īs	domin-īs	bell-īs	duc-ibus	capit-ibus

3rd declension		4th declension	5th declension
stems in -**i**		stems in -**u**	stems in -**e**
masc. & fem.	*neuter*	*masculine*	*feminine*
singular			
nom. cīvis	mare	grad-us	rēs
acc. cīv-em	mare	grad-um	rēm
gen. cīv-is	mar-is	grad-ūs	reī
dat. cīv-ī	mar-ī	grad-uī	reī
abl. cīv-e	mar-ī	grad-ū	rē
plural			
nom. cīv-ēs	mar-ia	grad-ūs	rēs
acc. cīv-ēs	mar-ia	grad-ūs	rēs
gen. cīv-ium	mar-um	grad-uum	rērum
dat. cīv-ibus	mar-ibus	grad-ibus	rēbus
abl. cīv-ibus	mar-ibus	grad-ibus	rēbus

Notes

1 The vocative case, used in addressing or calling someone, is the same as the nominative, except in the second declension, where nouns ending -us form vocative singular -e, e.g. **Quīnte**, and nouns ending -ius form vocative singular -ī, e.g. **fīlī**.

2 All words of the first declension are feminine except for those which are masculine by meaning, e.g. **agricola** farmer, **nauta** sailor, **poēta** poet.

3 Some second declension masculine nouns have nominative -er, e.g. **puer**, **ager**; of these, some keep the -e in their stem, e.g. **puerī**, others drop it, e.g. **agrī**.

4 Third declension. The gender of all third declension nouns has to be learnt. Genitive plural is -**um**, except for (a) nouns which have the same number of syllables in nominative and genitive, e.g. **cīvis**, **cīvis** (b) nouns whose stem ends in two or more consonants, e.g. **urbs**, **mōns**; these two classes have genitive plural -**ium**, e.g. **cīvium**, **urbium**, **montium** (see also Note 8).

5 All fourth declension nouns are masculine except for **manus** (and two or three other rare words).

6 All fifth declension nouns are feminine, except for **diēs**, which is usually masculine.

7 Locative case, expressing place where:
1st declension singular: -**ae**; (**Rōma**) **Rōmae**   plural: -**īs**; (**Athēnae**) **Athēnīs**
2nd declension singular: -**ī**; (**Corinthus**) **Corinthī**   plural: -**īs**; (**Philippī**) **Philippīs**
3rd declension singular: -**ī**/**e**; (**rūs**) **rūrī**/**rure**   plural: -**ibus**; (**Gādēs**) **Gādibus**

8 Irregular declension
1st declension: **dea** and **fīlia** have dative and ablative plural: **deābus**, **fīliābus**.
2nd declension: **deus** in plural declines: **dī**, **deōs**, **deōrum**/**deum**, **dīs**, **dīs**. **vir** has genitive plural: **virōrum**/**virum**.
3rd declension: the following nouns have genitive plural -**um**, (not -**ium**), contrary to Note 4:
       pater, **māter**, **frāter**, **senex**, **iuvenis**, **canis**, **sēdēs**.
       Iuppiter declines: **Iuppiter**, **Iovem**, **Iovis**, **Iovī**, **Iove**.
       vis (force) in singular has only accusative: **vim**, and ablative: **vī**. The plural **vīrēs** (strength) is regular, with genitive **vīrium**.
4th declension: **domus** in singular declines; **domus**, **domum**, **domūs**, **domuī**/**domō**, **domō**; locative **domī**.

ADJECTIVES

masculine & neuter 2nd declension: feminine 1st declension

singular	*m.*	*f.*	*n.*
nom.	bon-us	bon-a	bon-um
acc.	bon-um	bon-am	bon-um
gen.	bon-ī	bon-ae	bon-ī
dat.	bon-ō	bon-ae	bon-ō
abl.	bon-ō	bon-ā	bon-ō

plural			
nom.	bon-ī	bon-ae	bon-a
acc.	bon-ōs	bon-ās	bon-a
gen.	bon-ōrum	bon-ārum	bon-ōrum
dat.	bon-īs	bon-īs	bon-īs
abl.	bon-īs	bon-īs	bon-īs

Like **bonus, bona, bonum** go: **miser, misera, miserum**; **liber, libera, liberum**; **pulcher, pulchra, pulchrum**; **sacer, sacra, sacrum**

Third declension

consonant stems			*stems in* -**i**	
singular	*m. & f.*	*n.*	*m. & f.*	*n.*
nom.	vetus	vetus	trīstis	trīst-e
acc.	veter-em	vetus	trīst-em	trīst-e
gen.	veter-is	veter-is	trīst-is	trīst-is
dat.	veter-ī	veter-ī	trīst-ī	trīst-ī
abl.	veter-e	veter-e	trīst-ī	trīst-ī

plural				
nom.	veter-ēs	veter-a	trīst-ēs	trīst-ia
acc.	veter-ēs	veter-a	trīst-ēs	trīst-ia
gen.	veter-um	veter-um	trīst-ium	trīst-ium
dat.	veter-ibus	veter-ibus	trīst-ibus	trīst-ibus
abl.	veter-ibus	veter-ibus	trīst-ibus	trīst-ibus

The only other 3rd declension adjectives in a consonant stem you have learnt are: **pauper**, genitive: **pauperis**; **dīves**, genitive **dīvitis**.

Other types of -**i** stems are: **audāx** (neuter **audāx**), genitive **audācis**. **ingēns** (neuter **ingēns**), genitive **ingentis**.

ADVERBS

1 From **bonus** type adjectives, adverbs are normally formed by adding -**e** to the stem, e.g. **laetus** happy, **laet-ē** happily; **miser** miserable, **miserē** miserably. A few add -**ō** instead of -**ē**, e.g. **tūt-us** safe, **tūt-ō** safely.

2 From third declension adjectives, adverbs are normally formed by adding -**ter** to the stem, e.g. **fortis** brave, **forti-ter** bravely; **audāx** bold, **audāc-ter** boldly; **celer** quick, **celeri-ter** quickly.

COMPARISON OF ADJECTIVES AND ADVERBS

Adjectives

positive	laetus	miser	fortis	facilis
comparative	laetior	miserior	fortior	facilior
superlative	laetissimus	miserrimus	fortissimus	facillimus*

*Adjectives which double the l in superlative are: **facilis**, **difficilis**, **similis**, **dissimilis**, **gracilis** graceful, **humilis** lowly.

Adverbs

positive	laetē	misere	fortiter	facile
comparative	laetius	miserius	fortius	facilius
superlative	laetissimē	miserrimē	fortissimē	facillimē

Declension of comparative

singular			*plural*	
	m.f.	*n.*	*m.f.*	*n.*
nom.	laetior	laetius	laetiōrēs	laetiōra
acc.	laetiōrem	laetius	laetiōrēs	laetiōra
gen.	laetiōris	laetiōris	laetiōrum	laetiōrum
dat.	laetiōrī	laetiōrī	laetiōribus	laetiōribus
abl.	laetiōre	laetiōre	laetiōribus	laetiōribus

Irregular comparison

Adjectives

positive	bonus	malus	parvus	magnus	multus
comparative	melior	pēior	minor	māior	plūs
superlative	optimus	pessimus	minimus	maximus	plūrimus

plūs in the singular is a neuter noun, with genitive **plūris** and ablative **plūre**. The plural **plūrēs** is an adjective, declining regularly, genitive **plūrium**.

Adverbs

positive	bene	male	paul(l)um	magnopere	multum
comparative	melius	pēius	minus	magis	plūs
superlative	optimē	pessimē	minimē	maximē	plūrimum

PRONOUNS

Personal pronouns

singular

nom.	ego (I)	tū (you)	
acc.	mē	tē	sē (himself, herself)
gen.	meī	tuī	suī
dat.	mihi	tibi	sibi
abl.	mē	tē	sē

plural

nom.	nōs (we)	vōs (you)	
acc.	nōs	vōs	sē (themselves)
gen.	nostrum	vestrum	suī
dat.	nōbīs	vōbīs	sibi
abl.	nōbīs	vōbīs	sē

Possessive adjectives

meus-a-um my
tuus-a-um your
suus-a-um his own, her own

noster, **nostra**, **nostrum** our
vester, **vestra**, **vestrum** your
suus-a-um their own
All go like **bonus-a-um**, but
meus has vocative **mī**.

Demonstrative pronouns

singular

	m.	*f.*	*n.*	*m.*	*f.*	*n.*	*m.*	*f.*	*n.*
nom.	hic	haec	hoc (this)	ille	illa	illud (that)	is	ea	id (he, she, it)
acc.	hunc	hanc	hoc	illum	illam	illud	eum	eam	id
gen.	huius	huius	huius	illius	illius	illius	ēius	ēius	ēius
dat.	huic	huic	huic	illī	illī	illī	eī	eī	eī
abl.	hōc	hāc	hōc	illō	illā	illō	eō	eā	eō

plural

	m.	*f.*	*n.*	*m.*	*f.*	*n.*	*m.*	*f.*	*n.*
nom.	hī	hae	haec	illī	illae	illa	eī/iī	eae	ea
acc.	hōs	hās	haec	illōs	illās	illa	eōs	eās	ea
gen.	hōrum	hārum	hōrum	illōrum	illārum	illōrum	eōrum	eārum	eōrum
dat.	hīs	hīs	hīs	illīs	illīs	illīs	eīs/iīs	eīs/iīs	eīs/iīs
abl.	hīs	hīs	hīs	illīs	illīs	illīs	eīs/iīs	eīs/iīs	eīs/iīs

singular

	m.	*f.*	*n.*	*m.*	*f.*	*n.*
nom.	īdem	eadem	idem (same)	quī	quae	quod (who, which)
acc.	eundem	eandem	idem	quem	quam	quod
gen.	ēiusdem	ēiusdem	ēiusdem	cūius	cūius	cūius
dat.	eīdem	eīdem	eīdem	cui	cui	cui
abl.	eōdem	eādem	eōdem	quō	quā	quō

plural

nom.	eīdem/īdem	eaedem	eadem	quī	quae	quae
acc.	eōsdem	eāsdem	eadem	quōs	quās	quae
gen.	eōrundem	eārundem	eōrundem	quōrum	quārum	quōrum
dat.	eīsdem/īsdem	} all genders			quibus/quīs	} all genders
abl.	eīsdem/īsdem				quibus/quīs	

ipse, **ipsa**, **ipsum** (self) declines like **ille** (except for neuter nominative and accusative singular). **quis**? **quis**? **quid**? (who? what?) declines like **quī**, **quae**, **quod**, except in feminine nominative and neuter nominative and accusative singular.
The following have genitive singular **-ius** and dative singular **-ī**; apart from this they decline like **bonus**:

alius, **alia**, **aliud** other
ūllus, **ūlla**, **ūllum** any
nūllus, **nūlla**, **nūllum** no
sōlus, **sōla**, **sōlum** sole, only
tōtus, **tōta**, **tōtum** whole

alter, **altera**, **alterum** one of the other of two
uter? **utra**? **utrum**? which of two?
uterque, **utraque**, **utrumque** each of two
neuter, **neutra**, **neutrum** neither of two

The following decline like **quī**, **quae**, **quod**:
quīcumque, **quaecumque**, **quodcumque** whoever, whatever
quīdam, **quaedam**, **quoddam** a certain

aliquis, **aliqua**, **aliquid** someone, something
quisquam, **quidquam/quicquam** anyone (after a negative)

NUMERALS

Cardinals

1	I	ūnus	22	XXII	duo et vīgintī
2	II	duo	30	XXX	trīgintā
3	III	trēs	40	XL	quadrāgintā
4	IV	quattuor	50	L	quīnquāgintā
5	V	quīnque	60	LX	sexāgintā
6	VI	sex	70	LXX	septuāgintā
7	VII	septem	80	LXXX	octōgintā
8	VIII	octō	90	XC	nōnāgintā
9	IX	novem	100	C	centum
10	X	decem	101	CI	centum et ūnus
11	XI	ūndecim	200	CC	ducentī-ae-a
12	XII	duodecim	300	CCC	trecentī
13	XIII	tredecim	400	CCCC	quadringentī
14	XIV	quattuordecim	500	D	quīngentī
15	XV	quīndecim	600	DC	sescentī
16	XVI	sēdecim	700	DCC	septingentī
17	XVII	septendecim	800	DCCC	octingentī
18	XVIII	duodēvīgintī	900	DCCCC	nōngentī
19	XIX	ūndēvīgintī	1,000	M	mīlle
20	XX	vīgintī	2,000	MM	duo mīlia
21	XXI	ūnus et vīgintī			

Ordinals

prīmus-a-um	first
secundus-a-um	second
tertius-a-um	third
quārtus-a-um	fourth
quīntus-a-um	fifth
sextus-a-um	sixth
septimus-a-um	seventh
octāvus-a-um	eighth
nōnus-a-um	ninth
decimus-a-um	tenth

Declension of **unus, duo, trēs**

	m.	*f.*	*n.*
nom.	ūnus	ūna	ūnum
acc.	ūnum	ūnam	ūnum
gen.	ūnius	ūnius	ūnius
dat.	ūnī	ūnī	ūnī
abl.	ūnō	ūnā	ūnō
nom.	duo	duae	duo
acc.	duōs	duās	duo
gen.	duōrum	duārum	duōrum
dat.	duōbus	duābus	duōbus
abl.	duōbus	duābus	duōbus
nom.	trēs	trēs	tria
acc.	trēs	trēs	tria
gen.	trium	trium	trium
dat.	tribus	tribus	tribus
abl.	tribus	tribus	tribus

4 to 100 do not decline; **ducentī** to **nōngentī**
decline like the plural of **bonus**. **mīlia** declines
as a third declension noun.

VERBS

Active

	1st conjugation	2nd conjugation	3rd conjugation	4th conjugation	mixed conjugation
	stems in **-a**	stems in **-e**	stems in consonants	stems in **-i**	(stems in **-i**)

Indicative

present

		1st conjugation	2nd conjugation	3rd conjugation	4th conjugation	mixed conjugation
singular	1	am-ō	mone-ō	reg-ō	audi-ō	capi-ō
	2	amā-s	monē-s	reg-is	audī-s	capi-s
	3	ama-t	mone-t	reg-it	audi-t	capi-t
plural	1	amā-mus	monē-mus	reg-imus	audī-mus	capi-mus
	2	amā-tis	monē-tis	reg-itis	audī-tis	capi-tis
	3	ama-nt	mone-nt	reg-unt	audi-unt	capi-unt

future

		1st conjugation	2nd conjugation	3rd conjugation	4th conjugation	mixed conjugation
singular	1	amā-bō	monē-bō	reg-am	audi-am	capi-am
	2	amā-bis	monē-bis	reg-ēs	audi-ēs	capi-ēs
	3	amā-bit	monē-bit	reg-et	audi-et	capi-et
plural	1	amā-bimus	monē-bimus	reg-ēmus	audi-ēmus	capi-ēmus
	2	amā-bitis	monē-bitis	reg-ētis	audi-ētis	capi-ētis
	3	amā-bunt	monē-bunt	reg-ent	audi-ent	capi-ent

imperfect

singular						
	1	amā-bam	monē-bam	regē-bam	audiē-bam	capiē-bam
	2	amā-bās	monē-bās	regē-bās	audiē-bās	capiē-bās
	3	amā-bat	monē-bat	regē-bat	audiē-bat	capiē-bat
plural	1	amā-bāmus	monē-bāmus	regē-bāmus	audiē-bāmus	capiē-bāmus
	2	amā-bātis	monē-bātis	regē-bātis	audiē-bātis	capiē-bātis
	3	amā-bant	monē-bant	regē-bant	audiē-bant	capiē-bant

perfect

singular						
	1	amāv-ī	monu-ī	rēx-ī	audīv-ī	cēp-ī
	2	amāv-istī	monu-istī	rēx-istī	audīv-istī	cēp-istī
	3	amāv-it	monu-it	rēx-it	audīv-it	cēp-it
plural	1	amāv-imus	monu-imus	rēx-imus	audīv-imus	cēp-imus
	2	amāv-istis	monu-istis	rēx-istis	audīv-istis	cēp-istis
	3	amāv-ērunt	monu-ērunt	rēx-ērunt	audīv-ērunt	cēp-ērunt

future perfect

singular						
	1	amāv-erō	monu-erō	rēx-erō	audīv-erō	cēp-erō
	2	amāv-eris	monu-eris	rēx-eris	audīv-eris	cēp-eris
	3	amāv-erit	monu-erit	rēx-erit	audīv-erit	cēp-erit
plural	1	amāv-erimus	monu-erimus	rēx-erimus	audīv-erimus	cēp-erimus
	2	amāv-eritis	monu-eritis	rēx-eritis	audīv-eritis	cēp-eritis
	3	amāv-erint	monu-erint	rēx-erint	audīv-erint	cēp-erint

pluperfect

singular						
	1	amāv-eram	monu-eram	rēx-eram	audīv-eram	cēp-eram
	2	amāv-erās	monu-erās	rēx-erās	audīv-erās	cēp-erās
	3	amāv-erat	monu-erat	rēx-erat	audīv-erat	cēp-erat
plural	1	amāv-erāmus	monu-erāmus	rēx-erāmus	audīv-erāmus	cēp-erāmus
	2	amāv-erātis	monu-erātis	rēx-erātis	audīv-erātis	cēp-erātis
	3	amāv-erant	monu-erant	rēx-erant	audīv-erant	cēp-erant

Subjunctive

singular	1	am-em	mone-am	reg-am	audi-am	capi-am
	2	am-ēs	mone-ās	reg-ās	audi-ās	capi-ās
	3	am-et	mone-at	reg-at	audi-at	capi-at
plural	1	am-ēmus	mone-āmus	reg-āmus	audi-āmus	capi-āmus
	2	am-ētis	mone-ātis	reg-ātis	audi-ātis	capi-ātis
	3	am-ent	mone-ant	reg-ant	audi-ant	capi-ant

imperfect

singular	1	amār-em	monēr-em	reger-em	audīr-em	caper-em
	2	amār-ēs	monēr-ēs	reger-ēs	audīr-es	caper-ēs
	3	amār-et	monēr-et	reger-et	audīr-et	caper-et
plural	1	amār-ēmus	monēr-ēmus	reger-ēmus	audīr-ēmus	caper-ēmus
	2	amār-ētis	monēr-ētis	reger-ētis	audīr-ētis	caper-ētis
	3	amār-ent	monēr-ent	reger-ent	audīr-ent	caper-ent

perfect

singular	1	amāv-erim	monu-erim	rēx-erim	audīv-erim	cēp-erim
	2	amāv-erīs	monu-erīs	rēx-erīs	audīv-erīs	cēp-erīs
	3	amāv-erit	monu-erit	rēx-erit	audīv-erit	cēp-erit
plural	1	amāv-erīmus	monu-erīmus	rēx-erīmus	audīv-erīmus	cēp-erīmus
	2	amāv-erītis	monu-erītis	rēx-erītis	audīv-erītis	cēp-erītis
	3	amāv-erint	monu-erint	rēx-erint	audīv-erint	cēp-erint

pluperfect

singular	1	amāv-issem	monu-issem	rēx-issem	audīv-issem	cēp-issem
	2	amāv-issēs	monu-issēs	rēx-issēs	audīv-issēs	cēp-issēs
	3	amāv-isset	monu-isset	rēx-isset	audīv-isset	cēp-isset
plural	1	amāv-issēmus	monu-issēmus	rēx-issēmus	audīv-issēmus	cēp-issēmus
	2	amāv-issētis	monu-issētis	rēx-issētis	audīv-issētis	cēp-issētis
	3	amāv-issent	monu-issent	rēx-issent	audīv-issent	cēp-issent

Imperative

singular	amā	monē	rege	audī	cape
plural	amāte	monēte	regite	audīte	capite

Infinitives

present	amāre	monēre	regere	audīre	capere
perfect	amāvisse	monuisse	rēxisse	audīvisse	cēpisse
future	amātūrus esse	monitūrus esse	rēctūrus esse	audītūrus esse	captūrus esse

Participles

present	amāns	monēns	regēns	audiēns	capiēns
future	amātūrus	monitūrus	rēctūrus	audītūrus	captūrus

Passive

Indicative

		1st conjugation	2nd conjugation	3rd conjugation	4th conjugation	mixed conjugation
present						
singular	1	amor	mone-or	reg-or	audi-or	capi-or
	2	amā-ris	monē-ris	reg-eris	audī-ris	cape-ris
	3	amā-tur	monē-tur	reg-itur	audī-tur	capi-tur
plural	1	amā-mur	monē-mur	reg-imur	audī-mur	capi-mur
	2	amā-minī	monē-minī	reg-iminī	audī-minī	capi-minī
	3	ama-ntur	mone-ntur	reg-untur	audi-untur	capi-untur
future						
singular	1	amā-bor	monē-bor	reg-ar	audi-ar	capi-ar
	2	amā-beris	monē-beris	reg-ēris	audi-ēris	capi-ēris
	3	amā-bitur	monē-bitur	reg-ētur	audi-ētur	capi-ētur
plural	1	amā-bimur	monē-bimur	reg-ēmur	audi-ēmur	capi-ēmur
	2	amā-biminī	monē-biminī	reg-ēminī	audi-ēminī	capi-ēminī
	3	amā-buntur	monē-buntur	reg-entur	audi-entur	capi-entur
imperfect						
singular	1	amā-bar	monē-bar	regē-bar	audiē-bar	capiē-bar
	2	amā-bāris	monē-bāris	etc.	etc.	etc.
	3	amā-bātur	monē-bātur			
plural	1	amā-bāmur	monē-bāmur			
	2	amā-bāminī	monē-bāminī			
	3	amā-bantur	monē-bantur			
perfect						
singular	1	amātus sum	monitus sum	rēctus sum	audītus sum	captus sum
	2	amātus es	monitus es	rēctus es	audītus es	captus es
	3	amātus est	monitus est	rēctus est	audītus est	captus est
plural	1	amātī sumus	monitī sumus	rēctī sumus	audītī sumus	captī sumus
	2	amātī estis	monitī estis	rēctī estis	audītī estis	captī estis
	3	amātī sunt	monitī sunt	rēctī sunt	audītī sunt	captī sunt
future perfect						
		amātus erō etc.	monitus erō etc.	rēctus erō etc.	audītus erō etc.	captus erō etc.
pluperfect						
		amātus eram etc.	monitus eram etc.	rēctus eram etc.	audītus eram etc.	captus eram etc.

Subjunctive

present

singular	1	am-er	mone-ar	reg-ar	audi-ar	capi-ar
	2	am-ēris	mone-āris	reg-āris	audi-āris	capi-āris
	3	am-ētur	mone-ātur	reg-ātur	audi-ātur	capi-ātur
plural	1	am-ēmur	mone-āmur	reg-āmur	audi-āmur	capi-āmur
	2	am-ēminī	mone-āminī	reg-āminī	audi-āminī	capi-āminī
	3	am-entur	mone-antur	reg-antur	audi-antur	capi-antur

imperfect

singular	1	amār-er	monēr-er	reger-er	audīr-er	caper-er
	2	amār-ēris	monēr-ēris	reger-ēris	audīr-ēris	caper-ēris
	3	amār-ētur	monēr-ētur	reger-ētur	audīr-ētur	caper-ētur
plural	1	amār-ēmur	monēr-ēmur	reger-ēmur	audīr-ēmur	caper-ēmur
	2	amār-ēminī	monēr-ēminī	reger-ēminī	audīr-ēminī	caper-ēminī
	3	amār-entur	monēr-entur	reger-entur	audīr-entur	caper-entur

perfect

singular	1	amātus sim	monitus sim	rēctus sim	audītus sim	captus sim
	2	amātus sīs	etc.	etc.	etc.	etc.
	3	amātus sit				
plural	1	amātī sīmus				
	2	amātī sītis				
	3	amātī sint				

pluperfect

singular	1	amātus essem	monitus essem	rēctus essem	audītus essem	captus essem
	2	amātus essēs	etc.	etc.	etc.	etc.
	3	amātus esset				
plural	1	amātī essēmus				
	2	amātī essētis				
	3	amātī essent				

Imperative

singular	amāre	monēre	regere	audīre	capere
plural	amāminī	monēminī	regiminī	audīminī	capiminī

Infinitives

present	amārī	monērī	regī	audīrī	capī
perfect	amātus esse	monitus esse	rēctus esse	audītus esse	captus esse
future	amātum īrī	monitum īrī	rēctum īrī	audītum īrī	captum īrī

Participles

perfect	amātus	monitus	rēctus	audītus	captus

Deponent verbs

Indicative

present	cōnor cōnā-ris etc.	vere-or verē-ris etc.	sequor sequ-eris etc.	ori-or orī-ris etc.	ingred-ior ingred-eris etc.
future	cōnā-bor etc.	verē-bor etc.	sequ-ar etc.	ori-ar etc.	ingredi-ar etc.
imperfect	cōnā-bar etc.	verē-bar etc.	sequ-ēbar etc.	ori-ēbar etc.	ingredi-ēbar etc.
perfect	cōnātus sum	veritus sum	secūtus sum	ortus sum	ingressus sum
future perfect	cōnātus erō	veritus erō	secūtus erō	ortus erō	ingressus erō
pluperfect	cōnātus eram	veritus eram	secūtus eram	ortus eram	ingressus eram

Subjunctives

present	cōner	verear	sequar	oriar	ingrediar
imperfect	cōnārer	verērer	sequerer	orīrer	ingrederer
perfect	cōnātus sim	veritus sim	secūtus sim	ortus sim	ingressus sim
pluperfect	cōnātus essem	veritus essem	secūtus essem	ortus essem	ingressus essem

Imperatives

singular	cōnāre	verēre	sequere	orīre	ingredere
plural	cōnāminī	verēminī	sequiminī	orīminī	ingrediminī

Infinitives

present	cōnārī	verērī	sequī	orīrī	ingredī
perfect	cōnātus esse	veritus esse	secūtus esee	ortus esse	ingressus esse
future	cōnātūrus esse	veritūrus esse	secūtūrus esse	oritūrus esse	ingressūrus esse

Participles

present	cōnāns	verēns	sequēns	oriēns	ingrediēns
perfect	cōnātus	veritus	secūtus	ortus	ingressus
future	cōnātūrus	veritūrus	secūtūrus	oritūrus	ingressūrus

Irregular verbs

sum, esse, fuī   possum, posse, potuī   eō, īre, iī

present	indicative	subjunctive	indicative	subjunctive	indicative	subjunctive
singular 1	sum	sim	possum	possim	eō	eam
2	es	sīs	potes	possīs	īs	eās
3	est	sit	potest	possit	it	eat
plural 1	sumus	sīmus	possumus	possīmus	īmus	eāmus
2	estis	sītis	potestis	possītis	ītis	eātis
3	sunt	sint	possunt	possint	eunt	eant

future						
singular 1	erō		poterō		ībō	
2	eris		poteris		ībis	
3	erit		poterit		ībit	
plural 1	erimus		poterimus		ībimus	
2	eritis		poteritis		ībitis	
3	erunt		poterunt		ībunt	

imperfect						
singular 1	eram	essem	poteram	possem	ībam	īrem
2	erās				ībās	
3	erat	etc.	etc.	etc.	ībat	etc.
plural 1	erāmus				ībāmus	
2	erātis				ībātis	
3	erant				ībant	

perfect						
singular 1	fuī	fuerim	potuī	potuerim	iī	ierim
2	fuistī	fuerīs			īstī	
3	fuit	fuerit	etc.	etc.	iit	etc.
plural 1	fuimus	fuerīmus			iimus	
2	fuistis	fuerītis			īstis	
3	fuērunt	fuerint			iērunt	

future perfect						
	fuerō		potuerō		ierō	
	etc.		etc.		etc.	

pluperfect						
	fueram	fuissem	potueram	potuissem	ieram	iissem
	etc.	etc.	etc.	etc.	etc.	etc.

imperatives						
singular	es/estō		—		ī	
plural	este		—		īte	

infinitives

present	esse	posse	īre
perfect	fuisse	potuisse	īsse
future	futūrus esse/fore	—	itūrus esse

participles

present	—	—	iēns, euntis
perfect	—	—	—
future	futūrus	—	itūrus esse

		volō, velle, voluī		nōlō, nōlle, nōluī		mālō, mālle, māluī	
present		*indicative*	*subjunctive*	*indicative*	*subjunctive*	*indicative*	*subjunctive*
singular	1	volō	velim	nōlo	nōlim	mālō	mālim
	2	vīs	velīs	nōn vīs	nōlīs	māvīs	etc.
	3	vult	velit	nōn vult	nōlit	māvult	
plural	1	volumus	velīmus	nōlumus	nōlīmus	mālumus	
	2	vultis	velītis	nōn vultis	nōlītis	māvultis	
	3	volunt	velint	nōlunt	nōlint	mālunt	
future		volam		nōlam		mālam	
		volēs		nōlēs		mālēs	
		volet		etc.		etc.	
		volēmus					
		volētis					
		volent					
imperfect		volēbam	vellem	nōlēbam	nōllem	mālēbam	māllem
		etc.	etc.	etc.	etc.	etc.	etc.
perfect		voluī	voluerim	nōluī	nōluerim	māluī	māluerim
		etc.	etc.	etc.	etc.	etc.	etc.
future perfect		voluerō		nōluerō		māluerō	
		etc.		etc.		etc.	
pluperfect		volueram	voluissem	nōlueram	nōluissem	mālueram	māluissem
		etc.	etc.	etc.	etc.	etc.	etc.

imperatives						
singular	—		nōlī		—	
plural	—		nōlīte		—	

infinitives				
present	velle		nōlle		mālle
perfect	voluisse		nōluisse		maluisse
future	—		—		—

participles			
present	volēns		nōlēns		—
perfect	—		—		—
future	—		—		—

	ferō, ferre, tulī active		**feror, ferrī, lātus** passive	
present	*indicative*	*subjunctive*	*indicative*	*subjunctive*
singular 1	ferō	feram	feror	ferar
2	fers	ferās	ferris	ferāris
3	fert	ferat	fertur	ferātur
plural 1	ferimus	ferāmus	ferimur	ferāmur
2	fertis	ferātis	feriminī	ferāminī
3	ferunt	ferant	feruntur	ferantur
future	feram		ferar	
	ferēs		ferēris	
	etc.		etc.	
imperfect	ferēbam	ferrem	ferēbar	ferrer
	etc.	etc.	etc.	etc.
perfect	tulī	tulerim	lātus sum	lātus sim
	etc.	etc.	etc.	etc.
future perfect	tulerō		lātus erō	
	etc.		etc.	
pluperfect	tuleram	tulissem	lātus eram	lātus essem
	etc.	etc.	etc.	etc.

imperatives				
singular	fer		ferre	
plural	ferte		feriminī	

infinitives				
present	ferre		ferrī	
perfect	tulisse		lātus esse	
future	lātūrus esse		lātum īrī	

participles				
present	ferēns			
perfect			lātus	
future	lātūrus			

Principal parts of irregular and third conjugation verbs

In this list the perfect participle is given as the fourth part of transitive verbs and the future participle (marked with an asterisk) is given as the fourth part of intransitive verbs.

1st conjugation

dō, dare, dedī, datus I give
cubō, cubāre, cubuī, cubitūrus* I lie down
iuvō, iuvāre, iūvī, iūtus I help
stō, stāre, stetī, statūrus* I stand
veto, vetāre, vetuī, vetītus I forbid

2nd conjugation

ārdeō, ārdēre, ārsī, ārsūrus* I am on fire
augeō, augēre, auxī, auctus I increase
dēleō, dēlēre, dēlēvī, dēlētus I destroy
fleō, flēre, flēvī, flētus I weep
iubeō, iubēre, iussī, iussus I order
lūceō, lucēre, lūxī I shine
maneō, manēre, mānsī, mānsūrus* I remain
moveō, movēre, mōvī, mōtus I move
obsideō, obsidēre, obsēdī, obsessus I besiege
persuādeō, persuādēre, persuāsī, persuāsūrus* + dative I persuade
rīdeō, rīdēre, rīsī, rīsus I laugh, laugh at
sēdeō, sēdēre, sēdī, sessūrus* I sit
videō, vidēre, vīdī, vīsus I see

3rd conjugation, arranged by types

contemnō, contemnere, contempsī, contemptus I despise
dīcō, dīcere, dīxī, dictus I say
dūcō, dūcere, dūxī, ductus I lead
gerō, gerere, gessī, gestus I do; I carry; I wear
īnstruō, īnstruere, īnstruxī, īnstructus I draw up
intellegō, intellegere, intellēxī, intellēctus I understand
iungō, iungere, iūnxī, iūnctus I join
neglegō, neglegere, neglēxī, neglēctus I neglect
regō, regere, rēxī, rēctus I rule
scrībō, scrībere, scrīpsī, scrīptus I write
sūmō, sūmere, sūmpsī, sūmptus I take
surgō, surgere, surrēxī, surrēctūrus* I rise
tegō, tegere, tēxī, tēctus I cover
trahō, trahere, trāxī, tractus I drag; I draw
vehō, vehere, vēxī, vectus I carry
vīvō, vīvere, vīxī, vīctūrus* I live

cēdō, cēdere, cessī, cessūrus* I yield, give way
claudō, claudere, clausī, clausus* I shut
ēvādō, ēvādere, ēvāsī, ēvāsūrus* I escape
laedō, laedere, laesī, laesus I hurt

lūdō, lūdere, lūsī, lūsūrus* I play
mittō, mittere, mīsī, missus I send
premō, premere, pressī, pressus I press

crēscō, crēscere, crēvī I grow
nōscō, nōscere, nōvī, nōtus I get to know, learn
cognōscō, cognōscere, cognōvī, cognitus I get to know, learn

arcessō, arcessere, arcessīvī, arcessītus I summon
petō, petere, petīvī, petītus I seek; I make for
quaerō, quaerere, quaesīvī, quaesītus I look for; I ask
sinō, sinere, sīvī, situs I allow
dēsinō, dēsinere, dēsiī, dēsitūrus* I cease

colō, colere, coluī, cultus I till; I worship, revere
pōnō, pōnere, posuī, positus I place
dēserō, dēserere, dēseruī, dēsertus I desert

cadō, cadere, cecidī, cāsūrus* I fall
caedō, caedere, cecīdī, caesus I beat, kill
canō, canere, cecinī I sing
currō, currere, cucurrī, cursūrus* I run
discō, discere, didicī I learn
crēdō, crēdere, crēdidī, crēditus + dative I believe, trust
fallō, fallere, fefellī, falsus I deceive
parcō, parcere, pepercī, parsūrus* + dative I spare
pellō, pellere, pepulī, pulsus I drive
poscō, poscere, poposcī I demand
reddō, reddere, reddidī, redditus I return, give back
trādō, trādere, trādidī, trāditus I hand over
vendō, vendere, vendidī, venditus I sell
cōnsistō, cōnsistere, cōnstitī, cōnstitūrus* I halt
resistō, resistere, restitī + dative I resist
tangō, tangere, tetigī, tāctus I touch

agō, agere, ēgī, āctus I drive; I do
emō, emere, ēmī, ēmptus I buy
frangō, frangere, frēgī, frāctus I break
fundō, fundere, fūdī, fūsus I pour, I rout
legō, legere, lēgī, lēctus I read
relinquō, relinquere, relīquī, relictus I leave
rumpō, rumpere, rūpī, ruptus I break
vincō, vincere, vīcī, victus I conquer

ascendō, ascendere, ascendī, ascēnsus I ascend
dēscendō, dēscendere, dēscendī, dēscēnsus I descend
dēfendō, dēfendere, dēfendī, dēfēnsus I defend
contendō, contendere, contendī, contentūrus* I march, hasten; I compete
ostendō, ostendere, ostendī, ostentus I show
bibō, bibere, bibī I drink
vertō, vertere, vertī, versus I turn

cōnstituō, cōnstituere, cōnstituī, cōnstitūtus I decide
induō, induere, induī, indūtus I put on
metuō, metuere, metuī I fear
ruō, ruere, ruī, ruitūrus* I rush

4th conjugation

aperiō, aperīre, aperuī, apertus I open
sentiō, sentīre, sēnsī, sēnsus I feel; perceive
veniō, venīre, vēnī, ventūrus* I come

Mixed conjugation

capiō, capere, cēpī, captus I take
cōnspiciō, cōnspicere, cōnspexī, cōnspectus I catch sight of
cupiō, cupere, cupīvī, cupītus I desire
faciō, facere, fēcī, factus I do; I make
fugiō, fugere, fūgī, fugitūrus* I flee
iaciō, iacere, iēcī, iactus I throw
rapiō, rapere, rapuī, raptus I snatch

Irregular verbs

ferō, ferre, tulī, lātus I carry, bear
tollō, tollere, sustulī, sublātus I raise, remove
volō, velle, voluī I wish, am willing
nōlō, nōlle, nōluī I am unwilling, refuse
mālō, mālle, māluī I prefer
eō, īre, iī, itūrus* I go
sum, esse, fuī I am
    absum, abesse, āfuī I am absent
    adsum, adesse, adfuī I am present
    dēsum, deesse, dēfuī + dative I fail
    prōsum prōdesse, prōfuī + dative I benefit
    possum, posse, potuī I am able, I can

Deponent verbs

1st conjugation

cōnor, cōnārī, cōnātus I try
mīror, mīrārī, mīrātus I wonder; I admire
moror, morārī, morātus I delay

2nd conjugation

reor, rērī, ratus I think
videor, vidērī, vīsus I seem
vereor, verērī, veritus I fear

3rd conjugation

fruor, fruī, frūctus + ablative I enjoy
īrāscor, īrāscī, īrātus + dative I grow angry (with)
lābor, lābī, lāpsus I slip, slide
loquor, loquī, locūtus I say, speak
nāscor, nāscī, nātus I am born
oblīvīscor, oblīvīscī, oblītus + genitive I forget
proficīscor, proficīscī, profectus I set out
queror, querī, questus I complain
sequor, sequī, secūtus I follow
ūtor, ūtī, ūsus + ablative I use

4th conjugation

orior, orīrī, ortus I rise

Mixed conjugation

gradior, gradī, gressus I step
morior, morī, mortuus I die
patior, patī, passus I suffer

Semi-deponent verbs

audeō, audēre, ausus I dare
fīdō, fīdere, fīsus + dative I trust
gaudeō, gaudēre, gāvīsus I rejoice
soleō, solēre, solitus I am accustomed

Defective verbs

coepī, coepisse I began
meminī, meminisse + genitive I remember
ōdī, ōdisse I hate

PREPOSITIONS

The following take the accusative

ad to, towards, at
ante before
apud at the house of, with
contrā against
circum around
extrā outside
in into, to
sub up to; towards (of time)
inter among, between

ob on account of
post after, behind
praeter past, except
prope near
propter on account of
secundum along
super above
trāns across
ultrā beyond

The following take the ablative

ā/ab from; by
cum with
dē down from; about
ē/ex out of
prō in front of; on behalf of
sine without
in in
sub under
sine without

LATIN-ENGLISH VOCABULARY

ā/ab, + ablative from; by
abhinc + accusative ago
ābiciō, ābicere, ābiēcī, abiectus I throw away
absum, abesse, āfuī I am absent, distant from
ac/atque and
accidit, accidere, accidit it happens
accūsō (1) I accuse
ācer, ācris, ācre keen, fierce
aciēs, aciēi, *f.* line of battle
addō, addere, addidī, additus I add
adeō, adīre, adiī I go to, approach
adeō (adverb) so, to such an extent
adhūc still
adiuvō, adiuvāre, adiūvī, adiūtus I help
admīrātiō, admīrātiōnis, *f.* admiration
admīror (1) I admire
admittō, admittere, admīsī, admissus I let in
adulēscēns, adulēscentis, *m.* young man
adventus, -ūs, *m.* arrival
aedēs, aedium, *f.pl.* house
aedificium, -ī, *n.* building
aedificō (1) I build
aeger, aegra, aegrum sick, ill
aegrōtō (1) I am ill
aequus-a-um equal, level, fair
aestās, aestātis, *f.* summer
aetās, aetātis, *f.* age; youth
aestimō (1) I value
afferō, afferre, attulī, allātus I carry to, bring
age! come on!
agitō (1) I move, shake
agnōscō, agnōscere, agnōvī, agnitus I recognize
agō, agere, ēgī, āctus I do, drive, pass (of time)
agora, -ae, *f.* city centre, market place
āit he said
aliquandō sometimes
aliquis, aliquid someone, something
alter, altera, alterum one or the other (of two)
ambulō (1) I walk
amīcitia, -ae, *f.* friendship
āmittō, āmittere, āmīsī, āmissus I lose, let slip
amoenus-a-um pleasant
an? or?
angustus-a-um narrow
ante (prep. + accusative) before
anteā (adverb) before
antequam (conjunction) before
antīquus-a-um old
aperiō, aperīre, aperuī, apertus open
apertus-a-um open
appellō (1) I call
apud + acc. at the house of, with
accessō, accessere, accessīvī, accessītus I summon
ārdeō, ārdēre, ārsī I am on fire, burn
argentum, -ī, *n.* silver; money
arma, armōrum, *n.pl.* arms
armātus-a-um armed
armō (1) I arm
arrīdeō, arrīdēre, arrīsī I smile at
ars, artis, *f.* art, skill
aspiciō, aspicere, aspexī, aspectus I look at
at but
ātrium, -ī, *n.* hall

attonitus-a-um amazed
auctōritās, auctōritātis, *f.* authority, influence
audācia, -ae, *f.* boldness, rashness
audāx, audācis bold, rash
audeō, audēre, ausus I dare
auferō, auferre, abstulī, ablātus I take away
augeō, augēre, auxī, auctus I increase
aura, -ae, *f.* breeze; air
auris, auris, *f.* ear
aurum, -ī, *n.* gold
autem but
autumnus, ī, *m.* autumn
auxilium, -ī, *n.* help
āvertō, āvertere, āvertī, āversus I turn aside
avis, avis, *f.* bird

barbarus-a-um barbarian
benignus-a-um kind
bibō, bibere, bibī I drink
bōs, bovis, *m.* ox

cadō, cadere, cecidī I fall
caedes, caedis, *f.* slaughter, murder
caedō, caedere, cecīdī, caesus I cut; I kill
campus, -ī, *m.* plain; battle field
canō, canere, cecinī, cantus I sing
cantō (1) I sing
captīvus, -ī, *m.* captive
careō (2) + ablative I lack, am short of
casa, -ae, *f.* house, cottage
cāsus, -ūs, *m.* fall; chance, mishap
caupōna, -ae, *f.* inn
causa, -ae, *f.* cause, case
cēdō, cēdere, cēssī I yield, give way
cēlō (1) I hide
centuriō, centuriōnis, *m.* centurion
certāmen, certāminis, *n.* contest, struggle
certē certainly, at least
certō (1) I compete, struggle
cēterī, -ae, -a the rest (of)
chorus, -ī, *m.* dance; chorus
cibus, -ī, *m.* food
circum + accusative around
circumstō, -stāre, -stetī I stand around
cīvitās, cīvitātis, *f.* citizen body, state
clādēs, clādis, *f.* disaster
clam secretly
classis, classis, *f.* fleet
claudō, claudere, clausī, clausus I shut
coepī, coepisse I began
cōgitō (1) I think, reflect
cognōscō, cognōscere, cognōvī, cognitus I get to know, learn
cōgō, cōgere, coēgī, coāctus I compel
cohors, cohortis, *f.* cohort
colligō, colligere, collēgī, collēctus I gather, collect
collocō (1) I place, position
colloquor, colloquī, collocūtus I talk with
colō, colere, coluī, cultus I till; I revere, worship
cōmis,-e friendly, courteous
comes, comitis, *c.* companion
commemorō (1) I relate, remind
commendō (1) I recommend, introduce
committō, committere, commīsī, commissus I entrust; I join (battle)

comparō (1) I get, obtain
comprehendō, comprehendere, comprehendī, comprehēnsus I grasp, seize
conciliō (1) I win over
cōnficiō, cōnficere, cōnfēcī, cōnfectus I finish
cōnfīdō, cōnfīdere, cōnfīsus + dative I trust
cōnfirmō (1) I strengthen, encourage
cōnfugiō, cōnfugere, cōnfūgī I take refuge with
cōnor (1) I try
cōnscendō, cōnscendere, cōnscendī I climb, I board
cōnsecrō (1) I consecrate
cōnservō (1) I save, preserve
cōnspectus, -ūs, *m.* sight, view
cōnspiciō, cōnspicere, cōnspexī, cōnspectus I catch sight of
cōnsulātus, -ūs, *m.* consulship
contemnō, contemnere, contempsī, contemptus I despise
contentus-a-um + ablative content (with)
convalēscō, convalēscere, convaluī I convalesce, get well
conveniō, convenīre, convēnī I come together, gather; I meet
cōpiae, -ārum, *f.pl.* forces
corōna, -ae, *f.* garland
corripiō, corripere, corripuī, correptus I seize
cotīdiē every day
crās tomorrow
crēscō, crēscere, crēvī I grow, increase
crīmen, crīminis, *n.* charge, crime
crūdēlis, -e cruel
cubō, cubāre, cubuī I lie down
cum + ablative with
cum (conjunction) when
cūrō (1) I care for, look after, see that
currus, -ūs, *m.* chariot
cursus, -ūs, *m.* course
custōdiō (4) I guard
custōs, custōdis, *m.* guard

dē + ablative down from; about
dēbeō (2) I ought; I owe
dēditiō, dēditiōnis, *f.* surrender
dēdō, dēdere, dēdidī I give up, surrender
dēfendō, dēfendere, dēfendī, dēfēnsus I defend
deinde then, next
dēlectō (1) I delight
dēleō, dēlēre, dēlēvī, dēlētus I destroy
dēnique lastly, finally
dēpōnō, dēpōnere, dēposuī, dēpositus I lay down
dēscrībō, dēscrībere, dēscrīpsī, dēscrīptus I describe
dēserō, dēserere, dēseruī, dēsertus I desert
dēsīderō (1) I long for, I miss
dēsinō, dēsinere, dēsiī I cease
dēspērō (1) I despair
dēsum, deesse, dēfuī + dative I fail, am wanting
dētineō, dētinēre, dētinuī, dētentus I keep back, detain
dexter, dextera, dexterum right
dextera, -ae, *f.* **(manus)** right hand
dialogus, -ī, *m.* dialogue
dictō (1) I dictate
diffundō, diffundere, diffūdī, diffūsus I scatter
digitus, -ī, *m.* finger

dignus-a-um + ablative worthy (of)
dīligēns, dīligentis careful, diligent
dīmittō, dīmittere, dīmīsī, dīmissus I send away, dismiss
discēdō, discēdere, discessī I go away, leave
disciplīna, -ae, *f.* learning, discipline
discipulus, -ī, *m.* pupil
dīsiciō, dīsicere, dīsiēcī, dīsiectus I scatter, rout
diū for a long time
diūtius longer
dīves, dīvitis rich
dīvīnus-a-um divine
dīvitiae, -ārum, *f.pl.* riches
doceō, docēre, docuī, doctus I teach
doctus-a-um learned
doleō (2) I grieve, feel pain
dolor, dolōris, *m.* grief, pain
dōnec until
dōnō (1) I give, present with
dōnum, -ī, *n.* gift
dubitō (1) I doubt; I hesitate
dubius-a-um doubtful
dulcis-e sweet
dum while
dūrus-a-um hard, tough

ecce! look!
ēbrius-a-um drunk
ēdō, ēdere, ēdidī, ēditus I give out, produce
edō, ēsse, ēdī I eat
efficiō, efficere, effēcī, effectus I accomplish, bring about
ēgredior, ēgredī, ēgressus I go out
eō thither, there
eques, equitis, *m.* horseman; knight
equitēs, equitum, *m.pl.* cavalry
equitō (1) I ride
ergō and so
ēripiō, ēripere, ēripuī, ēreptus I snatch away; I rescue
errō (1) I wander; I err, am wrong
ērumpō, ērumpere, ērūpī, ēruptus I burst out
ēvādō, ēvādere, ēvāsī I escape
ēvertō, ēvertere, ēvertī, ēversus I turn upside down
excipiō, excipere, excēpī, exceptus I receive, welcome
excitō (1) I rouse
exemplum, -ī, *n.* example
exerceō (2) I exercise; I work (the land)
exīstimō (1) I judge, think
expellō, expellere, expulī, expulsus I drive out
explicō, explicāre, explicuī I explain
exsilium, -ī, *n.* exile
extrā + accusative outside

fābula, -ae, *f.* story, play
factum, -ī, *n.* deed
facultās, facultātis, *f.* ability, opportunity
fallō, fallere, fefellī, falsus I deceive
falsus-a-um false
fāma, -ae, *f.* rumour, report, reputation
famēs, famis, *f.* hunger
fātum, -ī, *n.* fate
fēlix, fēlīcis lucky
fēriae, fēriārum, *f.pl.* holiday
ferō, ferre, tulī, lātus I carry, bear

ferōx, ferōcis fierce
ferrum, -ī, *n.* iron, sword
fidēlis, -e faithful, loyal
fidēs, fideī, *f.* loyalty
fingō, fingere, fīnxī, fictus I pretend, make up
fīnis, fīnis, *m.* end
fīnēs, fīnium, *m.pl.* boundaries, territory
fiō, fierī, factus I am made; I become
flamma, -ae, *f.* flame
fleō, flēre, flēvī I weep
flōreō (2) I flower; I flourish
flōs, flōris, *m.* flower
fluctus, -ūs, *m.* wave
fluō, fluere, fluxī I flow
fluvius, -ī, *m.* river
fōns, fontis, *m.* spring
fōrma, -ae, *f.* shape; beauty
fors, (fortis), *f.* chance
forte by chance
fortūna, -ae, *f.* fortune, luck
frangō, frangere, frēgī, frāctus I break
frequēns, frequentis crowded, in crowds
frīgidus-a-um cold
frīgus, frīgoris, *n.* cold
frūmentum, -ī, *n.* corn
fruor, fruī, frūctus + ablative I enjoy
frūstrā in vain
fuga, -ae, *f.* flight
fundō, fundere, fūdī, fūsus I pour
fundus, -ī, *m.* farm
furor, furōris, *m.* fury, madness

gaudeō, gaudēre, gāvīsus I rejoice
gaudium, -ī, *n.* joy
gēns, gentis, *f.* race, people
genus, generis, *n.* birth, sort, kind
gerō, gerere, gessī, gestus I carry, wear; I do
gladius, -ī, *m.* sword
glōria, -ae, *f.* glory
gradus, -ūs, *m.* step
grātia, -ae, *f.* favour, thanks
grātiās agō I thank
grātus-a-um pleasing, grateful
gravis, -e heavy; serious

habeō (2) I have; I consider
hasta, -ae, *f.* spear
haud not
hīc here
hiems, hiemis, *f.* winter
hinc hence; from here
honestus-a-um honourable; good
honor, honōris, *m.* honour; office
hōra, -ae, *f.* hour
hortor (1) I encourage
hortus, -ī, *m.* garden
hospes, hospitis, *c.* host
hūc hither, to here
hūc ... illūc this way and that
hūmānitās, hūmānitātis, *f.* humanity, kindness
hūmānus-a-um human, humane, kind

iāmdūdum long ago, long before
iānitor, iānitōris, *m.* door keeper
iānua, -ae, *f.* door
īdem, eadem, idem the same
idōneus-a-um suitable
ignāvus-a-um cowardly

ignis, ignis, *m.* fire
ignōscō, ignōscere, ignōvī + dative I forgive
illīc there
illūc to there, thither
immortālis, -e immortal
impediō (4) I hinder
imperātor, imperātōris, *m.* general; emperor
imperium, -ī, *n.* order; command; empire
imperō (1) + dative I order
impetus, -ūs, *m.* charge, attack
importō (1) I carry in
improbus-a-um wicked
incendium, -ī, *n.* fire
incendō, incendere, incendī, incēnsus I set on fire
incipiō, incipere, incēpi, inceptus I begin
inclūdō, inclūdere, inclūsī, inclūsus I shut in
incolumis-e safe
inde thence, from there
ineō, inīre, iniī I go into; I begin
īnfēlix, īnfēlīcis unlucky
ingenium, -ī, *n.* talents; character
ingredior, ingredī, ingressus I go into
inimīcus, -ī, *m.* enemy
innocēns, innocentis innocent
inopia, -ae, *f.* shortage
inquam, inquit I say; he says
īnsidiae, -ārum, *f.pl.* ambush, trap
īnsignis-e outstanding, distinguished
īnstruō, īnstruere, īnstruxī, īnstructus I draw up
īnsum, inesse, īnfuī I am in, am among
intentē intently
intereā meanwhile
interficiō, interficere, interfēcī, interfectus I kill
invideō, invidēre, invīdī, invīsus + dative I envy
invidia, -ae, *f.* envy, spite
invītō (1) I invite
invītus-a-um unwilling
ipse, ipsa, ipsum self
īrāscor, īrāscī, īrātus + dative I grow angry (with)
irrumpō, irrumpere, irrūpī I burst in
irruō, irruere, irruī I rush in
ita in such a way
iter, itineris, *n.* journey, march
iterum again
iūdex, iūdicis, *m.* judge
iūdicium, -ī, *n.* judgement, law court
iungō, iungere, iūnxi, iūnctus I join
iūrō (1) I swear
iūs, iūris, *n.* justice, right
iūstus-a-um just

lābor, lābī, lāpsus I slip
labōriōsus-a-um laborious
lacrima, -ae, *f.* tear
laedō, laedere, laesī, laesus I hurt
laetus-a-um happy
lātus-a-um wide
latus, lateris, *n.* side
lavō, lavāre, lāvī, lautus I wash
lēctor, lēctōris, *m.* reader
lectus, -ī, *m.* bed, couch
lēgātus, -ī, *n.* deputy
lēgātus legiōnis legionary commander
legō, legere, lēgī, lēctus I read
lēnis-e gentle
lentus-a-um slow
levis-e light

līber, lībera, līberum free
liber, librī, *m.* book
lībertus, -ī, *m.* freedman
līmen, līminis, *n.* threshold
lingua, -ae, *f.* tongue; language
lītus, lītoris, *n.* shore
locus, -ī, *m.* place
longē far
longus-a-um long
loquor, loquī, locūtus I speak, say
lūceō, lūcēre, lūxī I shine, dawn
lūmen, lūminis, *n.* light
lūna, -ae, *f.* moon
lupus, -ī, *m.* wolf
lūx, lūcis, *f.* light

magistrātus, -ūs, *m.* magistrate
magnopere greatly
mala, -ōrum, *n.pl.* troubles
manus, -ūs, *f.* hand; band, group
mālō, mālle, māluī I prefer
māne early
mātrōna, -ae, *f.* married woman
medius-a-um middle
meditor (1) I ponder; I compose
meminī, meminisse + genitive I remember
memor, memoris mindful, remembering
memoria, -ae, *f.* memory
mēns, mentis, *f.* mind
mēnsa, -ae, *f.* table
mēnsis, mēnsis, *m.* month
mereō (2) I deserve
merīdiēs, merīdiēī, *m.* midday
metuō, metuere, metuī I fear
metus, -ūs, *m.* fear
mīlitāris -e military
mīlitia, -ae, *f.* military service
mīlitō (1) I serve (as a soldier)
mīlle one thousand
mīlle passūs one mile
mināx, minācis threatening
minor (1) + dative I threaten
mīror (1) I wonder (at)
mīrus-a-um wonderful
modicus-a-um moderate, modest
modo only
modo ... modo now ... now
modus, -ī, *m.* way
moenia, moenium, *n.pl.* city walls
monitus, -ūs, *m.* warning
mōns, montis, *m.* mountain
monumentum, -ī, *n.* monument
mora, -ae, *f.* delay
morbus, -ī, *m.* disease, illness
morior, morī, mortuus I die
moror (1) I delay
mors, mortis, *f.* death
mortālis-e mortal
mōs, mōris, *m.* custom
mulier, mulieris, *f.* woman
multitūdō, multitūdinis, *f.* multitude, crowd
multum (adverb) much
mūniō (4) I fortify
mūrus, -ī, *m.* wall
mūtō (1) I change

nam for
namque for
nāscor, nāscī, nātus I am born
nātus-a-um old
nātūra, -ae, *f.* nature
nē lest
necesse est it is necessary
neglegō, neglegere, neglēxī, neglēctus I neglect
negō (1) I deny
negōtium, -ī, *n.* business
nesciō (4) I don't know
nihil nothing
nīl nothing
nisi unless; except
nōbilis-e noble; famous
noceō (2) + dative I harm
nōlo, nōlle, nōluī I am unwilling; I refuse
nōndum not yet
nōnnūllī-ae-a some, several
nōnnumquam sometimes
nōscō, nōscere, nōvī, nōtus I get to know, learn
nūbēs, nūbis, *f.* cloud
nūllus, nūlla, nūllum no
num? (question) whether
numerus, -ī, *m.* number
nūntiō (1) I announce
nūntius, -ī, *m.* messenger
nūper lately

ob + accusative because of
obeō, obīre, obiī I meet
oblīvīscor, oblīvīscī, oblītus + genitive I forget
obsideō, obsidēre, obsēdī, obsessus I besiege
obscūrō (1) I darken
obscūrus-a-um dark
obstupefactus-a-um dumbfounded
occāsiō, occāsiōnis, *f.* opportunity
occīdō, occīdere, occīdī, occīsus I kill
occido, occidere, occidī I set
occupō (1) I seize, occupy
occupātus-a-um occupied, busy
occurrō, occurrere, occurrī + dative I run into, meet
oculus, -ī, *m.* eye
ōdī, ōdisse I hate
odium, -ī, *n.* hatred
offerō, offerre, obtulī, oblātus I offer
officium, -ī, *n.* duty
ōlim once, at some time
omnīnō completely
onus, oneris, *n.* burden
opus, operis, *n.* work
opus est mihi + ablative I need
ōra, -ae, *f.* shore
ōrātiō, ōrātiōnis, *f.* speech
ōrātor, ōrātōris, *m.* speaker, orator
orbis, orbis, *m.* circle
orbis terrārum the world
ōrdō, ōrdinis, *m.* line, rank, class
Oriēns, Orientis, *m.* the East
orior, orīrī, ortus I rise
ōrō (1) I beg, pray
ōs, ōris, *n.* mouth, face
ostendō, ostendere, ostendī, ostentus I show
ōtiōsus-a-um at leisure
ōtium, -ī, *n.* leisure

paene nearly
pānis, pānis, *m.* bread
parcō, parcere, pepercī + dative I spare
pāreō (2) + dative I obey
pars, partis, *f.* part
passus, -ūs, *m.* pace
patior, patī, passus I suffer
patria, -ae, *f.* native land
paulīsper for a little
paulum a little
pauper, pauperis poor
paupertās, paupertātis, *f.* poverty
pāx, pācis, *f.* peace
pectus, pectoris, *n.* breast
pecūnia, -ae, *f.* money
pecus, pecoris, *n.* flock, herd
pedes, peditis, *m.* footman, on foot
peditēs, peditum, *m.pl.* infantry
pellō, pellere, pepulī, pulsus I drive
perdō, perdere, perdidī, perditus I waste
pereō, perīre, periī I perish
perīculum, -ī, *n.* danger
perīculōsus-a-um dangerous
persequor, persequī, persecūtus I follow hard,
    pursue
perterreō (2) I terrify
pēs, pedis, *m.* foot
pedem referō I retire, retreat
petō, petere, petiī, petītus I seek, make for, chase
pietās, pietātis, *f.* piety
placeō (2) + dative I please
plaudō, plaudere, plausī, plausus I clap, applaud
plausus, -ūs, *m.* applause
plēbs, plēbis, *f.* the people
plēnus-a-um + ablative full of
plūs, plūris, *n.* more
poena, -ae, *f.* penalty, punishment
polliceor (2) I promise
pōns, pontis, *m.* bridge, deck
porta, -ae, *f.* gate
portō (1) I carry
portus, -ūs, *m.* harbour
poscō, poscere, poposcī I demand
post + accusative after
posteā (adverb) afterwards
postquam (conjunction) after
postrīdiē the next day
posterus-a-um following, next
postulō (1) I demand
potēns, potentis powerful
potestās, potestātis, *f.* power
praeda, -ae, *f.* booty
praebeō (2) I offer, provide, show
praemittō, praemittere, praemīsī, praemissus I
    send ahead
praemium, -ī, *n.* reward
praesēns, praesentis present
praesidium, -ī, *n.* garrison
praeter + accusative past; except
practereā moreover
praetereō, praeterīre, praeteriī I pass by,
    overtake
precēs, precum, *f.pl.* prayers
precor (1) I pray, beg
premō, premere, pressī, pressus I press, press on
prīnceps, prīncipis, *m.* leading man; prince

prīvātus-a-um deprived of; private
prō + ablative in front of; on behalf of
procul (+ ablative) far (from)
prōdeō, prōdīre, prōdiī I come forward
prōdō, prōdere, prōdidī I betray
proelium, -ī, *n.* battle
proficīscor, proficīscī, profectus I set out
prōgredior, prōgredī, prōgressus I advance
prohibeō (2) I prevent
prōnūntiō (1) I proclaim
propter + accusative on account of
prōspiciō, prōspicere, prōspexī, prospectus I look
    forward, look out
prōsum, prōdesse, prōfuī + dative I benefit, help
prōvincia, -ae, *f.* province
proximus-a-um nearest, next
pueritia, -ae, *f.* boyhood
pulsō (1) I beat, knock
pūrus-a-um pure

quā where
quaerō, quaerere, quaesīvī, quaesītus I seek for; I
    ask
quālis-e? what kind of?
quam how; than
quamquam although
quandō? when?
quantus-a-um? how great?
queror, querī, questus I complain
quia because
quīdam, quaedam, quoddam a certain
quiēs, quiētis, *f.* rest
quisquam, quidquam/quicquam anyone,
    anything
quō? whither? where to?
quōmodo? how?
quoniam since
quoque also
quot? how many?
quotiēns? how often?

rapiō, rapere, rapuī, raptus I snatch, seize
ratiō, ratiōnis, *f.* reason
recēdō, recēdere, recessī I retire
recēns, recentis recent
reditus, -ūs, *m.* return
referō, referre, rettulī, relātus I carry back; I
    report
regiō, regiōnis, *f.* region, district
rēgnō (1) I rule
regō, regere, rēxī, rēctus I rule; I guide
regredior, regredī, regressus I return
relinquō, relinquere, relīquī, relictus I leave
relīquus-a-um remaining
reparō (1) I repair
reportō (1) I carry back; I win
reprehendō, reprehendere, reprehendī,
    reprehēnsus I blame, criticize
repugnō (1) I fight against
rēs, reī, *f.* thing, affair
rē vērā in truth, in fact
rēspūblica, reīpūblicae, *f.* the state; politics
resistō, resistere, restitī + dative I resist
retineō, retinēre, retinuī, retentus I hold back
revertor, revertī, reversus I return
revīsō, revīsere, revīsī I revisit
rīdeō, rīdēre, rīsī I laugh

rīpa, -ae, *f.* bank
rīsus, -ūs, *m.* laughter
rumpō, rumpere, rūpī, ruptus I burst
ruō, ruere, ruī I rush
rūrsus again
rūs, rūris, *n.* country; country estate
rūre in the country

sacer, sacra, sacrum sacred; cursed
sacerdōs, sacerdōtis, *m.* priest
saevus-a-um savage
salūs, salūtis, *f.* safety; greetings
salūtō (1) I greet
salvē! good health! greetings! goodbye!
sānctus-a-um holy
sanguīs, sanguinis, *m.* blood
sapiēns, sapientis wise
satis enough
saxum, -ī, *n.* rock
scelus, sceleris, *n.* crime
schola, -ae, *f.* school; lecture
sciō, scīre, scīvī, scītus I know
scrība, -ae, *m.* secretary
sculptūra, -ae, *f.* sculpture
scūtum, -ī, *n.* shield
secundus-a-um favourable
sēdes, sēdis, *f.* seat; home
senātor, senātōris, *m.* senator
senātus, -ūs, *m.* senate
senex, senis, *m.* old man
senior, seniōris older
sententia, -ae, *f.* opinion
sentiō, sentīre, sēnsī, sēnsus I feel, perceive
sepeliō, sepelīre, sepelīvī, sepultus I bury
sequor, sequī, secūtus I follow
serēnus-a-um clear, bright
sermō, sermōnis, *m.* conversation
sērō late
sevērus-a-um severe
sī if
sīc thus
sīcut just as
signum, -ī, *n.* sign; standard
silentium, -ī, *n.* silence
simul at the same time; together
simul ac/atque as soon as
simulō (1) I pretend
sine + ablative without
sinister, sinistra, sinistrum left
sinistra (manus) left hand
sinō, sinere, sīvī, situs I allow
situs-a-um sited, placed
socius, -ī, *m.* ally
sōl, sōlis, *m.* sun
soleō, solēre, solitus I am accustomed to
solum, -ī, *n.* ground
sōlum only
sōlus-a-um alone
solvō, solvere, solvī, solūtus I loose, cast off
somnus, -ī, *m.* sleep
soror, sorōris, *f.* sister
sors, sortis, *f.* lot, fate
spectāculum, -ī, *n.* sight, show
spectātor, spectātōris, *m.* spectator
spectō (1) I watch
spērō (1) I hope
spēs, speī, *f.* hope

statua, statuae, *f.* statue
studeō (2) + dative I study; I am keen on
studium, -ī, *n.* study; enthusiasm
sub + ablative under
sub + accusative towards
subitō suddenly
summus-a-um highest, greatest, top
sūmō, sūmere, sūmpsī, sūmptus I take
super + accusative above
superbus-a-um proud
superō (1) I overcome, outdo
supplicium, -ī, *n.* punishment
surgō, surgere, surrēxī I get up
suscipiō, suscipere, suscēpī, susceptus I undertake
suspicor (1) I suspect

tabellārius, -ī, *m.* postman
taberna, -ae, *f.* shop, inn
taceō (2) I am silent
tacitus-a-um silent
tālis-e such
tamen however, but
tandem at length
tangō, tangere, tetigī, tāctus I touch
tardus-a-um slow; late
tēctum, -ī, *n.* roof, house
tegō, tegere, tēxī, tēctus I cover
tēlum, -ī, *n.* missile
tempestās, tempestātis, *f.* storm
tergum, -ī, *n.* back
terribilis-e terrible
theātrum, -ī, *n.* theatre
timidus-a-um timid
toga, -ae, *f.* toga
tollō, tollere, sustulī, sublātus I raise; I remove
tot so many
tōtus-a-um whole
trahō, trahere, trāxī, tractus I drag, draw
tranquillus-a-um calm
trāns + accusative across
trānsferō, trānsferre, trānstulī, trānslātus I carry across; I transfer
trānsgredior, trānsgredī, trānsgressus I go across
tribūnus, -ī, *m.* tribune
turba, -ae, *f.* crowd
turpis-e disgraceful
turris, turris, *f.* tower
tūtus-a-um safe; **tūtō** safely

ubi when; **ubi?** where
ubīque everywhere
ūllus-a-um any
ultimus-a-um furthest
ultrā + accusative beyond
umbra, -ae, *f.* shadow, shade
umquam ever
unda, -ae, *f.* wave
unde? whence?, from where?
undique from all sides
usque the whole way
ut + indicative as, when
ut + subjunctive in order that, so that
uter, utra, utrum? which of two?
utrum ... an? whether ... or
uterque, utraque, utrumque each of two, both
ūtilis-e useful
ūtor, ūtī, ūsus + ablative I use; I treat

uxor, uxōris, *f.* wife

vacuus-a-um empty
valdē very
valeō (2) I am strong; I am well
valē! goodbye!
valēre iubeō I bid goodbye to
validus-a-um strong
vāllum, -ī, *n.* rampart
vehemēns, vehementis violent
vehō, vehere, vēxī, vectus I carry
vendō, vendere, vendidī, venditus I sell
venēnum, -ī, *n.* poison
vēr, vēris, *n.* spring
verbum, -ī, *n.* word
vereor (2) I fear
versus-a-um turned to, facing
versus, -ūs, *m.* verse
vertō, vertere, vertī, versus I turn
vērus-a-um true
vesper, vesperis, *m.* evening
vestīmentum, -ī, *n.* clothing
vestis, vestis, *f.* clothing
veterānus, -ī, *m.* veteran
vetō, vetāre, vetuī, vetitus I forbid
vetus, veteris old

vexō (1) I bother, vex
viātor, viātōris, *m.* traveller
vīcīnus-a-um neighbouring, near to
victōria, -ae, *f.* victory
videō, vidēre, vīdī, vīsus I see
videor, vidērī, vīsus I seem
vīlicus, -ī, *m.* farm manager
vīlla, -ae, *f.* country house
violēns, violentis violent
virtūs, virtūtis, *f.* virtue, courage
vīs (acc. **vim**, abl. **vī**) *f.* force
vīrēs, vīrium, *f.pl.* strength
vīsō, vīsere, vīsī I visit
vīta, -ae, *f.* life
vīvō, vīvere, vīxī I live
vīvus-a-um alive
vix scarcely
volō, velle, voluī I am willing; I wish
volō (1) I fly
volvō, volvere, volvī, volūtus I roll, turn over
vulgus, -ī, *n.* common people
vulnerō (1) I wound
vulnus, vulneris, *n.* wound
vultus, -ūs, *m.* face, expression

ENGLISH-LATIN VOCABULARY

absent, I am **absum, abesse, āfuī**
advise, I **moneō** (2)
advance, I **prōgredior, prōgredī, prōgressus**
afraid of, I am **timeō** (2)
after (preposition) **post** + accusative
after (conjunction) **postquam**
already **iam**
always **semper**
angry **īrātus-a-um**
another **alius, alia, aliud**
Apollo **Apollō, Apollinis**
army **exercitus, -ūs,** *m.*
arrive, I **adveniō, advenīre, advēnī**
ask, I **rogō** (1)
attack, I **oppugnō** (1)
at last **tandem**
at once **statim**

barbarian **barbarus-a-um**
battle **proelium, -ī,** *n.*
because **quod**
become, I **fīō, fierī, factus**
before (preposition) **ante** + accusative
before (conjunction) **antequam**
beg, I **ōrō** (1)
begin, I **incipiō, incipere, incēpī, inceptus**
best **optimus-a-um**
big **magnus-a-um**
book **liber, librī,** *m.*
boy **puer, puerī,** *m.*
brave **fortis-e**
brother **frāter, frātris,** *m.*
burn, I **ārdeō, ārdēre, ārsī**
buy, I **emō, emere, ēmī, ēmptus**

call, I **vocō** (1)
camp **castra, -ōrum,** *n.pl.*
can, I **possum, posse, potuī**
carry, I **portō** (1)
city **urbs, urbis,** *f.*
come, I **veniō, venīre, vēnī**
compel, I **cōgō, cōgere, coēgī, coāctus**
complete, I **cōnficiō, cōnficere, cōnfēcī, cōnfectus**
cruel **crūdēlis-e**
cultivate, I **colō, colere, coluī, cultus**

danger **perīculum, -ī,** *n.*
dawn **prīma lūx, prīmae lūcis**
day **diēs, diēī,** *m.*
die, I **morior, morī, mortuus**
dinner **cēna, -ae,** *f.*
do, I **faciō, facere, fēcī, factus**
door **iānua, -ae,** *f.*
drag, I **trahō, trahere, trāxī, tractus**
drink, I **bibō, bibere, bibī**

enemy **inimīcus, -ī,** *m.*
　　　　hostēs, hostium, *m.pl.*
enjoy, I **fruor, fruī, frūctus** + ablative

enter, I **intrō** (1)
ever **umquam**

fall, I **cadō, cadere, cecidī**
farmer **agricola, -ae,** *m.*
father **pater, patris,** *m.*
fear, I **timeō** (2)
field **ager, agrī,** *m.*
fight, I **pugnō** (1)
fight against, I **repugnō** (1) + dative
find, I **inveniō, invenīre, invēnī, inventus**
fire **ignis, ignis,** *m.*
flee, I **fugiō, fugere, fūgī**
follow, I **sequor, sequī, secūtus**
food **cibus, -ī,** *m.*
friend **amīcus, -ī,** *m.*

game **lūdus, -ī,** *m.*
garden **hortus, -ī,** *m.*
general **dux, ducis,** *m.*
girl **puella, -ae,** *f.*
give, I **dō, dare, dedī, datus**
go, I **eō, īre, iī**
go away, I **abeō; discēdō, discēdere, discessī**
good **bonus-a-um**
great **magnus-a-um**

hall **ātrium, -ī,** *n.*
halt, I **cōnsistō, cōnsistere, cōnstitī**
harbour **portus, -ūs,** *m.*
hear, I **audiō** (4)
help **auxilium, -ī,** *n.*
help, I **iuvō, iuvāre, iūvī, iūtus**
hide, I **cēlō** (1)
hill **collis, collis,** *m.*
home **domus, domūs,** *f.*
horse **equus, -ī,** *m.*
house **casa, -ae,** *f.*
how many? **quot?**
hurry, I **festīnō** (1)

ill **aeger, aegra, aegrum**

journey **iter, itineris,** *n.*

kill, I **occīdō, occīdere, occīdī, occīsus**
kind **benignus-a-um**
king **rēx, rēgis,** *m.*
know, I **sciō** (4)
know, I don't **nesciō** (4)

late **sērō**
laugh, I **rīdeō, rīdēre, rīsī**
lead, I **dūcō, dūcere, dūxī, ductus**
leave, I = I go away **discēdō, discēdere, discessī**
　　　　= I leave behind **relinquō, relinquere,**
　　　　　　　　relīquī, relictus
leisure **ōtium, -ī,** *n.*
letter **epistola, -ae,** *f.*
liberty **lībertās, lībertātis,** *f.*

long **longus-a-um**
long, for a long time **diū**
look! **ecce!**
look at, I **spectō** (1)
look for, I **quaerō, quaerere, quaesīvī, quaesītus**
lot of **multum** + genitive
love, I **amō** (1)
love **amor, amōris**, *m.*

make, I **faciō, facere, fēcī, factus**
many **multī-ae-a**
master (of school) **magister, magistrī**, *m.*
master (of slave) **dominus, -ī**, *m.*
meet, I **occurrō, occurrere, occurrī** + dative
money **argentum, -ī**, *n.*
mountain **mōns, montis**, *m.*
must, I **dēbeō** (2)

near **prope** + accusative
need, I **careō** + ablative
       opus est mihi + ablative
never **numquam**
night **nox, noctis**, *f.*

offer, I **praebeō** (2)
often **saepe**
old man **senex, senis**, *m.*
once **ōlim**
order, I **iubeō, iubēre, iussī, iussus**
      imperō (1) + dative
overcome, I **superō** (1)

parent **parēns, parentis**, *c.*
play, I **lūdō, lūdere, lūsī**
pleased, I am **gaudeō, gaudēre, gāvīsus**
praise, I **laudō** (1)
prepare, I **parō** (1)
prize **praemium, -ī**, *n.*
pupil **discipulus, -ī**, *m.*

quickly **celeriter**

read, I **legō, legere, lēgī, lēctus**
receive, I **accipiō, accipere, accēpī, acceptus**
rejoice, I **gaudeō, gaudēre, gāvīsus**
return, I = go back **redeō, redīre, rediī**
reward **praemium, -ī**, *n.*
river **flūmen, flūminis**, *n.*
road **via, -ae**, *f.*
rule, I **regō, regere, rēxī, rēctus**
run, I **currō, currere, cucurrī**
run away, I **fugiō, fugere, fūgī**

sad **trīstis-e**
sail, I **nāvigō** (1)
sailor **nauta, -ae**, *m.*
savage **saevus-a-um**
save, I **servō** (1)
say, I **dīcō, dīcere, dīxī**
school **lūdus, -ī**, *m.*
see, I **videō, vidēre, vīdī, vīsus**
seem, I **videor, vidērī, vīsus**
senate **senātus, -ūs**, *m.*

send, I **mittō, mittere, mīsī, missus**
set out, I **proficīscor, proficīscī, profectus**
ship **nāvis, nāvis**, *f.*
short of, I am **careō** (2) + ablative
shout **clāmor, clāmōris**, *m.*
shout, I **clāmō** (1)
show, I **ostendō, ostendere, ostendī**
since **quia**
sister **soror, sorōris**, *f.*
sleep, I **dormiō** (4)
sleep **somnus, -ī**, *m.*
soldier **mīles, mīlitis**, *m.*
son **fīlius, -ī**, *m.*
soon **mox**
spear **hasta, -ae**, *f.*
spring **vēr, vēris**, *n.*
stay, I **maneō, manēre, mānsī**
study, I **studeō** (2) + dative
suffer, I **patior, patī, passus**
supper **cēna, -ae**, *f.*
sword **gladius, -ī**, *m.*

tell, I **nārrō** (1) **dīcō, dīcere, dīxī, dictus**
    = I order **iubeō, iubēre, iussī, iussus**
terrify, I **terreō** (2)
than **quam**
through **per** + accusative
throw, I **iaciō, iacere, iēcī, iactus**
tired **fessus-a-um**
today **hodiē**
town **oppidum, -ī**, *n.*
tree **arbor, arboris**, *f.*
truth **vēra**, *n.pl.*
tyrant **tyrannus, -ī**, *m.*

under **sub** + ablative
use, I **ūtor, ūtī, ūsus** + ablative

wait, I **maneō, manēre, mānsī**
wait for, I **exspectō** (1) + accusative
walk, I **ambulō** (1)
want, I **volō, velle, voluī**
war **bellum, -ī**, *n.*
watch, I **spectō** (1)
water **aqua, -ae**, *f.*
when? **quandō?**
where **ubi?**
why? **cūr?**
wine **vīnum, -ī**, *n.*
wood **silva, -ae**, *f.*
work, I **labōrō** (1)
work **opus, operis**, *n.*
worn out **cōnfectus-a-um**
write, I **scrībō, scrībere, scrīpsī, scrīptus**

year **annus, -ī**, *m.*
young man **iuvenis, iuvenis**, *m.*

INDEX OF GRAMMAR